新 視 野
中華經典文庫

新 視 野
中華經典文庫

貞觀政要

名譽主編　饒宗頤
導讀及譯注　羅永生

中華書局

新視野中華經典文庫

貞觀政要

□

導讀及譯注
羅永生

□
出版
中華書局（香港）有限公司
香港北角英皇道 499 號北角工業大廈一樓 B
電話：（852） 2137 2338　傳真：（852） 2713 8202
電子郵件：info@chunghwabook.com.hk
網址：http：//www.chunghwabook.com.hk

□
發行
香港聯合書刊物流有限公司
香港新界荃灣德士古道220-248號
荃灣工業中心16樓
電話：（852） 2150 2100　傳真：（852） 2407 3062
電子郵件：info@suplogistics.com.hk

□
印刷
深圳中華商務安全印務股份有限公司
深圳市龍崗區平湖鎮萬福工業區

□
版次
2015 年 2 月初版
2021 年 4 月 第 2 次印刷

□
規格
大 32 開（205 mm × 143 mm）

□
ISBN：978-988-8310-69-2

出版說明

為什麼要閱讀經典？道理其實很簡單——經典正正是人類智慧的源泉、心靈的故鄉。也正是因此，在社會快速發展、急劇轉型，因而也容易令人躁動不安的年代，人們也就更需要接近經典、閱讀經典、品味經典。

邁入二十一世紀，隨着中國在世界上的地位不斷提高，影響不斷擴大，國際社會也愈來愈關注中國，並希望更多地了解中國、了解中國文化。另外，受全球化浪潮的衝擊，各國、各地區、各民族之間文化的交流、碰撞、融和，也都會空前地引人注目，這其中，中國文化無疑扮演着十分重要的角色。相應地，對於中國經典的閱讀自然也就有不斷擴大的潛在市場，值得重視及開發。

於是也就有了這套立足港臺、面向海外的「新視野中華經典文庫」的編寫與出版。希望通過本文庫的出版，繼續搭建古代經典與現代生活的橋樑，引領讀者摩挲經典，感受經典的魅力，進而提升自身品位，塑造美好人生。

本文庫收錄中國歷代經典名著近六十種，涵蓋哲學、文學、歷史、醫學、宗教等各個領域。編寫原則大致如下：

（一）精選原則。所選著作一定是相關領域最有影響、最具代表性、最值得閱讀的經典作品，包括中國第一部哲學元典、被尊為「群經之首」的《周易》，儒家代表作《論語》、《孟子》，道家代表作《老子》、《莊子》，最早、最有代表性的兵書《孫子兵法》，最早、最系統完整的醫學典籍《黃帝內經》，大乘佛教和禪宗最重要的經典《金剛經》、《心經》、《六祖壇經》，中國第一部詩歌總集《詩經》，第一部紀傳體通史《史記》，第一部編年體通史《資治通鑒》，中國最古老的地理學著作《山海經》，中國古代最著名的遊記《徐霞客遊記》，等等，每一部都是了解中國思想文化不可不知、不可不讀的經典名著。而對於篇幅較大、內容較多的作品，則會精選其中最值得閱讀的篇章。使每一本都能保持適中的篇幅、適中的定價，讓普羅大眾都能買得起、讀得起。

（二）尤重導讀的功能。導讀包括對每一部經典的總體導讀、對所選篇章的分篇（節）導讀，以及對名段、金句的賞析與點評。導讀除介紹相關作品的作者、主要內容等基本情況外，尤強調取用廣闊的「新視野」，將這些經典放在全球範圍內、結合當下社會生活，深入挖掘其內容與思想的普世價值，及對現代社會、現實生活的深刻啟示與借鑒意義。通過這些富有新意的解讀與賞析，真正拉近古代經典與當代社會和當下生活的距離。

（三）通俗易讀的原則。簡明的注釋，直白的譯文，加上深入淺出的導讀與賞析，希望幫助更多的普通讀者讀懂經典，讀懂古人的思想，並能引發更多的思考，獲取更多的知識及更多的生活啟示。

（四）方便實用的原則。關注當下、貼近現實的導讀與賞析，相信有助於讀者「古為今用」、自我提升；卷尾附錄「名句索引」，更有助讀者檢索、重溫及隨時引用。

（五）立體互動，無限延伸。配合文庫的出版，開設專題網站，增加朗讀功能，將文庫進一步延展為有聲讀物，同時增強讀者、作者、出版者之間不受時空限制的自由隨性的交流互動，在使經典閱讀更具立體感、時代感之餘，亦能通過讀編互動，推動經典閱讀的深化與提升。

這些原則可以說都是從讀者的角度考慮並努力貫徹的，希望這一良苦用心最終亦能夠得到讀者的認可、進而達致經典普及的目的。

「弘揚中華文化」是中華書局的創局宗旨，二〇一二年又正值創局一百週年，「承百年基業，傳中華文明」，本局理當更加有所作為。本文庫的出版，既是對百年華誕的紀念與獻禮，也是在弘揚華夏文明之路上「傳承與開創」的標誌之一。

需要特別提到的是，國學大師饒宗頤先生慨然應允擔任本套文庫的名譽主編，除表明先生對本局出版工作的一貫支持外，更顯示先生對倡導經典閱讀、關心文化傳承的一片至誠。在此，我們要向饒公表示由衷的敬佩及誠摯的感謝。

倡導經典閱讀，普及經典文化，永遠都有做不完的工作。期待本文庫的出版，能夠帶給讀者不一樣的感覺。

中華書局編輯部

二〇一二年六月

目錄

《貞觀政要》導讀

羅永生

一、《貞觀政要》的作者及成書背景

《貞觀政要》一書輯錄了唐太宗李世民（公元五九八—六四九年，六二七—六四九年在位）與其大臣們，如魏徵（五八〇—六四三）、房玄齡（五七九—六四八）、杜如晦（五八五—六三〇）等數十人的對答、議論和奏疏，以及治國安邦的理論觀點和政策舉措，是一部政論性歷史文獻，也是研究中國古代政治典範以至相關思想的重要典籍。全書共十卷，四十篇，二百四十七章。

編著者吳兢（六七〇—七四九），唐汴州浚儀（今河南省開封市）人，是唐代以直筆修史著稱的史家。武則天（六二四—七〇五，六九〇—七〇五在位）時期，吳兢奉召進入史館工作，負責編修國史。至唐玄宗李隆基（六八五—七六二，七一五—七五六在位）開元年間，升任諫議大夫，兼修文館學士等職，繼續參與國史編撰工作。吳兢編撰史書，主張敍事簡要，如實記載歷史事實，以取信於後人。他曾與當時著名史家劉知幾等一同編撰《武后實錄》，然而現存史料並無明確記載《貞觀政要》的成書年月，不過根據吳兢在書中自序分別稱時任三省長官，具宰相身份的源乾曜（？—七三一）為侍中安陽公，張嘉貞（六六五—七二九）為中書令河東公，而源、張兩人一同任相的時間只有開元八年（七二〇），可以推斷《貞觀政要》大概在這時期定稿和進呈給唐玄宗。

在吳兢看來，唐初太宗貞觀時期，法良政善，「良足可觀」；而玄宗開元（七一三—七四一）、天寶（七四二—七五六）年間的政治面貌，已大不如前。當時李唐王朝表面雖呈現着興旺的景象，但危機已露端倪，熟悉歷史的吳兢已經感受到盛世背後，埋藏了衰頹的危機。為了讓大唐王朝能長治久安，他深感有必要總結貞觀年間君臣相得、勵精圖治的成功經驗，為當時以至後世的帝王將相樹立起施政的楷模，這就是《貞觀政要》的寫作動機。基於這樣的背景，《貞觀政要》一書長期以來頗受歷代統治者的推崇和重視。傳統歷史上，唐太宗李世民被塑造成一位傑出的帝王。他協助父親李淵反隋興唐，統一天下，也曾親身經歷過隋王朝初期的繁榮興旺。然而，隋煬帝荒怠無道，短短數年間，曾經強盛一時的隋楊王朝在群雄起事之中被推翻。李世民深深領略到以民為本的重要性，明確說出「君，舟也；民，水也。水能載舟，亦能覆舟」的道理。他透過「玄武門之變」登上帝位後，改年號為「貞觀」，執政二十三年，期間經常與房玄齡、魏徵、杜如晦、王珪、長孫無忌等諸臣反覆討論經國濟世的大計，最後逐漸形成了輕傜薄賦、勸課農桑、廉潔奉公、任賢納諫、獎優罰劣、平衡利害、駕馭群僚、防患於未然等一整套治國興邦的策略。正因如此，才出現了建唐以來空前繁榮與安定的「貞觀之治」局面。

二、《貞觀政要》的核心思想

下面讓我們簡單歸納出《貞觀政要》書中所蘊含的幾個貞觀君臣為政安邦的核心思想，與讀者分享一下：

（一）居安思危的憂患意識

「以史為鑒，可以知興替。」太宗登基後，常與大臣們論及前朝政治得失，斥責歷代惡弊，響起以史為鑒的聲音，力戒重蹈亡國之轍。太宗親身經歷了隋朝自強盛走到衰亡的歷史，感慨尤深。所謂隋朝「宮中美女珍玩，無院不滿。煬帝意猶不足，徵求不已，兼東西征討，窮兵黷武，百姓不堪，遂致滅亡，此皆朕所目見。」由此及遠，太宗與大臣們推究夏桀、商紂、秦始皇、秦二世、北齊高緯、北周宇文贇等亡國之君，由盛到衰的致命弱點和帝王短祚的根本原因，從而得出結論：帝王「恣情放逸，勞役無度，信任群小，疏遠忠正，有一於此，豈不滅亡！」「末代亡國之主，為惡多相類也。」如何治國安邦，永保李唐社稷千秋大業，這是太宗從即位至晚年常縈心頭、冥思苦索的重大問題。太宗在不同場合再三訓誨臣僚須時時刻刻居安思危，不可懈怠。居安思危的憂患意識，是中國自古以來政治思想的核心課題，先秦諸子百家一致認同，君臨天下者應具有「如臨深淵、如履薄冰」的憂患意識。憂患意識作為一種精神壓力，可能動地催發意識主體的鬥志，孜孜不已作用於客體，創造輝煌。貞觀年間，太宗所頒佈的一系列政綱國策，無一不是以滿懷憂思、力避重蹈亡國之轍為依據制定的，也正是這種憂患意識，才成就了太宗的帝王事業，開創了前所未有的貞觀盛世。

（二）休養生息的基本國策

貞觀君臣總結了隋朝及昔日王朝滅亡的歷史教訓，為政之時採取了三大舉措：

其一，清淨無為以為民。一方面，以史為鑒，注重了解民間疾苦；另一方面，審視歷史，着力探求「靜之則安，動之則亂」的客觀規律。太宗在位二十三年，基本上堅持實施清淨無為以安民的策略。不過，貞觀晚年用兵遼東，親征高麗與無為思想背道而馳，實是美中不足之處。

其二，發展生產以養民。太宗即位後，繼續推行均田，褒獎墾荒，不奪農時，鼓勵生產，並且規定住在戶口稠密之處的百姓可遷徙到人口稀少的地方。同時，還將農業發展狀況作為考核地方官員政績的依據：倘若轄區內戶口減少、鰥寡孤獨數目增加、不經常誘導農桑，有關官員一律降級降職。

其三，輕徭薄賦以恤民。太宗在位期間，大力倡導國以民為本的思想，嚴禁增設法外徭役賦稅，以減輕百姓負擔。貞觀時期，法定的賦役並不少於前代，所不同的是，除法定的項目外，絕不許再有增加。對於濫收苛捐雜稅而擾農傷民的官員，依法論處。相反，當遭逢蟲霜旱澇等災情時，朝廷即遣使和詔令地方政府賑災撫恤，免除當年租稅。如朝廷財政狀況有所好轉，又會減免部分徭役賦稅。貞觀元年（六二七），山東諸州發生大災，許多百姓為了生計被迫出賣兒女。次年，太宗拿出皇帝內府中的金銀財寶，幫助災區百姓收贖被賣的兒女，以示君主惻隱之心和仁義之舉。

貞觀君臣們以其遠見卓識，採取上述一系列舉措，在客觀上達到了鞏固統治政權的目的，有利於百姓休養生息，並有助社會經濟的恢復和發展。

（三）從善如流的民本觀念

《舊唐書》曾如此評價太宗：「從善如流，千載可稱一人而已。」太宗一生最耀眼和最為世人敬慕的是，他沒有把自己視為擁有無上權威的天子，反而克己不已，又持久不懈的廣開言路，屈尊求諫、虛心改過，「力行不倦」做一代有道明君。《貞觀政要》描述，太宗容貌威武嚴肅，宮中進諫的人見到他都緊張得舉止失常，不知所措。太宗得知此事後，每逢有人奏本，總佯裝和顏悅色之貌，以此足見其求諫心之誠懇，情之真切。通覽《貞觀政要》，太宗求諫有「三不論」：一是不論時間，二是不論事大事小，三是不論諫言對錯。太宗不但主動求諫，更能虛心納諫，即使在大庭廣眾之下也不計較帝王之尊，坦然認錯。《貞觀政要》記載，由於大臣們所呈箴言甚多，太宗「總黏之屋壁，出入觀省，所以孜孜不倦者，欲盡臣下之情。」貞觀十一年（六三七），魏徵見太宗驕奢漸起，進呈《諫太宗十思疏》。奏章提出十個方面的問題，供太宗思考。第二年，再呈著名的《十漸不克終疏》。奏疏採取對比手法，歷數太宗不能善克始終的十大愆過，語言尖刻，詞鋒犀利。太宗收到奏章後，「反復研尋，深覺詞強理直，遂列為屏障，朝夕瞻仰；又錄付史司，冀千載之下，識君臣之義。」

（四）任賢安邦的用人策略

貞觀二十年（六四六），太宗就他治國安邦總結了五條成功之道：一曰不嫉勝己之善，二曰能棄短取長，三曰敬賢而憐不肖，四曰不惡正直之士，五曰愛夷如華。

這五條經驗中有四條涉及人才，可見所謂「貞觀之治」就是任賢致治。太宗主宰大唐江山後，將人才的選拔和任用作為舉國之綱，不拘一格，招攬四方賢才，薈萃八面精英。《貞觀政要》記載太宗身邊謀臣達四十餘人之多。太宗談及人才在治國安邦中的重要性時說：「為政之要，惟在得人」，「致安之本，惟在得人」，故而他強調要處理好從中央到地方各級官吏的選拔和管理。他重視人才，但並非亂選濫任，而是有一定準則。一是堅持標準，務求稱職。二是各級機構和大小官職「用人彌須慎擇」。地方刺史由他親自遴選，縣令由吏部五品以上官員會商確定。在選賢擇才時，他打破魏晉以來的門第之風，盡量拔擢貧寒之士，而對於那些好自矜大的舊族門閥則加以抑制。三是惟才是舉。貞觀名臣魏徵、王珪兩人，原屬太子李建成的心腹，也是謀害太宗的罪魁之一。可是太宗即位後，知魏徵有經天緯地之才，便捐棄前嫌，頻頻向他請教軍政要事，又屢屢擢升其官職，以致魏徵成了須臾不可離的諫臣和顧問。魏徵死後，太宗在他靈前痛哭良久，親自為他撰寫碑文。太宗又曾委任王珪為侍中和太子少師等重要職位。太宗對昔日太子李建成和齊王李元吉麾下德才兼備的文武將官，都賞以爵位，封以高官。四是注重考核。太宗把各地都督、刺史等行政長官的名字寫在屏風上，在其名下記錄各自的功過善惡，「坐卧恆看」，權衡稱職與否；又按時派遣重臣依照為官標準，考核各地官吏。由於太宗講究誠信、不銜私利、求賢若渴、惟才是舉，故在位二十三年，文臣武將人才濟濟，且統治集團內部人心齊整、義同一體，大大提高國家機器運行的效能。

（五）公正平允的賞罰機制

太宗治國安邦頗為重要的策略是懲惡揚善，恩威並舉，藉以增強大臣的責任感和緊迫感，在朝中營造人心思上、邪不敵正的氛圍。為了使眾多賢才脫穎而出，太宗制訂詳細而嚴格的選拔程序和考核制度，將各級官員應達到的德行和政績列為九等，每年責成吏部逐一考核京官和地方官，考績優者晉升，劣者貶斥。貞觀十七年（六四三），太宗特命畫家繪製了長孫無忌等二十四位功臣的畫像，懸掛於皇宮淩煙閣，用以表揚他們為大唐社稷所作出的貢獻，以激勵群臣至誠奉國。太宗對善諫佳言者給予獎賞的例子不勝枚舉。另一方面，太宗又公正懲惡。貞觀九年（六三五），鹽澤道行總管、由民州都督高甑生因犯罪而遭流放，有人以其往昔是秦王府的人，請求太宗寬恕。太宗卻說：「他為我出過力，的確不應忘記。然而，治固守法，上下必須劃一，朝中像他這樣有功的人很多，今赦免他，其他人都會抱以僥倖的心態犯法。」因而終未採納該人之議。

（六）依法行政的治國方略

太宗在大力推行賢能治國之時，也極為重視國家權力管理，以法安邦。首先，建立君臣一體、共治天下的管理機制。在這問題上，太宗態度比較開明，他甚至認為，天下不是李家皇帝的天下，皇帝也非李氏家族的皇帝。他認為治國安邦，君臣務必榮辱與共，融為一體。太宗建立了一種君臣各行其是、各司其職的管理模式。在處理重大軍國政事時，太宗廣泛徵求官僚意見，決不獨斷專行。屬自己承擔的責任，決不推諉他人；屬主管部門和大臣定奪的具體事情，決不越俎代庖。太宗為了廣開言路，集思廣益，規範了諫官議事制度。在運用賞罰手段調動大臣積極性的同時，還在宮廷施行法與理相結合的教化制。

其次是建立相互制衡糾偏的辦事機構。貞觀年間，太宗完善和落實了中書省出令、門下省封駁、尚書省執行的權力運行機制。

此外，還有嚴格的審判制度，杜絕冤假錯案。唐初，並非無法可依，而是執法不嚴，尤其是在大案、要案和死刑的判決等方面往往有失偏頗，對此，太宗頒令：今後遇有死刑，都要交中書、門下兩省四品以上官員，以及尚書九卿議定，以避免冤獄濫刑。因此，到貞觀四年（六三〇），全國處以死刑的只有二十九人。貞觀五年（六三一），太宗因發生誤斬大理丞張蘊古事件，又一次詔令：凡已判死刑的案件，在處決之前，必須五次複奏，謹防冤案再度發生。

（七）正身修德的為君之道

太宗平生夙願依次是：積德、累仁、豐功和厚利。不過，魏徵多次說他功利居多，惟德仁未臻於完美。太宗以為，欲治理好國家，首先要君王正身修德，以身垂範。在這方面，太宗曾作過深入的論述：「若安天下，必須先正其身，未有身正而影曲，上治下亂者。」他善於擷取現實生活中的平淡小事，以闡明「下之所行，皆從上之所好」，富有相當的合理性。「君猶器也，人猶水也。方圓在於器，不在於水。」正是受到以上思想影響。太宗在治國安邦中，注重以德治為先，力爭從自己做起，從皇室做起。首先是自我節制。在太宗看來，人君的災禍，不是來自外部，而是生自本身。貞觀五年，太宗因各地旱災嚴重而自我貶抑，不僅在正殿聽政，減少膳食，而且還停罷百姓無償勞役。其次是加強皇室用度管理，躬行節儉，以奢為戒。三是不徇至親私情。太宗對宗室中沒有功勛而先封郡王的，一律降為縣公。在太宗的帶動下，杜如晦、房玄齡、魏徵、溫彥博等名相正人正己，為政清廉，且兩袖清風，去世後家無餘產，幾乎難以葬身。君臣如是，民風亦然。《貞觀政要》曾載曰：「（貞觀）二十年間，風俗簡樸，衣無錦繡，財帛富饒，無飢寒之弊。」

（八）華夷合一的民族政策

唐朝是中國統一多民族國家形成的重要歷史階段。貞觀年間，唐朝疆域日漸擴大，但這並非像漢武帝那樣運用軍事武力達致的，而是得益於太宗以柔克剛，寬大為懷的策略和「不勞而定，勝於十萬之師」的主張。太宗認為自古以來，窮兵黷武的人沒有不敗亡的，前代帝王往往致力於擴張，以求身後虛名，然而這並無益於當前，反而弄得國窮民困。太宗認為如果於己有益而百姓有損，他必定不為，何況是這種圖以虛名而損害百姓的擴張。他以兼收並蓄的廣闊胸懷，盡力施行偃武修文、懷柔服遠、華夷合一等政策，成功地實現了「中國既安、四夷自服」的戰略思想，使周邊民族部族國竭誠歸附，年年朝貢。貞觀四年，唐軍大破突厥，降附者數十萬人，對於如何處理這些外夷，朝廷大臣眾說紛紜，莫衷一是。有的進言驅逐塞外，有的奏請改牧為農，當時就連魏徵也提出偏激的主張見解。最後，太宗堅持安民弭亂的思想，逐一妥善安置，有的給予高官厚祿，在周邊民族中建立了很高的威望，四方君長紛至長安朝拜太宗，稱臣於唐，尊太宗為「天可汗」。太宗對於周邊部族國家，無論是主動靠攏的，還是被征服的，都一律實行相對鬆散的民族區域自治政策，即不撤換當地民族所崇拜的部落首長，又不強迫他們改變固有的生活方式和風俗習慣，僅僅是就地駐軍，以維持民族地區的邊防安全和社會穩定。為了發展對外關係，使邊疆長久安寧、祥和，太宗採用與異邦首領和親的政策，先將皇妹衡陽公主、皇室弘化公主、文成公主嫁給異邦首領。最值得稱道的是，太宗堅決摒棄歷代統治者貴中華、賤夷狄的傳統偏見，敢為人先將少數民族的將領和賢士舉薦到中央和地方擔任官員。太宗在國勢強盛的貞觀年間大力推行華夷合一政策，對消除民族隔閡，促使民族融合，加強民族間經濟文化交流往來等，都具有重要意義，為中國這個偉大的多民族國家的形成和發展作出了貢獻。

由於太宗與大臣勵精圖治，唐王朝的發展達到了顛峰。史載貞觀年間「官吏多自清謹、制馭，王公妃主之家，大姓豪強猾之伍，皆畏威屏跡，無敢侵欺細人。高旅野次，無復盜賊，囹圄常空。牛馬布野，外戶不閉」，出現了「古昔未有」的繁華景象。雖然其中多有溢美之辭，但當時社會矛盾趨於緩和，吏治相對清廉，百姓安居樂業、國家繁榮昌盛是無所置疑的。太宗的許多思想、舉措和功業，不僅隋煬帝望塵莫及，而且某些治國方略理論和實踐效果甚至超越秦皇漢武。當然太宗晚年恃功驕矜，疏賢昵佞，好尚奢靡，勞弊百姓等不端行為有所滋長，虛心求諫、納諫作風未能克終，仍有可議處。但生活於一千三百多年前的唐太宗及其臣僚，以其巨大智慧和無限膽識，依靠廣大民眾，實現了史無前例的貞觀之治，使中國歷史進入了最治平、最強盛的時代。這也是他們奉獻給歷史的最美麗一頁。

三、編選說明

是次選譯以北京中華書局謝保成集校：《貞觀政要集校》（二〇〇九年七月版）為底本，兼採北京中華書局駢宇騫、齊立潔、李欣譯注：《中華經典藏書——貞觀政要》（二〇〇九年版）、上海古籍出版社裴汝誠、王義耀、郭子健、顧宏譯注：《貞觀政要譯注》（二〇〇六年版）和貴州人民出版社葉光大、李萬壽、黃滌明、袁華忠譯注：《貞觀政要全譯》（一九九一年版），進行綜合整理，取長補短，揀選其中若干章節，重新注釋和整理譯文。而在精句賞析部分，編者力圖透過現代社會概念對書中某些章節加以剖析，希望讓讀者從現代眼光再審視《貞觀政要》的實際意義。而在取捨過程中，編者考慮凡涉及：一、強調隋朝滅亡歷史教訓者；二、關於貞觀君臣「民本、仁政」思想者；三、反映太宗虛心納諫與臣僚敢於進諫者；四、成就「貞觀之治」的精神者，俱盡量取錄。但因篇幅所限，若干較為長篇的言辭，則在不影響整體意思的前提下，加以適量刪節，以求達致簡明扼要，免於冗長贅述。

特別需要說明的是，謝氏《集校》以國內通行的兩種刊本，即明太祖洪武三年王氏勤有堂刊本（簡稱《明本》）和明憲宗成化元年戈直集論本（簡稱《戈本》）為主，輔以四種刊本，即元刻本、明初重刻本、成化再刻本和韓版注解本，並日本三大系統抄本，即南家本系統、菅家本系統和「異本」系統，進行集校，透過不同刊本的文字比勘、補充脱漏、糾正錯亂。材料豐富、用力甚深，成就獲學界所肯定。

卷一

君道第一

本篇導讀——

〈君道〉篇是全書的總綱，列全書之首，探討了為君之道。所謂「社稷安危，國家治亂，在於一人而已」。貞觀君臣認為「君道」的核心內容凡三：一是「守成」。創業固然艱難，但創業後更須「居安思危」，這對於君臨天下的帝王來說，守成則更難。二是「以民為先」。為君者，宜常思古訓：「君，舟也；民，水也。水能載舟，亦能覆舟。」尤忌「竭澤而漁」，迫使百姓起來造反。三是「君臣一體」。君如頭腦，臣如四肢，要密切配合，君主應聽取臣下意見，兼聽則明，且要誘導臣下敢於諫諍，以避免決策錯誤。

貞觀初[1]，太宗謂侍臣曰[2]：「為君之道，必須先存百姓[3]。若損百姓以奉其

身，猶割股以啖腹[4]，腹飽而身斃。若安天下，必須先正其身[5]，未有身正而影曲，上治而下亂者。朕每思傷其身者不在外物[6]，皆由嗜欲以成其禍。若耽嗜滋味[7]，玩悅聲色，所欲既多，所損亦大，既妨政事，又擾生人。且復出一非理之言，萬姓為之解體[8]，怨既作[9]，離叛亦興。朕每思此，不敢縱逸。」諫議大夫魏徵對曰[10]：「古者聖哲之主，皆亦近取諸身，故能遠體諸物。昔楚聘詹何[11]，問其治國之要。詹何對以修身之術。楚王又問治國如何？詹何曰：『未聞身治而國亂者。』陛下所明[12]，實同古義。」

注釋

1 貞觀：唐太宗李世民的年號。「貞觀」共二十三年，公元六二七—六四九年。2 侍臣：指侍奉帝王的廷臣，也就是宮廷裏皇帝身邊的人。3 先存百姓：首要的任務是養活天下人民。4 股：大腿。啖腹：引申作充飢。啖，吃、食之意。5 正其身：以身作則。6 朕：語出《尚書・皋陶謨》，作我、我的之意。自秦始皇起專用為皇帝的自稱。外物：自身以外的東西、因素。7 耽：沉迷於。滋味：口腹上的感覺，引申作吃喝之事。8 解體：信心崩潰、瓦解。9 怨：亦作「怨讟」。因怨恨而出誹謗之言。怨讟。10 諫議大夫：官名。唐朝門下省置諫議人夫四員，掌侍從贊襄、規諫諷喻。魏徵（五八〇—六四三）：貞觀朝名臣，字玄成。唐朝鉅鹿人（今河北省刑台市巨鹿縣），原為太子李建成的謀士，太宗登基後，魏徵曾先後任諫議大夫、左光祿大夫、秘書監、侍中等職，封鄭國公，諡文貞，為凌煙閣二十四功臣之一。以直諫敢言著稱，是我國歷史上最負盛名的諫臣之一。11 楚：指楚莊王（?—前五九一），春秋五霸之一。詹何：春秋時期思想家，反對縱慾，主張清心寡慾，重視養生，必然輕利。思想與道家接近。楚莊王問詹何國事的典故，見《列子・說符篇》。12 陛下：陛，古代殿、壇的台階。陛下即階下。秦以後成為僚臣對皇帝的尊稱。語出《韓非子・存韓篇》。

譯文

貞觀初年，唐太宗對他身邊的人說：「做國君的原則，首要的任務是養活天下人民。如果以損害百姓的生活來滿足自己的慾求，那就好像割自己大腿上的肉來填飽肚子，雖然肚子是填飽了，但人卻死了。如果想安定天下，必須以身作則，世上絕對沒有身子端正了而影子不正的情況，也沒有在上位者治理好天下而社會秩序失控，國家發生動亂的。我經常反思，能損傷自身的並不是身外的東西，都是由於自身的貪慾才釀成禍患。如果終日沉迷於吃喝玩樂、聲色犬馬、男女情慾，個人慾求越來越大，所受的損害也就越深，既妨礙國家政事，又擾害百姓。如果再說出一些不合事理的話來，就更會弄得民心渙散，怨言四起，自然就眾叛親離。每當我想到這些，就不敢有一絲一毫的放縱和懈怠。」諫議大夫魏徵回答說：「古代聖明的君主，大多是就近修養自己，所以能夠遠遠地體察到其他事物。從前楚莊王聘請詹何，詢問他治國的要旨。詹何用注重自身品德修養的方法回答。楚莊王又問這樣治理國家的效果是怎樣的？詹何說：『沒有聽過自身品行端正而國家還會混亂的。』皇帝陛下所懂得的，實在符合古代的道理。」

賞析與點評

「為君之道，必須先存百姓。」——此句所述，絕對是古今中外為政者的金科玉律。統治者若不能為平民百姓帶來好生活、好日子，說什麼「以民為本」俱是徒然，變得毫無意義。而綜觀整個貞觀年間，太宗確實能「先存百姓」、「以民為本」。

貞觀二年，太宗問魏徵曰：「何謂為明君暗君？」徵曰：「君之所以明者，兼聽也；其所以暗者，偏信也。《詩》云[1]：『先人有言，詢於芻蕘[2]。』昔唐、虞之理[3]，闢四門，明四目，達四聰[4]。是以聖無不照，故共、鯀之徒[5]，不能塞也；靖言庸回[6]，不能惑也。秦二世則隱藏其身[7]，捐隔疏賤而偏信趙高[8]，及天下潰叛，不得聞也。〔……〕隋煬帝偏信虞世基[9]，而諸賊攻城剽邑，亦不

得知也。是故人君兼聽納下，則貴臣不得壅蔽，而下情必得上通也。」太宗甚善其言。

注釋

1《詩》：即《詩經》。我國最早的詩歌總集。先秦時期稱為詩，漢尊為經典，始稱《詩經》，與《尚書》、《三禮》、《易》與《春秋》合稱五經。2 芻蕘（粵：初搖；普：chú ráo）：指割草打柴的人。詩文出自《詩經・大雅・板》。芻，草。蕘，柴。3 唐、虞：即指唐堯、虞舜。唐堯是帝嚳之子，姓伊祁。初封於陶，後又封於唐，所以稱陶唐氏。建都平陽（今山西臨汾西南）。唐堯年老後，不能親政，其子丹朱又軟弱無能，堯就把帝位傳給舜。虞舜，姚姓，名重華。生長於有虞氏部落，因此稱虞舜。堯老後，召集各部落首領商議繼位者，部落首領們一致推舉舜。舜代行國政三十年後，堯禪位給舜。建都蒲阪（今山西永濟蒲州鎮）。舜於南巡中死於蒼梧之野（今湖南寧遠九嶷山郊野）。傳位於禹。4「闢四門」三句：語出《尚書・堯典》，即廣開四方視聽之意。5 共：共工氏。中國古代神話中的天神，是洪水之神，相傳他與黃帝族的顓頊展開激戰，戰敗，於是怒而頭觸不周山，使天地傾斜。鯀：古代傳說中堯的臣子，禹的父親。傳說堯時洪水為禍，堯派鯀治水。鯀築堤防堵，然而未能成功治水，後來堯傳位予舜，帝舜處死鯀（一說為流放）。此外還有一說，指共工是堯的大臣，與兜、三苗、鯀並稱「四凶」，被堯流放於幽州。6 **靖言庸回**：同「靖言庸違」。語言善巧而行動乖違。猶言口是行非。7 **秦二世**（前二三〇—前二〇七，前二〇九—前二〇七在位）：即胡亥，也稱二世皇，秦始皇最小的兒子。始皇出巡時死於沙丘，宦官趙高（？—前二〇七）和丞相李斯（前二八〇—前二〇八）篡改遺詔，立胡亥為帝，賜扶蘇死。秦二世即位後，趙高掌實權，實行殘暴的統治，激起了陳勝、吳廣的揭竿起義。二世胡亥於公元前二〇七年被趙高逼死，時年僅二十四歲。8 **趙高**：本為趙國貴族之後，秦滅趙國前後，被俘入秦。輾轉為宦官，即身份低下負責侍候皇室貴族的庶務官員（世人以趙高為閹人乃後世曲解）。任中車府令，兼行符璽令事，「管事二十餘年」。秦始皇死後，他與丞相李斯合謀偽造詔書，賜太子扶蘇死，另立胡亥為帝，並自任郎中令，在任期間獨攬大權。公元前二〇七年又設計害死李斯，成為秦國丞相，後來他逼二世自殺，另立子嬰（？—前二〇六）。不久被子嬰殺死，誅夷三族。9 **隋煬帝**（五六九—六一八，六〇五—六一八在位）：楊廣，隋代第二位君主。傳統歷史上的暴君，與秦始皇齊名。據《隋書》記載，楊廣十七歲為平陳領帥，其後又鎮揚州十年之久，在鎮守江南期間，穩定叛變局勢頗有成效，政績突出。同時他表現得作風簡樸、不好聲色、禮賢下士、謙恭謹慎，由此贏得了朝野讚頌和隋文帝夫婦的歡心。開皇二十年（六〇〇），隋文帝廢黜楊勇，立楊廣為皇太子。即位後煬帝表現得好大喜功、窮奢極侈，動用極大民力修建大運河、長城和洛陽城、東征西討，最終引致隋末民變，後被部下宇文化及縊殺。虞世基（？—六一八）：字茂世，餘姚（今屬浙江）人，虞世南哥哥。少與弟世南同師事顧野王。個性恬靜，喜慍不形於色，博學，善草隸。得到隋煬帝器重曾任通直郎、直內史省、內史舍人等；專典機密，參掌朝政。曾數次勸諫隋煬帝而不獲採納，又見大臣相繼被誅戮，懼禍及己，遂唯諾取容，不敢逆帝，為時人所譏。十四年，宇文化及於江都兵變，隋煬帝與虞世基一同被殺。

譯文

貞觀二年（六二八），唐太宗問魏徵說：「什麼叫做賢明君主？什麼叫做糊塗君主？」魏徵答道：「君主之所以能賢明，是因為能夠兼聽各方面的不同意見；君主所以會糊塗，是因為偏聽偏信。《詩經》中說：『古人說過這樣的話，要向割草砍柴的人徵求意見。』過去唐堯、虞舜治理天下，廣開四方門路，招納賢才，廣開視聽，了解各方面的情況，聽取各方面的意見。因而聖明的君主能無所不知，所以像共工、鯀這樣的壞人不能蒙蔽他；花言巧語的奸佞小人也不能迷惑他。秦二世卻不是這樣，他深居宮中，隔絕賢臣，疏遠百姓，偏信趙高，直到天下大亂、百姓叛離，他還不知道。（……）隋煬帝偏信虞世基，到各路反隋兵馬攻掠城邑時，他還不知道。由此可見，君主如能廣泛聽取各方意見，採納臣子忠言，那麼，權臣就不能蒙上蔽下，百姓的意見也就能傳遞給國君了。」太宗很讚賞魏徵的這番話。

賞析與點評

「兼聽則明」——做人處事，若能把所有正反意見都加以考慮、分析，然後取其長，去其短，才是真正的明智。因此，多聽取別人的意見，自然能增加自己的所見、所識、所得。貞觀年間，太宗之所以讓臣僚放膽進諫，目的就是要兼聽。

貞觀十一年，特進魏徵上疏曰[1]：「臣觀自古受圖膺運[2]，繼體守文[3]，控御英傑，南面臨下[4]，皆欲配厚德於天地，齊高明於日月，本枝百世，傳祚無窮[5]。然而克終者鮮[6]，敗亡相繼，其故何哉？所以求之，失其道也。殷鑒不遠[7]，可得而言。

「昔在有隋，統一寰宇，甲兵強盛，三十餘年，風行萬里，威動殊俗。一旦舉而棄之，盡為他人之有。彼煬帝豈惡天下之治安，不欲社稷之長久[8]，故行桀虐[9]，以就滅亡哉？恃其富強，不虞後患[10]。驅天下以從欲，罄萬物而自奉[11]，採域中之子女，求遠方之奇異。宮苑是飾，台榭是崇[12]，徭役無時，干戈不戢[13]。外示嚴重，內多險忌。讒邪者必受其福，忠正者莫保其生。上下相蒙，君

臣道隔，民不堪命，率土分崩。遂以四海之尊，殞於匹夫之手，子孫殄絕[14]，為天下笑，可不痛哉！」

注釋

1 **特進**：官位。唐朝時為文散官之第二階，相當於正二品。**疏**：臣下上呈給君主的建議、言辭。2 **受圖膺運**：謂帝王得受圖籙，應運而興。這裏指承受天命開創帝業或繼承帝位的人。圖，河圖。相傳，上古伏羲氏時，洛陽東北孟津縣境內的黃河中浮出龍馬，背負「河圖」，獻給伏羲。伏羲依此而演成八卦，後為《周易》來源。又相傳，大禹時，洛陽西洛寧縣洛河中浮出神龜，背馱「洛書」，獻給大禹。大禹依此治水成功，遂劃天下為九州。後來人們把「河圖」、「洛書」說成是上天的旨意，帝王是承受天命開創帝業或繼承帝位來統治萬民的。3 **繼體守文**：繼承皇位，率由舊章。《春秋穀梁傳》曰：「承明繼體，則守文之君也。」體，這裏指政權、皇位。文，這裏指法令條文、典章制度。4 **南面臨下**：古時君主皆朝南而坐，有南面而王之說。南面臨下，即君臨天下，統治萬民之意。5 **祚**（粵：做；普：zuò）：福。這裏指皇位。6 **克終者鮮**：能夠善始善終者很少。克，能。7 **殷鑒不遠**：語出《詩經．大雅．蕩》：「殷鑒不遠，在夏后之世。」這句詩揭示了一個歷史教訓，即夏代的滅亡，就是殷代的前車之鑒。原指殷朝的子孫要把夏朝的滅亡作為鑒戒。泛指前人的教訓就在眼前。

8 **社稷**（粵：績；普：jì）：社，土地之神；稷，五穀之神。引申作國家、天下之意。9 **桀**：夏朝最後一個國王，名履癸，是中國歷史上有名的暴君之一。10 **虞**：考慮，防範。11 **罄**：用盡，消耗殆盡。12 **台榭**（粵：謝；普：xiè）：積土高起者為台，台上所蓋之屋為榭。後泛指高地上所建供遊觀的建築物。13 **干戈不戢**（粵：輯；普：jí）：戰事終年不休。戢，把兵器收藏起來。引申指停止戰爭。14 **殄**（粵：tin[5]；普：tiǎn）**絕**：滅絕。

譯文

貞觀十一年（六三七），特進魏徵向太宗上書說：「我看到自古以來，但凡承受天命開創帝業或繼承帝位的人，他們駕馭英才，朝南而坐，以統治萬民，都希望自己德配天地，功高日月，長久統治，帝位能世世代代相傳下去。然而能善始善終的實在太少了，衰亡傾覆的相繼發生，這是什麼緣故呢？探求他們失敗的原因，是因為他們不懂得治國的道理。前朝覆滅的教訓並不久遠，可以講得出來。

「過去隋朝統一天下，兵甲強壯，三十餘年，聲威遠播萬里。然而一下子全部喪失，江山盡為別人所有。隋煬帝難道討厭天下安定，不想讓國家長治久安，故意要施行夏桀那樣的暴政，弄得自己國破人亡嗎？他不過是依仗國家富強，有恃無恐，不考慮後患。他驅使百姓順從自己的奢慾，搜刮天下的財物盡情揮霍，挑選全國的美女，到域外探尋珍寶。裝飾宮苑，構築樓台，徭役長年不斷，戰事終年不休。君臣間外表威嚴莊重，內心卻多猜忌險惡。奸佞邪惡的進讒者一定會享受福祿，忠誠正直的人卻連性命都難保。上下互相欺蒙，君臣之間離心離德，百姓不堪忍受，國家從此分崩離析。於是一度曾統治四海的國君，竟死在匹夫之手，他們的子孫也被斬盡殺絕，為天下人所恥笑，這能不令人痛心嗎！」

賞析與點評

「殷鑒不遠」——商朝末代君主紂王，是歷史上著名的亡國之君。後世小說《封神演義》更將之描繪為貪戀女色，荒淫無道的大暴君。然而有史料顯示紂王在位早期，商朝國力仍然十分強盛，南征北討未逢敗績，然而最終卻為周人所亡。因此，殷紂的敗亡便成為歷代為政者的反面教材，此即「殷鑒」一詞之由來。

是月，徵又上疏曰：「臣聞求木之長者，必固其根本；欲流之遠者，必浚其泉源[1]；思國之安者，必積其德義。源不深而望流之遠，根不固而求木之長，德不厚而思國之理，臣雖下愚，知其不可，而況於明哲乎！人君當神器之重[2]，居域

中之大[3]，將崇極天之峻，永保無疆之休[4]。不念居安思危，戒奢以儉，德不處其厚，情不勝其欲[5]，斯亦伐根以求木茂，塞源而欲流長者也。」

注釋

1 浚（粵：俊；普：jùn）：疏通。2 神器：指帝位、政權。3 居域中之大：是佔據天地間的四大之一。《老子》上篇曰：「道大，天大，地大，人亦大。域中有四大，而人居其一焉。」域中，指天地間。4 無疆之休：指無窮無盡的美好日子。5 勝：克制。

譯文

本月，魏徵又上書說：「我聽說過，要想讓樹木長得好，必須使樹木的根紮得牢固；要想讓河水流得長遠，必須疏通它的源頭；要想使國家長治久安，就一定要積聚自己的道德仁義。河流的源頭不深卻希望河水流得長遠，樹木的根基不牢固卻希望樹木生長，道德不深厚卻想使國家安定，我雖然十分愚笨，也知道那是不可能的，更何況明智的人呢？國君掌握國家大權，處於天地間至尊的地位，有至高無上的威嚴，應該永保無窮無盡的美好日子。但如果不能居安思危，不能力戒奢侈而提倡節儉，不能廣積美德，不能節制情慾，要想達到這個目標，就像砍斷樹根而希望樹木茂盛，堵塞源頭而希望河水長流一樣荒唐！」

賞析與點評

「木之長者，必固其根本。」——所謂萬丈高樓從地起，任何事情沒有穩固的基礎，終有傾倒的一天，所謂「十年樹木，百年樹人」。今天我們生活在知識型的社會，如沒有足夠的知識，就如沒有根的樹木一樣，是難以生存下去的。

貞觀十五年，太宗謂侍臣曰：「守天下難易？」侍中魏徵對曰[1]：「甚難！」太宗曰：「任賢能，受諫諍即可，何謂為難？」徵曰：「觀自古帝王，在於憂危之間，則任賢受諫。及至安樂，必懷寬怠。言事者惟令兢懼[2]，日陵月替[3]，以至危亡。聖人所以居安思危，正為此也。安而能懼，豈不為難？」

注釋

1 侍中：官名。秦始置、兩漢沿襲，為列侯以下至郎中的加官。無定員。職責侍從君主左右，備應顧問。又出入宮廷，為親近之職。南朝宋文帝時，始掌機要，實際上往往為丞相之職。唐代時成為門下省的長官，掌納帝命，總典吏職，輔佐天子而統大政，是唐前期職權最高、最重的官員。2 言事者：奏陳事情的臣僚。兢懼：謹慎畏懼。3 **日陵月替：**國家一天接一天，一月接一月地衰敗下去。陵、替，均為衰落之意。

譯文

貞觀十五年（六四一），唐太宗對身旁的臣僚說：「保持已經取得的政權、天下是困難還是容易？」門下省長官侍中魏徵回答說：「很難！」太宗再說：「任用賢能的人，採納臣下的意見，就可以了。怎麼說很難呢？」魏徵回應說：「我觀察自古以來的帝王，當他們處於憂慮危急的時候，就能任用賢能，採納意見。到了安樂的時間，就鬆弛懈怠下來。只會使得奏陳事情的官員謹慎畏懼，明哲保身。長期下來，國家便會一天接一天、一月接一月的衰敗下去，終至衰敗滅亡。聖人所以能居安思危，正是為了避免這種情況發生。安居時能懷着畏懼之心，難道不算難嗎？」

賞析與點評

「居安思危」——這四字講是很容易，但實踐卻是十分困難。人們往往會陶醉於眼前的成就，而放鬆對未來困境的估量，所謂「貪勝不知輸」，正是「居安思危」的反義詞。而這四字亦是整個貞觀年間，太宗與臣僚們治國理民的主要指導思想之一。

政體第二

本篇導讀——

貞觀君臣經常討論如何吸取歷史教訓，提出「君依於國，國依於民」的重民思想。結果，他們在短時間內就達到了「關中豐熟，咸自歸鄉」，「商旅野次，無復盜賊，囹圄常空，馬牛布野，外戶不閉」的繁榮景象。對於這治世的出現，太宗認為在很大程度上要歸功於以魏徵為代表的臣僚輔助。太宗認為「天子者，有道則人推而為主，無道則人棄而不用，誠可畏也」，「君，舟也；民，水也。水能載舟，亦能覆舟。」這些名言寓意深刻，對後世影響極大。

貞觀二年，太宗問王珪曰：「近代君臣理國，多劣於前古，何也？」對曰：「古之帝王為政，皆志尚清靜[1]，以百姓心為心。近代則惟損百姓以適其欲，所以任

用大臣，復非經術之士[2]。漢家宰相，無不精通一經[3]，朝廷若有疑事，皆引經決定，由是人識禮教，理致太平。近代重武輕儒，或參以法律，儒行既虧[4]，淳風大壞。」太宗深然其言。自此百官中有學業優長，兼識政體者，多進其階品，累加遷擢[5]。

注釋

1 志尚清靜：志趣在於崇尚清靜無為之治，即以道德教化萬民百姓。2 經術之士：精通儒學經典的讀書人。3 經：指歷來被尊崇為典範的著作書籍，這裏引申作儒家經典之意。4 儒行：儒家思想所提倡的道德行為規範。5 遷擢（粵：鑿；普：zhuó）：提升、擢拔。

譯文

貞觀二年，太宗問王珪說：「近代的君臣治理國家多比前代古時的君臣更為差劣，這是什麼原因？」王珪回答說：「上古的帝王治國，志趣崇尚清靜無為，他們想百姓之所想。近代的君臣則只是傷害百姓日常生活來滿足自己的貪慾，所任用的大臣，不再是精通儒學經典的讀書人。漢朝的宰相，沒有一個不是精通一門儒家經典的，朝廷如果有疑難，大家都能依據儒家典籍所述來作出決定。由此萬民皆懂禮儀規範，治理國家就天下太平了。近代（統治者）重視軍事建設而輕視儒學文教，治國之時或者參用法令刑律，儒家的道德規範已經遭到損害，樸實敦厚的社會風氣受到很大的破壞。」太宗很贊同王珪的話。從此官員中有學識好、有長處，並懂得治國的人，多獲提高官階品級，累次加以升遷提拔。

賞析與點評

「以百姓心為心」——為政者如能做到「想人民所想，急人民所急」，則天下哪有不治之理。或有人說：天下百姓所想所得的，五花八門，無窮無盡，為政者怎能一一滿足他們的想法呢？其實老百姓的要求很簡單，只有四個字「安居樂業」。太宗十分明白這個道理，他以「民本」思想治國，正是「以百姓心為心」的表現。

貞觀三年，太宗謂侍臣曰：「中書、門下，機要之司[1]。擢才而居，委任實重。詔敕如有不穩便[2]，皆須執論。比來惟覺阿旨順情[3]，唯唯苟過[4]，遂無一言諫諍者[5]，豈是道理？若惟署詔敕、行文書而已[6]，人誰不堪[7]？何煩簡擇，以相委付？自今詔敕疑有不穩便，必須執言，無得妄有畏懼，知而寢默。」

注釋

1 **機要之司**：即位處樞機，最為關鍵的政府部門。機要，樞機、關鍵之意。司，官署、政府部門之意。2 **詔敕**：君主朝廷所頒發的政令。3 **阿旨順情**：迎合君主的意旨，順從太宗的情緒意見。4 **唯唯**：即唯唯諾諾。**苟過**：敷衍了事。5 **一言諫諍**（粵：dzaŋ[3]；普：zhèng）：一句直言勸諫的話。6 **惟署詔敕**（粵：斥；普：chì）：只是簽署政令。**行文書**：頒行朝廷文告、公佈。7 **人誰不堪**：什麼人都可以勝任。

譯文

貞觀三年（六二九），太宗對侍從大臣說：「中書省、門下省都是朝廷最重要的衙門，其中的負責官員，都是選拔突出的人才來擔任，而所委託的任務確實最為重要。朝廷所頒發的政令如有不妥當的地方，都必須堅持己見直言議論，近來只覺（官員）迎合旨意，順從上情，唯唯諾諾，敷衍了事，沒有一句直言勸諫的話。這符合道理嗎？如果只是簽署政令，頒行文告，誰人都會幹，何須不嫌煩擾地選擇，並以重任相委託呢？從今以後，對皇帝所頒行的詔令有認為不穩妥、不便施行的，都必須堅持自己的意見，不得妄自畏懼，明知不對的也沉默不語。」

賞析與點評

「阿旨順情，唯唯苟過。」——這是個反面教材。凡事順從上級或別人的意思，唯唯諾諾，沒有自己的看法，日子或許能混下去，但總是為別人而生，為別人而活，如同走肉行屍，這又有什麼意義呢？太宗就是害怕官員阿旨順情，唯唯諾諾，把國家弄得江河日下。

貞觀四年，太宗問蕭瑀曰：「隋文帝何如主也[1]？」對曰：「克己復禮[2]，勤勞思政，每一坐朝，或至日昃[3]，五品以上，引坐論事[4]，宿衛之士，傳飧而食[5]，雖性非仁明，亦是勵精之主。」太宗曰：「公知其一，未知其二。此人性至察而心不明。夫心暗則照有不通，至察則多疑於物。又欺孤兒寡婦以得天下[6]，恆恐群臣內懷不服，不肯信任百司[7]，每事皆自決斷，雖勞神苦形[8]，未能盡合於理。朝臣既知其意，亦不敢直言。宰相以下，惟即承順而已。朕意則不然，以天下為之廣，四海之眾，千端萬緒，須合變通，皆委百司商量，宰相籌畫，於事穩便，方可奏行[9]。豈得以一日萬機[10]，獨斷一人之慮也。且日斷十事，五條不中，中者信善，其如不中者何？以日繼月，乃至累年，乖謬既多，不亡何待？豈如廣任賢良，高居深視[11]，法令嚴肅，誰敢非為？」因令諸司，若詔敕頒下有未穩便者，必須執奏，不得順旨便即施行，務盡臣下意。

注釋

1 隋文帝：楊堅（五四一—六〇四，五八一—六〇四年在位），弘農華陰（今陝西省華陰縣）人，曾任北周丞相，總攬朝政，晉封隋王。公元五八一年，廢北周靜帝自立，建立隋朝，後南下滅陳，統一全國。在位期間，改革行政，廢除「九品中正制」。有「開皇之治」的美譽。

2 克己復禮：語出《論語．顏淵》。克己復禮是儒家思想的最高道德修養要求。即約束自己的視聽言行，以符合禮教的要求。

3 或：時常。日昃（粵：則；普：zè）：太陽西斜，約下午二時前後。

4 引坐：召見賜坐。

5 傳飧（粵：孫；普：sūn）而食：傳，轉送。飧，簡單的飯食。語出《史記．淮陰侯列傳》。此指隋文帝坐朝過午，與朝臣議政忘記了吃飯的時間。

6 欺孤兒寡婦以得天下：楊堅的女兒是北周宣帝皇后，宣帝暴斃死，楊堅廢黜年幼的靜帝，篡周立隋，自立為帝。

7 百司：文武百官之意。

8 勞神苦形：費勞精神，辛苦形體。

9 奏行：奏請頒行。

10 一日萬機：謂時間很短而處理的事情極多。語出《尚書．虞書．皋陶謨》。

11 高居深視：身居高位而深察下情。

譯文

貞觀四年（六三〇），太宗問蕭瑀說：「隋文帝是怎麼樣的君主？」蕭瑀回答說：「約束自己，符合禮儀，勤勤懇懇，不怕辛勞地思考治國之道，每次坐朝理事都很認真，有時到太陽西斜還不休息。凡五品以上的官員，他都召見賜坐，與他們一起談論國事，忘記吃飯時間，侍衛只好傳餐而食。雖然他的品性不算仁慈明智，但也稱得上是奮發有為，想把國家治理好的國君。」太宗說：「你只知其一，不知其二。隋文帝這個人性格過於審細，而且不明事理。內心不明就察覺不出自己的過失，過於審細就會對人疑慮多端。他因為欺負孤兒寡婦而得天下，所以經常惱怒對他當面敷衍而心有不服的群臣，不肯輕易信任文武百官。事無巨細都要親自決策處理，雖然勞費精神，辛苦形體，始終不能把所有的事情都處理得合情合理。朝中大臣既知他的心意，也不敢直言勸諫。宰相以下的官員，只是奉承順旨罷了。我的看法就是這樣。天下這麼大，舉國之內人口這麼多，每天發生的事千頭萬緒，須不拘一法，靈活處理，凡事應交文武百官商議，宰相認真籌劃，對於所處理的事，能做到穩妥、便利，才可以呈奏施行。怎麼把一天中須處理的許許多多事情，讓一人思考決斷呢！況且一天處理十件事，有五件出偏差，處理得對當然好，處理得不對的又怎麼辦呢？如此日以繼月，乃至連年，錯誤既然很多，不滅亡還等什麼？哪能比得上廣泛任用賢士良才，身居高位而詳察下情，法令嚴肅，這樣誰敢為非作歹呢？」於是命令所有官署，如果詔敕頒發下去有不穩妥或不便施行的，必須堅持己見上報，不能順從旨意，隨即施行。一定要盡到臣子的責任。

賞析與點評

「豈得以一日萬機，獨斷一人之慮。」——在今天的知識型社會，不用說一日萬機，就是一日十機，亦絕對不可憑一己之見去作出判斷。俗語有云：「三個臭皮匠，勝過一個諸葛亮」，古諺亦云「兼聽則明」，就是這個道理。更何況現今世界知識爆炸，一個人所識、所知的始終有限，非仰賴眾人之智，實難成一事。太宗批評這是隋文帝治國的一大失誤，更是導致隋朝滅亡的原因之一。

貞觀六年，太宗謂侍臣曰：「看古之帝王，有興有衰，猶朝之有暮[1]，皆為蔽其耳目[2]，不知時政得失。忠正者不言，邪諂者日進[3]，既不見過，所以至於滅亡。朕既在九重[4]，不能盡見天下事，故布之卿等，以為朕之耳目。莫以天下無事，四海安寧，便不存意[5]。『可愛非君，可畏非民[6]？』天子者，有道則人推而為主，無道則人棄而不用，誠可畏也。」魏徵對曰：「自古失國之主，皆為居安忘危，處理忘亂，所以不能長久。今陛下富有四海，內外清晏[7]，能留心治道，常臨深履薄[8]，國家曆數[9]，自然靈長[10]。臣又聞古語云：『君，舟也；人，水也。

水能載舟，亦能覆舟。[11]』陛下以為可畏，誠如聖旨。」

注釋

1 朝之有暮：白天之後有黃昏。2 蔽其耳目：耳目蔽塞，比喻為看不見問題，聽不進勸諫。3 邪諂：邪惡諂佞小人。4 九重：這裏指九重宮闕。皇帝深居九重宮闕，一般人不可到達。言外之意就是皇帝與外界隔絕，聽不見百姓的聲音。5 存意：小心在意。6「可愛非君」兩句：百姓所愛戴的不是君王嗎？君王所畏懼的不是百姓嗎？語出《尚書．大禹謨》。7 清晏：清平安定。晏，平靜，安逸。8 臨深履薄：面臨深淵，腳踩薄冰。喻身處險境，戒慎恐懼之至。語出《詩經．小雅．小旻》。9 曆數：原指推算歲時節候的次序。古人認為帝位相承，與天象運行的次序相應，故稱帝王繼承的次序為「曆數」。這裏引申為國運。10 靈長：綿延長久之意。11「君」六句：語出《易經．繫辭上》。意謂君主好比是船，百姓好比是水。水能夠載船行走，也能把船掀翻。

譯文

貞觀六年（六三二），太宗對身邊的大臣們説：「縱觀古代的帝王，總是有興盛有衰亡的，就好像有白天就必定有黃昏一樣，這都是因為他們的耳目受了遮蔽，不了解當時的政治得失。忠誠正直的人不敢直言勸諫，邪惡諂諛的人卻一天天得到重用，國君看不見自己的過失，所以導致國破家亡。我既然身居九重深宮，不能看見天下發生的所有事情，故此安排你們作為我的耳目去了解真實情況。不要以為天下無事，四海安寧，就不在意。《尚書》中說：『百姓所愛戴的不是君王嗎？君王所畏懼的不是百姓嗎？』作為國君，聖明有道，百姓就會擁戴他為君主，如果昏庸無道，百姓就會拋棄他而不擁戴他，這實在令人感到恐懼啊！」魏徵回答說：「自古以來的亡國之君，都是因為處在安定的環境裏就忘記了覆亡的危險，處在盛世就忘記了亂世，所以不能長久地統治國家。如今陛下擁有天下，內外清平安定，能夠留心治國安邦之道，常常如臨深淵，如履薄冰，以這樣的態度治理天下，國運自然會長久。我又聽過這樣的古語說：『君主好比是船，百姓好比是水；水能夠載船行走，也能把船掀翻。』陛下認為百姓的力量可畏，實際情況確實是如您講的那樣！」

賞析與點評

「君，舟也；人，水也。水能載舟，亦能覆舟。」——這千古名句，到今天，甚至很遠的未來，依然省察人心。所謂「得民心者得天下，逆民心者失天下」，這不僅是為政者的座右銘，亦是每一個人在其位置上知所警惕的良言。俗語所云：「不要與全世界人作對」，就是這個意思了。太宗以「舟和水」來形容君民的關係，反映出他重視「以民為先」、「以民為本」的思想。

貞觀六年，上謂侍臣曰：「古人云：『危而不持，顛而不扶，焉用彼相[1]？』君臣之義，得不盡忠匡救乎！朕嘗讀書，見桀殺龍逄[2]，漢誅鼂錯[3]，未嘗不廢書歎息。公等但能正詞直諫，裨益政教，終不以犯顏忤旨，妄有誅責。朕比來臨朝斷決，亦有乖於律令者[4]，公等以為小事，遂不執言。凡大事皆起於小事，小事不論，大事又將不可救，社稷傾危，莫不由此。隋主殘暴[5]，身死匹夫之手，率士蒼生[6]，罕聞嗟痛。公等為朕思隋氏滅亡之事，朕為公等思龍逄、鼂錯之誅，君臣保全，豈不美也！」

注釋

1「危而不持」三句：意謂國家傾危，人主顛躓，不能扶救，那麼要助手來相輔佐是幹什麼呢？語出《論語．季氏》。2 桀殺龍逄（粵：旁；普：páng）：桀，夏桀，夏朝末代國君，荒淫殘暴，後被商湯所滅。龍逄，關龍逄，夏桀的大臣。相傳夏桀暴虐荒淫，關龍逄多番勸諫，後被桀囚禁殺死。3 漢誅鼂（粵：潮；普：cháo）錯：鼂錯，（前二〇〇—前一五四），漢潁川（今河南禹縣）人，西漢初年著名政治家。漢文帝時任太常掌故，漢景帝即位後任御史大夫。鼂錯倡議逐步削奪宗室藩王的封地，以加強中央集權，得到景帝的採納。不久吳楚等七個劉姓宗室地方藩王以誅鼂錯為名，發動軍事叛亂，景帝為求平息亂事，聽從大臣袁盎等言，斬鼂錯於長安東門。4 乖：不符合。5 **隋主**：指隋煬帝。6 **率士蒼生**：率士，天下、全國。蒼生，百姓、萬民。語出《詩經・小雅・北山》。

譯文

貞觀六年，皇上（太宗）對侍從大臣說：「古人說：『在遇到危險時不去扶持，將要摔倒時不去扶助，那麼要助手來輔佐是幹什麼呢？』從君臣大義的道理來說，臣子能夠不竭盡忠心匡正挽救君主的失誤嗎？我曾讀書，看到夏桀殺死賢臣關龍逄，漢景帝誅殺謀臣鼂錯的時候未嘗不放下書本歎息。你們只要能義正辭嚴地坦率直言諫諍，有益於國家的政治教化，我絕不會以冒犯尊嚴、違背意旨，而濫施殺戮和刑罰。我近來坐於朝中決斷的事情中，也有違背法令的，你們認為這些是小事，就不提出意見，據理力爭。凡是大事都是從小事開始的，小事不作追究，大事將會弄到不可挽救的地步，國家的覆亡，都是由此而起。隋煬帝殘暴，結果被一個普通人殺死，天下百姓中，很少聽說有人為他悲痛的。你們多替我想想隋煬帝國破身亡的教訓，我為諸位考慮關龍逄、鼂錯被冤枉誅殺的教訓，做到君臣之間互相都能保全，難道不是很好的事嗎？」

賞析與點評

「危而不持，顛而不扶。」——這句與傳統儒家讀書人所講求的「仁、義、禮、智、勇」可謂背道而馳。今天的知識分子雖未必人人皆可以有「先天下之憂而憂，後天下之樂而樂」的崇高情懷，但起碼亦不要讓自己陷於「危而不持，顛而不扶」、麻木不仁的地步。太宗引此古語來激勵臣下做忠臣，克制臣節。否則，國破家亡之日，不單是帝王身死，更是天下臣民之災。

貞觀七年，太宗與秘書監魏徵從容論自古治政得失[1]，因曰：「當今大亂之後，造次不可致治[2]。」徵曰：「不然，凡人在危困則憂死亡，憂死亡則思治，思治則易教[3]。然則亂後易教[4]，猶饑人易食也[5]。」太宗曰：「善人為邦百年，然後勝殘去殺[6]。大亂之後，將求致治，寧可造次而望乎？」徵曰：「此據常人[7]，不在聖哲。若聖哲施化，上下同心，人應如響[8]，不疾而速[9]，期月而可[10]，信不為難，三年成功，猶謂其晚。」太宗以為然。封德彝等對曰[11]：「三代以後[12]，人漸澆訛[13]，故秦任法律，漢雜霸道，皆欲理而不能，豈能理而不欲？若信魏徵所說，恐敗亂國家。」徵曰：「五帝三王[14]，不易人而理。行帝道則帝[15]，行王道則王[16]，在於當時所理，化之而已。考之載籍[17]，可得而知。〔……〕若言人漸澆訛，不返純樸，至今應悉為鬼魅，寧可復得而教化耶？」德彝等無以

難之，然咸以為不可。

太宗每力行不倦，數年間，海內康寧，突厥破滅，因謂群臣曰：「貞觀初，人皆異論，云當今必不可行帝道、王道，惟魏徵勸我。既從其言，不過數載，遂得華夏安寧[18]，遠戎賓服[19]。突厥自古以來[20]，常為中國勍敵[21]，今酋長並帶刀宿衛[22]，部落皆襲衣冠[23]。使我遂至於此，皆魏徵之力也。」顧謂徵曰：「玉雖有美質，在於石間，不值良工琢磨，與瓦礫不別。若遇良工，即為萬代之寶。朕雖無美質，為公所切磋[24]，勞公約朕以仁義[25]，弘朕以道德，使朕功業至此，公亦足為良工爾。」

注釋

1 秘書監：官名。南北朝始置，為秘書省長官，掌圖書著作等事。唐制，秘書監一人，掌邦國經籍圖書。2 造次：匆忙、倉促。致治：達到天下太平。3 思治則易教：思考如何達致天下太平則容易教化萬民。4 亂後易教：經歷動亂以後更有利於教化萬民。5 饑人易食：飢餓的人更容易滿足於食物需要。6 勝殘去殺：謂戰勝殘暴，廢除死刑。語出《語論．子路》。7 此據常人：僅能對平常人、一般人而言。8 響：回聲。9 不疾而速：意謂不為追求快而迅速。10 期月：一年。11 封德彝（粵：移；普：yí）：名倫，渤海蓚縣（今河北省景縣）人。隋朝時為內史舍人，先後獲楊素、虞世基等隋朝名臣所提拔與信任。隋亡降唐，先為秦王府參軍。貞觀初，官至尚書右僕射。12 **三代**：即夏、商、周三代。13 **澆訛**：風俗浮薄，人心狡詐。14 **五帝**：指黃帝、顓頊、高辛、唐堯、虞舜。**三王**：指夏、商、周三代創業之主，即夏禹、商湯、周武王。15 **帝道**：謂成就帝業之道，文中指無為而治。16 **王道**：儒家主張以仁義治天下，稱為「王道」。17 **載籍**：古書典籍所記載。18 **華夏**：即華夏諸族，引申作天下、中原政權之意。19 **戎**：引申作外族、異族。**賓服**：指各方諸侯按時入貢朝見天子，表示服從。20 **突厥**：南北朝中後期，崛起於金山（今阿爾泰山）一帶的遊牧民族。部落首領姓阿史那氏。北周、北齊對峙時，突厥勢盛。其後隋文帝用遠交近攻、離強合弱之計，成功令突厥分裂為東突厥和西突厥。西突厥輾轉遷移到亞歐地區定居。到貞觀四年，唐太宗大破東突厥，於其地置府州。21 **中國**：漢族政權的思意。**勍**（粵：鯨；普：qíng）**敵**：即勁敵，強而有力的敵人。22 **帶刀宿衛**：指各族酋長均臣服於唐朝，被冊封為唐朝將領，甚至負責禁宮中的護衛工作。帶刀，拿着武器，意謂全副武裝。宿衛，在皇帝禁宮中值宿警衛。23 **部落皆襲衣冠**：意謂來自遠方的部落酋長臣服於唐朝，受到中原先進的漢文化的薰陶，學習中原的服飾文化。24 **切磋**：本指把骨角和玉石加工製成器物，今引申作學問上的商討探究。25 **約**：約束、要求。

譯文

貞觀七年（六三三），太宗與秘書監魏徵閒暇漫談時討論到自古以來的治國得失，就說：「現在國家處於大亂之後，短時間內，不可能使風俗淳樸，天下太平。」魏徵說：「不是這樣，但凡人在危急困苦之時，就擔憂死亡；擔憂死亡，就希望國家太平；希望國家太平，就容易教化。那麼，經歷動亂以後就更有利於教化萬民，就像飢餓的人更容易滿足於食物的需要。」太宗說：「賢明的人治理國家也要待百年之久，才能使殘暴者不再為惡，廢除刑殺。大亂之後，就企求達到天下太平，怎麼可以在短時間內就希望得到啊！」魏徵說：「這是對平常人而言的，不能用在英明的君主身上。如果英明君主施行教化，上下協力同心，百姓就會像回聲那樣迅速地響應跟從，雖然不想求快也會很快地取得成功。一年時間就可以達到預期的成果，相信並不困難，三年才取得成功，那仍太遲了。」太宗認為對。封德彝等說：「夏、商、周三代之後，人變得越來越浮薄、狡詐。所以秦朝治國專用刑法，漢朝將仁義與刑法摻雜使用，都是想使民風純正而未能實現，怎能說可以使民風純正而不想去做呢？如果聽信魏徵的話，恐怕會使國家敗亂。」魏徵說：「五帝、三王治國時，並沒有變換國中的人民而實現了教化。躬行無為而治之道，便成就了帝業。躬行仁義之道，便成就了王業。這在於當時國君的治理，教化而已。查考古書典籍的記載，就可以知道。（……）如果說人越來越浮薄、狡詐，再也不會純樸，那麼到了今天，人都應該變得和鬼魅一樣，還能施行教化嗎？」封德彝等再也找不到理由來反駁，然而他們全體還是認為魏徵的主張是行不通的。太宗堅持實施教化，竭力施行，毫不懈怠，數年間，天下安定，突厥被打敗稱臣，太宗因而對群臣說：「貞觀初年，人們多有不同意見，說當今一定不能實行帝道、王道，只有魏徵勸我實行。我採納了他的意見，不過數年，就做到中原安寧，邊遠的外族臣服。突厥從來就是中原的強敵，如今突厥的首領酋長卻身佩刀劍，在禁宮中值宿警衛，部眾也跟着穿戴起中原的衣冠。使我取得這樣的成就，都是魏徵的功勞。回頭對魏徵說：「玉雖有美好的本質，但當它還藏在石塊中間，沒有良好的工匠去琢磨，那就與瓦塊碎石沒有區別。如果遇到好的工匠，就可以成為流傳萬代的珍寶。我雖然沒有玉的本質給你琢磨，但勞你拿仁義來約束、要求我，以道德來補充、光大我，使我能達致這樣的功業，你真可以說是一位高超的工匠啊！」

貞觀八年，太宗謂侍臣曰：「隋時百姓縱有財物，豈得保此？自朕有天下已來，存心撫養，無有所科差[1]，人人皆得營生，守其資財，即朕所賜。向使朕科喚不已[2]，雖數資賞賜，亦不如不得。」魏徵對曰：「堯、舜在上，百姓亦云『耕田而食，鑿井而飲』，含哺鼓腹[3]，而云『帝何力』於其間矣[4]。今陛下如此含養，百姓可謂日用而不知。」又奏稱：「晉文公出田[5]，逐獸於碭，入大澤，迷不知所出。其中有漁者，文公謂曰：『我，若君也[6]，道將安出？我且厚賜若。』漁者曰：『臣願有獻。』文公曰：『出澤而受之。』於是送出澤。文公曰：『子今之所欲寡人者，何也？願受之。』漁者曰：『鴻鵠保河海[7]，厭而徙之小澤，則有矰丸之憂[8]。黿鼉保深淵[9]，厭而出之淺渚[10]，必有釣射之憂。今君出獸碭，入至此，何行之太遠也。』文公曰：『善哉！』謂從者記漁者名[11]。漁者曰：『君何以名？君尊天事地，敬社稷，保四國，慈愛萬民，薄賦斂，輕租稅，臣亦與焉。君不尊天，不事地，不敬社稷，不固四海，外失禮於諸侯[12]，內逆民心，一國流亡，漁者雖有厚賜，不得保也。』遂辭不受。」太宗曰：「卿言是也。」

注釋

1 科差：古代統治者對平民財物或勞役的徵收。2 向使：假使。科喚不已：不斷徵收科役。3 含哺：吃飽飯。鼓腹：輕輕拍打肚子。4「帝何力」於其間：語出《帝王世紀》。指堯、舜時，政治清平，百姓無事。有老人擊壤於道上說：「吾日出而作，日入而息，鑿井而飲，耕田而食，帝何力於我哉。」後世用此典故表示統治者不擾民，百姓安居樂業，幾乎感覺不到統治者的存在。5 晉文公（？—前六二八）：名重耳。在位九年，為春秋五霸之一。出田：即離開京師往田獵去。6 若：你。7 鴻鵠：亦作黃鵠，即今天的天鵝。保河海：安全地居於大河大海。8 矰（粵：增；普：zēng）丸之憂：矰，較短而細的弓箭。丸，彈丸。矰丸之憂即有被彈射的危險。9 黿（粵：元；普：yuán）：甲魚的一種，背黃，頭有癩，故俗稱癩頭黿，龜屬。鼉（粵：駝；普：tuó）：又名鼉龍，即揚子鱷。保深淵：安全地生活於深水的地方。10 淺渚：淺灘。渚，本指水中的小塊陸地。11 從者：隨從的官員。12 外失禮於諸侯：與其他諸侯國交往時，作出不符合禮儀、規矩的行動。意即對外挑起事端。

譯文

貞觀八年（六三四），太宗對侍臣說：「隋朝時期百姓即使有財物，豈能保住它？從我佔有天下以來，有心撫養百姓，沒有什麼苛捐雜稅，勞役徵派，人人都得以經營生計，保守其財富，這都是我賜予他們的啊！假使我不斷科稅徵役，即使老是賞賜，百姓也不如不得賞賜。」魏徵回答說：「堯舜在位的時候，老百姓也說：『我自己耕田吃飯，鑿井飲水』，吃飽了飯輕輕拍拍肚子說『皇帝有什麼用』。現在陛下這樣愛護百姓，百姓可以說是天天享用而不知道。」魏徵又奏道：「當年晉文公出外打獵，到碭這個地方追逐野獸，進入大沼澤地，迷路不知如何離開。沼澤中有個漁夫，文公對他說：『我是你的君主，你告訴我怎樣走出去，我將大大地賞賜你。』漁夫說：『小臣想進獻一點意見。』文公說：『出了沼澤再聽。』於是漁夫將他送出了沼澤。文公說：『現在我想聽聽你想指教我的是什麼？』漁夫說：『天鵝安全地居於河海，如果厭倦了遷往小沼澤，就有被彈射的危險。黿鼉安全地生活於深水的地方，如果厭倦了而遷至淺灘，必有被釣獲、射殺的危險。現在君王出來獵獸到碭，深入到這個地方，走得不是太遠了嗎？』文公說：『說得對！』於是吩咐隨從記下漁夫的姓名。漁夫說：『君王為什麼要記下我的名字？君王如果敬天地，重社稷，保四境，愛人民，輕賦稅，我就有好處。君王如果不敬天地，不重社稷，不守四境，外失禮於諸侯，在內背離民心，那麼一國都要流亡，漁夫雖得重賞，也不能保存。』於是推辭了不肯領受文公的賞賜。」太宗說：「你說得對。」

賞析與點評

「耕田而食，鑿井而飲，帝何力（於我哉）。」——注釋所解的是從統治者的角度來看，反之若從老百姓的角度來看，則是人們只要安分守己，奉公守法，循規蹈矩地經營生活，哪怕是什麼嚴苛的法律，日子依然可以過得穩妥。魏徵引此古語是希望告誡太宗，百姓的要求很簡單，只要生活安定，他們自然願意順服於朝廷之下。

卷二

任賢第三

本篇導讀——

「任賢」即「任人惟賢」，是太宗一再強調「為政之要，惟在得人」、「致安之本，惟在得人」的「任賢」主張。「貞觀之治」就是任賢實踐的結果。〈任賢〉篇中介紹了幾位成就「貞觀之治」的賢臣：房玄齡、杜如晦、魏徵、王珪、李靖、虞世南、李勣、馬周。他們有的是秦王府中的府屬舊人，有的是來自敵對營壘的謀臣；有的出將入相，有的出身低微。他們有文有武，職位有高有低，從政有長有短。共同點是他們都是貞觀功臣，在那個時代作出過重要的貢獻。

房玄齡[1]，齊州臨淄人也[2]。初仕隋，為隰城尉[3]。坐事除名，徙上郡[4]。太宗徇地渭北[5]，玄齡杖策謁於軍門，太宗一見，便如舊識，署渭北道行軍記室參軍[6]。玄齡既遇知己，遂罄竭心力。是時，賊寇每平，眾人競求金寶，玄齡獨先收人物，致之幕府[7]，及有謀臣猛將，與之潛相申結，各致死力。累授秦王府記室，兼陝東道大行台考功郎中[8]。玄齡在秦府十餘年，恆典管記。隱太子、巢刺王以玄齡及杜如晦為太宗所親禮[9]，甚惡之，譖之高祖[10]，由是與如晦並遭驅斥。及隱太子將有變也，太宗召玄齡、如晦，令衣道士服，潛引入閤謀議。及事平，太宗入春宮[11]，擢拜太子左庶子[12]。貞觀元年，遷中書令[13]。三年，拜尚書左僕射，監修國史[14]，封梁國公，實封一千三百戶[15]。既總任百司，虔恭夙夜，盡心竭節，不欲一物失所。聞人有善，若己有之。明達吏事，飾以文學，審定法令，意在寬平。不以求備取人，不以己長格物，隨能收敘，無隔疏賤。論者稱為良相焉。十三年，加太子少師[16]，玄齡自以一居端揆十有五年[17]，頻抗表辭位，優詔不許。十六年，進拜司空[18]，仍總朝政，依舊監修國史。玄齡復以年老請致仕[19]，太宗遣使謂曰：「國家久相任使，一朝忽無良相，如失兩手。公若筋力不衰，無煩此讓。自知衰謝，當更奏聞。」玄齡遂止。太宗又嘗追思王業之艱難，佐命之匡弼，乃作《威鳳賦》以自喻，因賜玄齡，其見稱類如此。

注釋

1 房玄齡（五七九—六四八）：名喬，字玄齡。齊州臨淄（今山東淄博）人。唐初名相。房玄齡在渭北投秦王李世民後，便為秦王參謀劃策，典管書記，是秦王重要謀士之一。唐武德九年（六二六），他與杜如晦、長孫無忌、尉遲敬德、侯君集參與玄武門之變，協助秦王登位。唐太宗李世民即位後，房玄齡先後任為中書令、尚書左僕射、司空，又封為梁國公。房玄齡善謀，然而個性優柔寡斷；杜如晦處事果斷不猶豫，但不善謀略，因此人們將他們稱為「房謀杜斷」。2 **齊州**：州名。南朝宋於其地僑置冀州，北魏改為齊州，治所在歷城，唐代沿襲。**臨淄**：縣名。春秋、戰國時為齊國國都。漢朝置縣，屬齊國。歷代沿襲。公元一九七〇年併入山東省淄博市。3 **隰（粵：習；普：xí）城尉**：即隰城縣尉。隰城，地名。漢朝置縣，地在今山西汾陽縣西。尉，官名，掌管地方治安。4 **上郡**：郡名。秦昭王時置，地在今陝西延安、榆林一帶。5 **徇地**：攻佔土地。**渭北**：渭河之北。渭河，水名，黃河主要支流之一，關中漕運要道。6 **署**：代理、暫任或試充官職。**渭北道**：行政區劃名。**記室參軍**：官名。為王公府、軍府掌管文書。7 **幕府**：將帥的府署。8 **陝東道**：行政區劃名。**大行台**：晉朝以後，在地方代表朝廷管理政務的機構稱行台，其權重者稱大行台。**考功郎中**：官名。掌考察百官功過、善惡之職。9 **隱太子**：即唐太宗李世民之兄李建成。**巢刺王**：即太宗之弟李元吉。唐武德九年（六二六），李世民發動「玄武門之變」，殺了建成、元吉。**杜如晦**：唐朝重臣，詳見下節。10 **高祖**：即李淵（五六六——六三五），祖籍隴西成紀（今甘肅秦安）。隋朝末年任太原留守，乘農民大起義之機起兵攻取長安，建立唐朝。在位九年，於公元六二六年傳位給次子世民，自稱太上皇。[11] **春宮**：太子所居之宮，亦稱東宮。[12] **太子左庶子**：太子屬官，掌侍從、贊相禮儀、駁正啟奏之職。[13] **中書令**：官名。中書省長官，即宰相。[14] **監修國史**：唐制，史館有監修國史，由宰相兼領。[15] **實封一千三百戶**：漢制，諸侯王有封地者可得其租稅收入。魏晉以後，漸成虛名。只有實封者，才能實得其租稅收入。[16] **太子少師**：官名，掌輔導太子之職。[17] **端揆**（粵：葵；普：kuí）：宰相的別稱。[18] **司空**：官名。與司徒、太尉合稱三公。隋唐時為大官的加銜。[19] **致仕**：辭官。

譯文

房玄齡，齊州臨淄縣人。早年在隋朝做官，任隰城縣尉。後來因事獲罪，被革除官職，流放上郡。唐太宗攻佔渭北時，房玄齡拄着拐杖到軍門拜見。太宗與玄齡一見如故，太宗委任玄齡為渭北道行軍記室參軍。玄齡既然遇到知己，於是盡心竭力。當時，每平定一個地方，別人競相搜求珍寶，只有玄齡先收攬人材，送至幕府。如有善於謀劃的文臣和武藝高強的武將，就與其暗中結盟，約定遇事各盡死力。後累任秦王府記室兼陝東道大行台考功郎中。玄齡在秦王府十餘年，長期主管記室。隱太子建成、巢剌王元吉因玄齡與杜如晦為太宗所親近禮遇，非常憎惡他們，就在高祖面前說他們的壞話。玄齡因此與杜如晦一起遭到驅逐斥退。

到隱太子將要作亂的時候，太宗召回玄齡與如晦，令他們穿上道士的服裝，暗中帶進太宗住處商議。玄武門之變平息後，太宗進入東宮，當了太子，提升玄齡為太子左庶子。貞觀元年，玄齡為中書令。貞觀三年，被任命為尚書左僕射，兼管監修國史，被封梁國公，實際封賜食邑一千三百戶。玄齡既被任為宰相總理政務，日夜操勞，盡心盡力，不願讓一人一事處理失當。聽到別人有優點，就像自己有一樣。他明白了政事，又用文化補充，謹慎制定法令，注意寬大平和。用人不要求對方事事完美，不以自己的長處去衡量別人，根據才能錄用人材，不以關係不密切和出身微賤而輕視疏遠。輿論稱他為良相。貞觀十三年，被加封為太子少師。玄齡因為自己當宰相十五年，屢次上表辭職，太宗下詔表示不同意。貞觀十六年（六四二），又被進封為司空，仍然總理朝政，監修國史。玄齡又以年老請求辭職，太宗派遣使者對他說：「國家長期任用您，如您一旦辭職，就像人失去雙手。您如果筋力不衰，不必辭職；如果自覺衰弱，可再奏明。」玄齡於是不再辭職。太宗曾回憶開創帝業的艱難和大臣的輔佐，就寫了一篇《威鳳賦》來比喻自己，並將其賜給玄齡。房玄齡被太宗所稱讚和信任的程度大約如此。

賞析與點評

「虔恭夙夜，盡心竭節，不欲一物失所。」——今天當領導、行政總裁的，最喜歡的便是這種員工下屬了。這種全程投入，為工作、為事業而忘身的態度，古往今來都是成功者所具備的共同特點。房玄齡已貴為宰執，仍事必躬親，日夜操勞，盡心盡力，把每一件事情辦到最好，這便是「貞觀名臣」的風貌。

杜如晦[1]，京兆萬年人也[2]。武德初，為秦王府兵曹參軍[3]，俄遷陝州總管府長史[4]。時府中多英俊，被外遷者眾，太宗患之。記室房玄齡曰：「府僚去者雖多，蓋不足惜。杜如晦聰明識達，王佐才也。若大王守藩端拱[5]，無所用之；必欲經營四方，非此人莫可。」太宗自此彌加禮重，寄以心腹，遂奏為府屬，常參謀帷幄。時軍國多事，剖斷如流，深為時輩所服。累除天策府從事中郎[6]，兼文學館學士[7]。隱太子之敗，如晦與玄齡功第一，遷拜太子右庶子[8]。俄遷兵部尚書[9]，進封蔡國公，實封一千三百戶。貞觀二年，以本官檢校侍中[10]。三年，拜尚書右僕射，兼知吏部選事[11]。仍與房玄齡共掌朝政。至於台閣規模，典章文物，皆二人所定，甚獲當時之譽，時稱房、杜焉。

注釋

1 杜如晦（五八五—六三〇）：唐京兆杜陵（今陝西省西安市）人，字克明。隋末任滏陽縣縣尉。唐兵入關中，助李世民籌謀，官陝東道大行台司勛郎中。太宗即位後，官至尚書右僕射，與房玄齡共掌朝政，臨機輒斷，世稱「房謀杜斷」。2 京兆：漢代京畿的行政區劃名。在今陝西西安市東。後代因此沿稱京都為京兆。萬年：縣名。在今陝西臨潼縣一帶。3 兵曹參軍：官名。唐時掌王府武官簿書、考課、儀衛等事。4 陝州：地名。在今河南省，公元一九一三年廢州改縣。總管府：唐時，邊塞重要之地設置總管府統率軍隊。長史：總管府次官。5 守藩：保持藩王地位。端拱：端坐拱手，意為無所事事，無所作為。6 天策府：武德四年（六二一），唐高祖因李世民功高，舊官號不足以相稱，故加號其為天策上將，位在王公上，開府置官屬，其府稱為天策府。從事中郎：天策府屬官。7 文學館：唐初，太宗在宮城西設置文學館，收聘賢才。學士：在文學館中任職者稱為學士。8 太子右庶子：太子屬官，掌侍從、獻納、啟奏之職。9 兵部尚書：唐制，兵部掌武官選用及地圖、軍械之政令。尚書，兵部主官。10 檢校：唐初代理而未正授之官。侍中：門下省長官。11 知：主持、執掌。吏部：官署名，掌管全國官吏的任免、考課、升降、調動等。選事：銓選職官之事。

譯文

杜如晦，京都萬年縣人。武德初年，任秦王府兵曹參軍，不久調任陝州總管府長史。當時秦王府內人才濟濟，被調外任者很多，太宗對此甚感憂慮。記室房玄齡說：「府中官員走者雖多，大都不值得可惜。只有杜如晦聰慧明智，見識通達，是輔佐帝王的人才。如果大王只想保守藩王地位，用不上他；如果大王想經營天下，非用此人不可。」太宗從此對杜如晦更加禮貌尊重，託以心腹大事，並奏請高祖，調回如晦為府中屬官，參與軍政大事的謀劃。當時軍政、國政事務繁多，如晦分析、決斷迅速異常，深為同事所佩服。後連任天策府從事中郎，兼文學館學士。隱太子建成作亂事敗，如晦與房玄齡功勞居於第一，升任太子右庶子。不久又升任兵部尚書，加封蔡國公，實際賜封食邑一千三百戶。貞觀二年，以本官兵部尚書代理侍中。貞觀三年，被任命為尚書右僕射，兼掌吏部選事，依舊與房玄齡共同執掌朝政。朝廷機構、制度法令、禮儀等都是他們二人所定，深得當時人的稱讚，把他們合稱為「房杜」。

賞析與點評

「剖斷如流」——反應快、效率高，同樣是今天商業社會中，從事各行各業者，欲取得成功的先決條件之一。與房玄齡不同的是，杜如晦善於作判斷，貞觀名臣，房謀杜斷，各領風騷。

魏徵，鉅鹿人也[1]，近徙家相州之臨黃[2]。武德末，為太子洗馬[3]。見太宗與隱太子陰相傾奪，每勸建成早為之謀。

太宗既誅隱太子，召徵責之曰：「汝離間我兄弟，何也？」眾皆為之危懼。徵慷慨自若，從容對曰：「皇太子若從臣言，必無今日之禍。」太宗為之斂容，厚加禮異，擢拜諫議大夫。數引之臥內，訪以政術。徵雅有經國之才，性又抗直，無所屈撓。太宗每與之言，未嘗不悅。徵亦喜逢知己之主，竭其力用。又勞之曰：「卿所諫前後二百餘事，皆稱朕意，非卿忠誠奉國，何能若是？」〔……〕

十二年，太宗以誕皇孫，詔宴公卿。帝極歡，謂侍臣曰：「貞觀以前，從我平定天下，周旋艱險，玄齡之功無所與讓。貞觀之後，盡心於我，獻納忠讜，安國利人，成我今日功業，為天下所稱者，惟魏徵而已。古之名臣，何以加也？」於是親解佩刀以賜二人。庶人承乾在春宮[4]，不修德業；魏王泰寵愛日隆[5]，內外庶寮[6]，咸有疑議。太宗聞而惡之，謂侍臣曰：「當今朝臣，忠謇無如魏徵[7]，我遣傅皇太子，用絕天下之望。」

十七年，遂授太子太師[8]，知門下事如故。徵自陳有疾。太宗謂曰：「太子宗社之本，須有師傅，故選中正，以為輔弼。知公疹病，可臥護之。」徵乃就職。尋遇疾。徵宅內先無正堂，太宗時欲營小殿，乃輟其材為造，五日而就。遣中使賜以布被素褥，遂其所尚。後數日，薨。太宗親臨慟哭，贈司空，謚曰文貞。太宗親為製碑文，復自書於石。特賜其家食實封九百戶[9]。

太宗後嘗謂侍臣曰：「夫以銅為鏡，可以正衣冠；以古為鏡，可以知興替；以人為鏡，可以明得失。朕常保此三鏡，以防己過。今魏徵殂逝[10]，遂亡一鏡矣！」因泣下久之。乃詔曰：「昔惟魏徵，每顯予過。自其逝也，雖過莫彰。朕豈獨有非於往時，而皆是於茲日？故亦庶僚苟順，難觸龍鱗者歟！所以虛己外求，披迷內省。言而不用，朕所甘心。用而不言，誰之責也？自斯已後，各悉乃誠。若有是非，直言無隱。」

注釋

1 鉅鹿：地名。今河北平鄉。2 相州：北魏在鄴城立相州，是為相州名稱之始。公元五八〇年，北周滅北齊，鄴城被焚，鄴民全部遷至安陽。安陽遂稱相州，亦稱鄴郡。唐時屬河北道，沿用相州一名，在今河北臨漳西南。臨黃：在今河南安陽黃縣西北。3 洗馬：官名。漢時為東宮官屬，太子出則為前導，晉時改掌朝廷圖籍，後代因襲之。4 承乾：即李承乾，字高明，太宗長子。太宗正室夫人長孫皇后之子。八歲被立為太子，半輩子嬌寵。貞觀十七年（六四三）四月因謀逆被貶為庶人，因禁於右領軍。同年九月初被流放到黔州（今四川彭水）。兩年後在黔州病死。5 魏王泰（六一八—

六五二）：字惠褒，太宗第四子。少善屬文，武德三年（六二〇）封家都王，貞觀二年改封越王，徙封魏王。太宗以泰好士愛文學，特令就府別置文學館，任自引召學士。貞觀二十一年（六四七）進封濮王。唐太宗最初立長子李承乾為太子，後來又愛重第四子魏王李泰，李承乾由此產生了奪嗣之懼，企圖發動政變刺殺李泰，沒有成功，被廢為庶人。唐太宗為防止身後發生兄弟仇殺的悲劇，貶魏王李泰，改立第九子晉王李治為太子，即以後的唐高宗。6 **庶寮**：亦作「庶僚」，即指百官。7 **忠謇**（粵：gin²；普：jiǎn）：忠誠正直。這裏指忠誠正直的人。8 **太子太師**：是東宮三師（太子太師、太子太傅、太子太保）之一。輔導皇太子的官員，一般以位高望重的大臣兼任，亦有專任者。從一品官。9 **食實封**：謂受封爵並可實際享用其封戶租賦。10 **殂逝**：逝世。

譯文

魏徵，河北鉅鹿人，不久前又遷居到相州的臨黃。武德末年，擔任太子洗馬。當他看到太宗與隱太子李建成暗中爭奪權力帝位時，常勸建成早作打算。

太宗殺了隱太子後，把魏徵叫來責問他說：「你為什麼要離間我們兄弟？」當時大家都替魏徵擔驚受怕，魏徵卻慷慨自若，從容地回答說：「皇太子如果聽了我的話，肯定不會有今天的殺身之禍。」太宗聽了後肅然起敬，對他分外以禮相待，並提升他為諫議大夫。曾多次把他請進臥室，向他請教治理國家的辦法。魏徵素有治國的才能，性情又剛直不阿、不屈不撓。太宗每次和他交談，從來沒有不高興的。魏徵也慶幸遇到賞識自己的國君，竭盡全力為太宗效勞。太宗撫慰魏徵說：「你所勸諫我的前後共有二百餘件事情，都很符合我的心意。如果不是你忠誠為國，怎能這樣？」（……）

貞觀十二年（六三八），太宗因為皇孫誕生，下詔宴請公卿大臣。太宗非常高興，對群臣說：「貞觀以前，跟隨我平定天下，歷盡了艱險困苦的，房玄齡的功勞最大，沒有人能比得上的。貞觀以後，對我竭盡心力，進獻忠直之言，安國利民，使我能成就今日的功業，被天下人所稱道的人，就只有魏徵一人。即使是古代的名臣，又怎麼能超過他們呢？」於是，太宗親手解下身上的佩刀，賜給二人。後來被廢為庶人的皇太子李承乾在東宮不修養德行；魏王李泰日益受太宗寵愛，朝廷內外百官議論紛紛。太宗聽説後非常厭惡，對身邊的大臣們說：「當今的朝臣百官，論忠誠正直沒有比得上魏徵的，我派他做皇太子的師傅，用來斷絕天下人的想法。」

貞觀十七年，太宗任命魏徵做太子的太師，仍然兼管門下省的政事。魏徵提出自己有病在身，難以勝任。太宗對他說：「太子是宗廟社稷的根本，必須有好的師傅教導，因此要選擇公正無私的人輔佐他。我知道你身體有病，你可以躺在牀上來教導太子。」於是魏徵接受了太子太師的職務。不久魏徵得了重病。他原來住的宅院內沒有正堂，太宗當時本想給自己建造一座小殿，因此就停下工來，把材料給魏徵造了正堂，五天就竣工了。又派遣宮中使節賜給魏徵布被和素色的褥子，以順從他的喜好。幾天以後，魏徵病逝。太宗親自到他的靈柩前痛哭，追贈他為司空，賜謚號曰「文貞」。太宗親自給他撰寫碑文，並親筆書寫在石碑上。還特別賜給魏徵家屬食實封九百戶。

太宗後來常對身邊的大臣們說：「用銅來做鏡子，可以端正衣冠；用歷史來做鏡子，可以知道朝代的興衰更替；用人來做鏡子，可以明白自己的得失。我經常注意保持這三面鏡子，用來防止自己犯錯。如今魏徵去世，我損失了一面鏡子啊！」因此傷心得哭了很久。於是太宗下詔說：「過去只有魏徵能經常指出我的過失。自從他去世後，我雖有過失，卻沒有人公開指出了。難道我只在過去有錯誤，而今天做的事都是正確的嗎？顯然是臣子們對我苟且順從，不敢來觸犯龍鱗吧！因此我虛心徵求他人的意見，用以排除假象，反省自身。即便是所提的意見我沒有採納，我願承擔責任。如果我準備接納規諫而你們卻不進言，這個責任誰來承擔呢？從今以後，大家都要竭盡忠誠，如果有不同的意見，請你們直言勸諫，不要隱瞞。」

賞析與點評

「以銅為鏡，可以正衣冠；以古為鏡，可以知興替；以人為鏡，可以明得失。」——這是太宗給後世的另一千古名句。重點在後兩句，以古為鏡，即以史為鑒，能夠吸收前人成敗的經驗，為後人提供歷史教訓。以人為鏡，即孔子所云「見賢思齊」的意思，若懂得從別人身上學習，有則改之，無則加勉，是何等美好的事。魏徵就是太宗的「人鏡」，經常指出太宗的不足，讓太宗能及時糾正。無怪乎，魏徵死後，太宗說失去了一面明鏡。

王珪，太原祁縣人也[1]。武德中，為隱太子中允[2]，甚為建成所禮。後以連其陰謀事，流於巂州[3]。建成誅後，太宗即位，召拜諫議大夫。每推誠盡節，多所獻納。珪嘗上封事切諫[4]，太宗謂曰：「卿所論皆中朕之失，自古人君莫不欲社稷永安，然而不得者，只為不聞己過，或聞而不能改故也。今朕有所失，卿能直言，朕復聞過能改，何慮社稷之不安乎？」太宗又嘗謂珪曰：「卿若常居諫官，朕必永無過失。」顧待益厚。貞觀元年，遷黃門侍郎，參預政事，兼太子右庶子。二年，進拜侍中。時房玄齡、魏徵、李靖、温彥博、戴胄與珪同知國政[5]，嘗因侍宴，太宗謂珪曰：「卿識鑒精通，尤善談論，自玄齡等，咸宜品藻。又可自量孰與諸子賢？」對曰：「孜孜奉國，知無不為，臣不如玄齡。每以諫諍為心，恥君不及堯、舜，臣不如魏徵。才兼文武，出將入相，臣不如李靖。敷奏詳明，出納惟允，臣不如温彥博。處繁理劇，眾務必舉，臣不如戴冑。至如激濁揚清，嫉惡好善，臣於數子，亦有一日之長。」太宗深然其言，群公亦各以為盡己所懷，謂之確論。

注釋

1 太原：地名。今山西太原市一帶。祁縣：縣名。2 中允：官名。太子東宮屬官，掌侍從禮儀，駁正啟奏，總管經典、膳藥等。3 巂（粵：西；普：xī）州：州名。在今四川西昌地區。4 封事：密封的奏章。5 李靖：唐朝大臣，本名藥師，京兆三原（今陝西省三原東北）人。通史書，知兵法。初仕隋，後歸唐。太宗時歷任兵部尚書、尚書右僕射等職。先後擊敗突厥、吐谷渾，封衞國公。温彥博：字大臨，祁（今山西祁縣）人。先事隋，後歸唐。武德八年（六二五）與突厥戰於太谷，兵敗被俘，堅持不降，被囚於陰山。太宗即位後才得還朝。他性格慎密，自從參預國家機密之事就不與人私下交往。每見太宗，必定陳說政事利害。曾多次得到太宗褒獎。戴冑：字玄胤，安陽人。唐初為秦王府士曹參軍。貞觀初年，升任大理少卿，後又任尚書左丞、諫議

譯文

大夫。因杜如晦臨終遺言推薦，任檢校吏部尚書。為人剛正不阿。

王珪，太原祁縣人。唐高祖武德年間，任隱太子建成東宮中允，深受建成敬重。後因牽連建成陰謀作亂一事，被流放到嶲州。建成被誅，太宗即位後，王珪被召回並任命為諫議大夫。王珪總是誠心盡力，多有建議。曾經上密奏直言勸諫，太宗對他說：「你所議論的都切中我的過失。自古以來，君主沒有不想國家長治久安的，然而往往做不到，那是因為聽不到自己的過失，或者聽到了而不能改正。現在我有過失，你能直言勸諫，我又聽過後能夠改過，還擔憂國家不安定嗎？」太宗又曾對王珪說：「你如果長當諫官，我一定永遠沒有過失。」對王珪更加優厚。貞觀元年，王珪改任黃門侍郎，參預朝政大事，並兼太子右庶子。貞觀二年，升任侍中。當時房玄齡、魏徵、李靖、溫彥博、戴冑與王珪共同主持朝政。太宗曾在一次宴會上對王珪說：「你善於識別人才，更善於評論。從房玄齡等人起，你都品評一下吧。你也可以衡量一下自己比他們賢能嗎？」王珪回答說：「孜孜不倦地處理國事，知道了沒有不去辦的，我不如房玄齡。總記着諫諍國君，以國君不及堯、舜為恥，我不如魏徵。文武雙全，出去能帶兵，入朝能為相，我不如李靖。奏事詳細明白，上傳下達恰當，我不如溫彥博。處理繁雜事務，使各項事務井井有條，我不如戴冑。至於蕩滌污濁，表揚清廉，痛恨邪惡，喜好善良，我比他們幾人稍稍強點。」太宗非常贊同他的話，在座諸人也都認為王珪說清了自己的特徵和志向，認為他的話是確切的評論。

賞析與點評

「推誠盡節，多所獻納。」——人若能推心置腹，盡其所知所能，專心一致地為服務的單位效力，自然會有所建樹，其付出的努力亦會獲得肯定。王珪雖自覺在方方面面都不如同儕般突出，可太宗卻依然肯定其位置。所以，真心誠意、願意付出的人，早晚會獲得別人賞識及肯定其成就與貢獻。

馬周[1]，博州茌平人也[2]。貞觀五年至京師，舍於中郎將常何之家[3]，時太宗令百官上書言得失，周為何陳便宜二十餘事[4]，令奏之，事皆合旨。太宗怪其能，問何，何對曰：「此非臣所發意，乃臣家客馬周也。」太宗即日召之，未至間，凡四度遣使催促。及謁見，與語甚悅。令直門下省，授監察御史[5]，累除中書舍人[6]。周有機辯，能敷奏，深識事端，故動無不中。太宗嘗曰：「我於馬周，暫時不見，則便思之。」十八年，歷遷中書令，兼太子左庶子[7]。周既職兼兩宮，處事平允，甚獲當時之譽。又以本官攝吏部尚書[8]。太宗嘗謂侍臣曰：「周見事敏速，性甚慎至。至於論量人物，直道而言，朕比任使之，多稱朕意。既寫忠誠，親附於朕，實藉此人，共康時政也。」

注釋

1 馬周：字賓王。幼時家貧，孜孜好學，精通《詩》、《春秋》，少有大志。武德初年，被任命為州助教，不赴任而去密州，趙仁本欣賞他的才學，贈他豐厚的錢財讓他入關。他逗留在汴州，被浚儀令崔賢欺辱，於是發憤西行，入長安求官。2 茌（粵：池；普：chí）平：時屬河北清河郡，漢時始置縣，今屬山東。3 中郎將：原為秦時所置官名，漢後襲之。唐制為太子府屬，是禁衞軍中的低職軍官。常何：貞觀年間武將，因薦馬周而著名，太宗以何為知人，賜帛三百疋。史無傳。4 便宜：便於公利於民的事，特指對國家有利的事。5 監察御史：唐御史台分為三院，其中監察御史屬察院，品秩低而權限廣。6 中書舍人：中書省的屬官，掌管詔令、侍從、宣旨、接納上奏文表等事。7 太子左庶子：為太子官屬，唐時以左右庶子分掌左右春坊事。8 攝吏部尚書：代理吏部尚書。吏部為六部之一，掌京外文職銓敍、勛階、黜陟之政。

譯文

馬周，博州茌平人。貞觀五年，到京師長安，客居在中郎將常何家中。當時唐太宗下令，要文武百官都上書指陳政事得失，馬周代替常何起草了二十多條有利於國家百姓的建議，上奏朝廷，這些事情都很合皇帝的心意。唐太宗很奇怪，常何怎麼會有這麼高的才能，就問常何，常何回答說：「這些並不是我寫出來的意見，而是我家的賓客馬周所為。」太宗聽了以後當天就下令召見馬周，馬周還沒有到，太宗竟連續四次派人前去催促。馬周謁見唐太宗時，太宗和他談得非常高興。於是就派他往門下省當值，授予監察御史的官職，經多次提升而任中書舍人。馬周很機敏，有辯才，善於敷陳奏對，認識和分析事物很深刻，所以他講的話都合情合理。太宗曾經說：「我對於馬周，只要短時間內看不到他，就會十分想念他。」貞觀十八年（六四四），馬周一直升到中書令，並兼任太子左庶子之職，身兼朝廷和東宮的官職，處理事情持平公允，甚獲當時朝野所讚譽。他又以原來官職兼任代理吏部尚書。太宗曾經對侍從大臣說：「馬周看問題敏捷，辦事慎重周到，評論衡量人物的優劣，能夠實事求是、敢於直言，我近來任用他所推薦的人，大多合乎我的心意。他既獻出全部忠誠，親近依附於我，我要切實借助此人，共同辦好當前的政事。」

賞析與點評

「見事敏速，性甚慎至。」——馬周看問題快捷而透徹，加上性格謹慎，行事細密，確實是人才。古今中外，人才難求。雖然馬周只是武將常何家中的無名賓客，出身低微，但太宗卻破格親自接見，又即席審察，加以擢拔，終使之成為貞觀名臣，太宗可謂慧眼識英雄。

求諫第四

本篇導讀——

貞觀之初，恐人不言，導之使諫，這一兼聽納下的思想和行動，形成了諫諍蔚然成風、君臣共商國是的良好風氣，是「貞觀之治」中最矚目的重要方面。貞觀第一位諫臣魏徵說：「陛下導臣使言，臣所以敢言。若陛下不受臣言，臣亦何敢犯龍鱗、觸忌諱也。」這對於一個專制帝王確實是難能可貴的。太宗求諫，因而能從制度上保證廣開言路，採取一些重要措施，如健全封駁制度、反對盲目順旨、重視諫官作用，特別是詔令宰相入閣商議軍國大事時，必須使諫官隨入列席，以便他們對軍國大政充分發表意見。唐太宗也因此而成為一個從諫如流、雄才大略的君主。

太宗威容嚴肅，百僚進見者，皆失其舉措。太宗知其若此，每見人奏事，必假借顏色，冀聞諫諍，知政教得失。貞觀初，嘗謂公卿曰：「人欲自照，必須明鏡；主欲知過，必藉忠臣。主若自賢，臣不匡正，欲不危敗，豈可得乎？故君失其國，臣亦不能獨全其家。至於隋煬帝暴虐，臣下鉗口[1]，卒令不聞其過，遂至滅亡，虞世基等尋亦誅死。前事不遠，公等每看事有不利於人，必須極言規諫。」

貞觀元年，太宗謂侍臣曰：「正主任邪臣，不能致理[2]；正臣事邪主，亦不能致理。惟君臣相遇，有同魚水，則海內可安。朕雖不明，幸諸公數相匡救，冀憑直言鯁議[3]，致天下於太平。」諫議大夫王珪對曰：「臣聞木從繩則正，后從諫則聖[4]。故古者聖主必有爭臣七人[5]，言而不用，則相繼以死。陛下開聖慮，納芻蕘[6]，愚臣處不諱之朝，實願罄其狂瞽[7]。」太宗稱善。詔令自是宰相入內平章國計[8]，必使諫官隨入，預聞政事，有所開說[9]，必虛己納之。

注釋

1 鉗口：以威脅、恐嚇等方式限制他人言論。2 致理：達到治平，即治國達到天下太平。3 鯁（粵：梗；普：gěng）議：剛直的議論。4「臣聞木從繩則正」二句：這是賢臣傅說告誡殷商高宗的話，以木工需「從繩而正」的道理，說明帝王對於諫諍不可不受。語出《偽古文尚書．說命》。5 爭臣：直言諫諍的大臣。「爭臣七人」句語出《孝經・諫諍》。爭，通「諍」，規諫。6 芻蕘：指割草打柴的人。7 罄：用盡，消耗殆盡。狂瞽（粵：古；普：gǔ）：愚妄無知。多用作自謙之辭。8 平章國計：籌商國家大事。9 開說：即規諫。

譯文

太宗平時儀表莊重，面容嚴肅，前來晉見的百官，往往緊張得不知所措。太宗了解到這種情況後，每當看到有人前來奏事，總是和顏悅色，希望能夠聽到諫諍，從而了解到朝政的得失。貞觀初年，太宗曾經對公卿大臣們說：「人要想看清自己的面貌，必須依靠明鏡；國君要想知道自己的過失，就必須依靠忠臣。假如君主自以為聖明，臣下又不去糾正國君的過失，要想國家沒有覆亡的危機怎麼可能辦得到呢？所以說君主喪失了他的國家，他的臣下也不可能獨自保全自己的家。至於像隋煬帝那樣殘暴淫虐，臣下都把嘴閉起來不敢講話，最終使他因為聽不到自己的過失而導致滅亡，虞世基等人不久也被誅殺。前事不遠，諸位以後每當看到事情有不利於百姓的，必須直言規勸諫諍。」

貞觀元年，太宗對身邊的大臣們說：「正直的君主任用了奸臣，就不可能治理好國家；忠直的臣子侍奉昏庸的君主，也不可能治理好國家。只有正直的君主和忠直的大臣在一起，如魚得水，那麼天下就可以平安無事了。我雖然稱不上賢明，幸虧有你們多次匡正補救過失，希望憑藉你們的直言鯁議，使天下達到太平。」諫議大夫王珪回答道：「臣聽說加工木材有了準繩的標線才能鋸得正直，君主能夠聽從臣子的規諫就會變得聖明。所以古代聖明的君主，都設有諍臣七人，如果諫言不被採納，就會相繼以死諫諍。如今陛下廣開思路，採納臣民的建議，我處在這個無須忌諱的開明聖朝，真心願意把愚昧之見都講出來。」太宗聽後很讚賞王珪的話。下令從今以後宰相進宮籌商國家大事，一定要讓諫官跟隨進去，讓他們參與，預先了解國家大事，如果有所規諫一定虛心採納。

賞析與點評

「木從繩則正，后從諫則聖。」——任何人與事，皆有其先天不足之處，須借助外物或別人加以提醒和糾正。惟仍需要當事人能有克己與寬宏之心，否則，縱有諫臣，亦難成事。太宗深明「主欲知過，必藉忠臣」的道理，朝廷上下「君臣相遇，有同魚水」，貞觀之治，就是在這種政治環境下孕育出來的。

貞觀二年，太宗謂侍臣曰：「明主思短而益善，暗主護短而永愚。隋煬帝好自

矜誇，護短拒諫，誠亦實難犯忤。虞世基不敢直言，或恐未為深罪。昔箕子佯狂自全[1]，孔子亦稱其仁。及煬帝被殺，世基合同死否？」杜如晦對曰：「天子有諍臣，雖無道不失其天下。仲尼稱：『直哉史魚[2]，邦有道如矢，邦無道如矢。』世基豈得以煬帝無道，不納諫諍，遂杜口無言？偷安重位，又不能辭職請退，則與箕子佯狂而去，事理不同。〔……〕虞世基位居宰輔，在得言之地，竟無一言諫諍，誠亦合死。」太宗曰：「公言是也。人君必須忠良輔弼，乃得身安國寧。煬帝豈不以下無忠臣，身不聞過，惡積禍盈，滅亡斯及。若人主所行不當，臣下又無匡諫，苟在阿順，事皆稱美，則君為暗主，臣為諛臣，君暗臣諛，危亡不遠。朕今志在君臣上下，各盡至公，共相切磋，以成治道。公等各宜務盡忠讜，匡救朕惡，終不以直言忤意，輒相責怒。」

注釋

1 箕子：商紂王的叔父，因紂王無道，勸諫不聽，便佯裝發狂來避免災禍。孔子曾把箕子、微子、比干稱為殷之「三仁」。2 史魚：字子魚。春秋末衞國史官，以正直著稱。文中所引孔子的話見《論語．衞靈公》。

譯文

貞觀二年，唐太宗對侍從大臣說：「英明的君主因為想到自己的缺點而更加完美，昏庸的君主因為掩飾自己的短處而永遠愚昧。隋煬帝喜歡妄自尊大，掩飾短處而拒絕勸諫，也確實很難去觸犯他。虞世基不敢直言進諫，恐怕不必過於深責。過去箕子假裝瘋狂來保全自己，孔子仍然稱讚他的品德。那麼隋煬帝被殺時，虞世基是否也該死呢？」杜如晦回答說：「天子有敢於諫諍的大臣，雖然昏庸無道卻不一定失去他的江山。孔子說過：『史魚真是個正直的人，邦國有道時是如此正直，邦國無道時仍然如此正直。』虞世基怎麼可以因為隋煬帝無道，不採納勸諫，就閉口不言呢！他在重要的職位上苟且偷安，又不能辭職引退，所以與箕子裝瘋而去的性質是完全不同的。（……）虞世基身居宰輔要職，處於能夠進言的地位，竟然沒有一句諫諍的忠言，也實在是該死。」太宗說：「你講得很對。君王必須有忠良大臣輔助，才能身安國寧。隋煬帝還不是因為手下沒有忠臣，自己不知道過錯，罪惡累積禍害滿溢，滅亡才降臨到他頭上。假如帝王的作為不妥當，臣下又不規勸糾正，一味阿諛奉承，事事稱讚頌揚，那麼帝王就是昏君，臣子就是諛臣。君主昏庸、臣下阿諛，國家的危亡就不遠了。我今天有志於君臣上下各盡公心，互相探討，實現太平治世。諸位卿家定要各自忠於職守，糾正補救我的錯誤，我決不會因為你們直言冒犯，就發怒和責罰你們。」

賞析與點評

「明主思短而益善，暗主護短而永愚。」——人貴於能反思，省察自己的不足，最終改過遷善，所謂「過非過，過而不改是過也」。反之，處處為自己的過失解釋，不但拒絕承認錯誤，甚至把錯誤行為合理化，最終，只會令自己永遠陷於迷失不悟的境地，沉淪下去。太宗希望能成為明主，故而事事以隋煬帝為鑒，不護短，納諫言，終成就了貞觀盛世。

貞觀六年，太宗以御史大夫韋挺、中書侍郎杜正倫、秘書少監虞世南、著作郎姚思廉等上封事稱旨[1]，召而謂曰：「朕歷觀自古人臣立忠之事，若值明主，便宜盡誠規諫，至如龍逄、比干[2]，不免孥戮[3]。為君不易，為臣極難。朕又聞龍可擾而馴，然喉下有逆鱗[4]。卿等遂不避犯觸，各進封事。常能如此，朕豈慮宗社之傾敗！每思卿等此意，不能暫忘，故設宴為樂。」仍賜絹有差。

注釋

1 御史大夫：御史台長官，掌刑法典章，糾查百官罪惡。韋挺：京兆人，少與隱太子相友善，後為太子宮臣。武德七年，流放到巂州。貞觀初，經王珪多次推薦，起用為御史大夫，後兼魏王府事，又改為太常卿，後因得罪太子而被廢為民。杜正倫：相州人，隋代秀才。貞觀初，經魏徵推薦，升任兵部員外郎，逐漸升到中書侍郎。承乾太子被廢，受牽連流放到驩州，顯慶初，起用為中書令，不久被貶為橫州刺史。秘書少監：唐時為秘書省副長官，掌典圖書古今文字，考古異同。著作郎：秘書省屬官，掌修撰碑誌、祝文、祭文，與佐郎分判局事。姚思廉（五五七——六三七）：名簡，吳興武康（今浙江德清）人，仕隋為河間郡司法、代王侍郎。唐軍入長安，受任秦王府文學。李世民即位，改弘文館學士，又為著作郎。2 龍逢：同「龍逄」，即關龍逢。傳說為夏代賢臣，桀作酒池糟丘，為長夜飲；龍逢常苦諫被殺。比干：殷末紂王叔伯父（一說紂庶兄），因為犯顏強諫，被紂王剖心而死。兩人都是古代有名的諍臣。3 孥（粵：奴；普：nú）戮：孥為子，戮為殺。孥戮指連兒子一起殺死。4「龍可擾而馴」兩句：龍性柔順，可以與之狎戲，騎在牠的背上。但是牠的喉下有逆鱗，如果觸及逆鱗，龍一定會殺人。此以龍之逆鱗比喻皇帝的威嚴。見《韓非子・說難》。

譯文

貞觀六年，唐太宗因為對御史大夫韋挺、中書侍郎杜正倫、秘書少監虞世南、著作郎姚思廉等人所上的奏而感到滿意，於是召集他們來，說：「我曾考察從古以來臣子所立下的盡忠為國的事跡，假若遇到聖明的君主，當然能夠竭盡忠誠規諫；至於像關龍逢、比干，則逃脫不了全家遭受殺戮的厄運。所以當皇帝的固然不容易，做臣子的也是極為艱難的。我又聽說龍這種動物性情溫良可被馴服，但牠喉下的逆鱗是碰不得的。你們諸位就好像不怕去觸動龍的逆鱗那樣，敢於各進封事，直言諫勸。你們常能如此，我難道還怕大唐江山會傾覆和衰敗嗎？每當想到你們的這種心意，我是一刻也不會忘懷的，所以特設此宴共享快樂。」然後還每人分別賞賜了數量不等的絹。

太常卿韋挺嘗上疏陳得失[1]，太宗賜書曰：「所上意見，極是讜言，辭理可觀，甚以為慰。昔齊境之難，夷吾有射鉤之罪[2]；蒲城之役，勃鞮為斬袂之仇[3]。而小白不以為疑，重耳待之若舊。豈非各吠非主[4]，志在無二。卿之深誠，見於斯矣。若能克全此節，則永保令名。如其怠之，可不惜也。勉勵終始，垂範將來，當使後之視今，亦猶今之視古，不亦美乎？朕比不聞其過，未睹其闕，賴竭忠懇，數進嘉言，用沃朕懷，一何可道！」

注釋

1 太常卿：九卿之一，專掌祭祀禮樂。2「昔齊境之難」二句：公元前六八五年，齊襄公被殺，國中大亂。當時公子小白在莒，公子糾在魯，兩人聞訊，起兵回國爭奪王位。管仲助公子糾攔截小白，彎弓射中小白帶鈎。後來小白繼位，是為齊桓公。管仲因公子糾黨而被囚，他的好友鮑叔牙在桓公面前竭力保薦他，桓公也不因射鈎之罪而忌恨他，任命他為大夫，大加重用。管仲相齊，遂成霸業。3「**蒲城之役**」二句：晉獻公寵信驪姬，欲立其子奚齊。驪姬設計陷害太子申生，逼其自殺，又在獻公面前進讒言，欲置公子夷吾與重耳於死地。夷吾奔屈，重耳奔蒲城。獻公又派賈華伐屈，使勃鞮（又名寺人披）刺殺公子重耳。重耳越牆而逃，勃鞮追殺不及僅斬去他的衣袂。重耳奔狄，過了很長一段流亡生活後，重新回到晉國即位，是為晉文公。文公不以勃鞮當年刺殺他未遂一事為意，待之如故舊。4 **各吠非主**：即各為其主的意思。《漢書》曰：「桀犬吠堯，堯非不仁，特吠非其主耳。」

譯文

太常卿韋挺曾經上疏諫陳為政得失，唐太宗讀後賜書說：「你上疏中所說的意見，是一些非常正直的言論，講得很有道理，我看了以後覺得很滿意。歷史上齊國境內大亂時，夷吾對於後來的齊桓公小白曾有過射鈎之罪；在蒲城之役中，勃鞮對於後來的晉文公重耳也曾有過斬袂之仇。然而小白即位後並沒有因此而疑忌管仲；重耳在執政之後，也能待勃鞮如舊部下。這豈不是各吠非主、各為其主，忠心事君、志在無二。你的忠心和誠意，也就在這裏。假如能夠堅持保全這樣的氣節，就永遠可以保持你的美名，假如有所懈怠，那就很可惜了。不斷勉勵，始終如一，為後來者樹立良好的榜樣，使今後的人看我們今天，也像我們看古人一樣，這不是很美好的事嗎？我近來不大聽到有人議論我的過失，不大看到為政的缺點，需要依靠你們竭盡忠誠，不斷提出好的意見，使我能夠得到幫助，這些話一下子怎麼說得完呢！」

貞觀八年，太宗謂侍臣曰：「朕每閒居靜坐，則自內省。恆恐上不稱天心，下為百姓所怨。但思正人匡諫，欲令耳目外通，下無怨滯。又比見人來奏事者，多有怖慴[1]，言語致失次第。尋常奏事，情猶如此，況欲諫諍，必當畏犯逆鱗。所以每有諫者，縱不合朕心，朕亦不以為忤。若即嗔責，深恐人懷戰懼，豈肯更言！」

注釋

1 怖慴（粵：懾；普：shè）：同「懾」，害怕的樣子。

譯文

貞觀八年，唐太宗對侍從的大臣說：「每當我空閒靜坐的時候，要自己反省一下所做的各種事情，常常害怕上不能合天意，下為百姓所怨恨。只想得到正直的人匡救勸諫，好讓我能夠了解外面的情況，使老百姓沒有積怨。此外我近來見到有些人來奏事的時候，常顯出恐懼不安的樣子，連講話也會變得顛三倒四。平常奏事，尚且會出現如此情形，如果要他們來諫諍我的過失，必定害怕觸犯逆鱗。所以每當有人諫諍時，縱然不合我的心意，我也不以為是冒犯自己。如果立刻發怒斥責，深怕人人心懷恐懼，怎敢再說話！」

賞析與點評

「恐上不稱天心，下為百姓所怨。」——古人敬天畏天，生怕觸怒蒼天，必遭譴咎。太宗雖貴為天子，仍恐怕為政治國不合天意，同時更擔心百姓對朝廷有所怨懟。「敬天畏民」這四字，可說是成就「貞觀之治」的關鍵所在。

貞觀十五年，太宗問魏徵曰：「比來朝臣都不論事，何也？」徵對曰：「陛下虛心採納，誠宜有言者。然古人云：『未信而諫，則以為謗己；信而不諫，則謂之尸祿[1]。』但人之才器[2]，各有不同。懦弱之人，懷忠直而不能言；疏遠之人，恐不信而不得言；懷祿之人[3]，慮不便身而不敢言。所以相與緘默，俯仰過日[4]。」

太宗曰：「誠如卿言。朕每思之，人臣欲諫，輒懼死亡之禍，與夫赴鼎鑊、冒白刃[5]，亦何異哉？故忠貞之臣，非不欲竭誠，乃是極難。所以禹拜昌言[6]，豈不為此也！朕今開懷抱，納諫諍，卿等無勞怖懼[7]，遂不極言。」

注釋

1 尸祿：指空食俸祿而不盡其職，無所事事。2 才器：個人的才能與器度。3 懷祿之人：心中只考慮個人利益，貪戀爵祿、官位的人。4 俯仰：本指低頭和抬頭。引申為隨便應付，左右周旋。5 赴鼎鑊：鼎，遠古社會用以煮東西的炊具，三足兩耳。鑊，大鍋。此處指用鼎鑊烹人的酷刑。白刃：利劍。6 禹拜昌言：謂當年大禹只要聽到善言，就向人拜謝的故事。語出《尚書．皋陶謨》。7 勞：過度。

譯文

貞觀十五年，太宗問魏徵說：「近來朝臣都不議論政事，這是為什麼呢？」魏徵回答說：「陛下一向虛心採納臣下的意見，本來應當有進諫的人。然而古人曾說過：『不被信任的人進諫，會被認為是毀謗自己；信任的人而不進諫，就叫做空食俸祿而不盡其職。』但是人的才能氣度，各有不同。膽小怕事的人，心存忠直而不能進諫；被疏遠的人，怕不被信任而無法進諫；貪戀祿位的人，怕不利於自身而不敢進諫。所以大家沉默不言，應付着混日子。」太宗說：「的確像你說的一樣。我經常想這件事，臣下雖想進諫，動輒畏懼死亡的禍患，這與那赴鼎鑊被烹殺、冒利劍遭砍殺有什麼不同啊！所以忠誠貞節的臣子，不是不想竭盡忠誠，而是非常為難。所以大禹聽到善言就拜謝，難道不是為這個緣故嗎？我現在敞開胸懷，採納直言規勸，你們不要過分恐懼，就不敢極力進言。」

賞析與點評

「未信而諫，則以為謗己；信而不諫，則謂之尸祿。」——貞觀之治屢為後世美談者，莫過於「君主納諫，臣下敢諫」的政治風氣。然而君臣互相信任與尊重，亦至為最要，兩者皆缺一不可。否則，君主認為臣下進諫是出言不遜，詆謗自己；反之臣下若無所進言，則被視為尸位素餐。我們可從魏徵先後二百餘次的進諫，而太宗竟無所怒憤，看出君臣二人間的信任與尊重。

納諫第五

本篇導讀——

本篇列舉了一些太宗虛懷納諫的具體事跡，說明至高無上的皇帝，能夠接受諫諍、改進政務的難能可貴。大臣們從忠君愛君的立場出發，希望唐太宗「須以欲從人，不可以人從欲」，而太宗也基本做到了這點。

貞觀初，太宗與黃門侍郎王珪宴語[1]，時有美人侍側[2]，本廬江王瑗之姬也[3]，瑗敗，籍沒入宮[4]。太宗指示珪曰：「廬江不道，賊殺其夫而納其室[5]。暴虐之甚，何有不亡者乎！」珪避席曰[6]：「陛下以廬江取之為是邪，為非邪？」太宗曰：「安有殺人而取其妻，卿乃問朕是非，何也？」珪對曰：「臣聞於《管子》曰[7]：齊桓公之郭國[8]，問其父老曰：『郭何故亡？』父老曰：『以其善善而惡惡也[9]』。桓公曰：『若子之言，乃賢君也，何至於亡？』父老曰：『不然，郭君善善而不能用，惡惡而不能去，所以亡也。』今此婦人尚在左右，臣竊以為聖心是之，陛下若以為非，所謂知惡而不去也。」太宗大悅，稱為至善，遽令以美人還其親族[10]。

注釋

1 宴語：在宴席上交談。2 美人：宮中女官名稱，正四品。3 廬江王瑗（粵：願；普：yuàn）：唐太宗的本族叔父李瑗，封廬江王後，因謀反罪被殺。4 籍沒：官府把罪犯家人和財產登記沒收。5 賊殺：賊亦為「殺」之意。6 避席：古人席地而坐，離座而起，以示尊敬，謂之避席。7 管子：書名，凡二十四卷。舊本題管仲撰，但書中多言管仲身後事，當是後人附益者多。8 之：去、到之意。郭國：春秋時小國，為齊所滅，其後以國為氏，一說即古號氏。9 善善而惡惡也：謂喜歡善良，討厭邪惡。句中前一個善字與前一個惡字皆用為動詞。10 遽：立即、立刻。

譯文

貞觀初年，唐太宗與黃門侍郎王珪閒坐聊天，當時有一個美人在旁邊服侍，她原來是廬江王李瑗的姬妾，廬江王謀反敗露後，她被籍沒入宮。唐太宗指着她對王珪說：「廬江王無道，殘殺了她的丈夫而把她佔為己有。他暴虐到如此程度，怎麼會不滅亡呢？」王珪離座而起，說：「陛下以為廬江王瑗這樣佔有她是對呢，還是不對呢？」唐太宗說：「哪裏有殺了人而奪取他的妻子的道理，你還問我這種事是對還是不對，究竟是為什麼啊？」王珪回答說：「我讀《管子》之書其中說：當年齊桓公到郭國去，問那裏的父老長者道：『郭國為什麼會被我國所滅亡？』父老回答說：『因為郭國的國君喜歡善人而厭惡惡人。』齊桓公說：『照你這麼說來，他倒是一位賢君啊，怎麼會滅亡呢？』父老回答說：『並不是這樣，郭國國君雖然喜歡善人但是並不能任用為善之人，雖然厭惡惡人又不能去除作惡之徒，所以亡國。』現在這個婦人還在陛下身邊，所以我懷疑陛下的心意，認為廬江王佔有這位美人是對的，陛下如果以為這件事是錯的，那就是所謂知道邪惡而不能去除了。」唐太宗聽了後非常高興，稱讚他講得好極了，馬上命令把這個美人歸還給她的親族。

賞析與點評

「善善而不能用，惡惡而不能去，所以亡也。」——「善其善，惡其惡」往往是古代明主賢君的典範，然而民間智慧，則從實際角度出發，要求更高一些，所謂「善善而能用，惡惡而能去」，講求實際效果，不流於理想，脫離現實，否則終會導致亡國喪邦，此即「善善而不能用，惡惡而不能去，所以亡也」的由來。

貞觀四年，詔發卒修洛陽之乾元殿以備巡狩[1]。給事中張玄素上書諫曰[2]：「陛下智周萬物[3]，囊括四海。令之所行，何往不應？志之所欲，何事不從？微臣竊思秦始皇之為君也[4]，藉周室之餘，因六國之盛[5]，將貽之萬葉，及其子而亡，諒由逞嗜奔欲[6]，逆天害人者也。是知天下不可以力勝，神祇不可以親恃[7]。惟當弘儉約，薄賦斂，慎終始，可以永固。」

注釋

1 乾元殿：洛陽宮中主要大殿，隋時所建。巡狩：即巡守，指天子巡行視察各地。

2 給事中：門下省官名，正五品。掌侍奉皇帝，襄助侍中、侍郎處理省事，審察弘文館繕寫、讎校的情況，對詔令奏議不便者封駁，與御史、中書舍人審理天下冤獄或拖欠未辦之案，提出處理意見。張玄素：蒲州人，隋時為景城縣戶曹。貞觀初，任太子詹事、右庶子。因太子被廢，而削職為民。不久，又起用為刺史。3 智周萬物：謂智慧高超，遍及萬物。語出《周易・繫辭上》。4 秦始皇：姓嬴名政（前二五九—前二一〇）。秦莊襄王之子，併吞六國，建立了中國歷史上第一個統一的中央集權王朝。5 六國：指戰國時期的齊、楚、燕、趙、韓、魏等六國。6 逞嗜奔欲：放縱嗜慾。指秦始皇盛營宮闕，生活奢侈，迷信方士，求神仙等。7 神衹（粵：其；普：qí）：神，天神。衹，地神。此處泛指一切神靈。

譯文

貞觀四年，唐太宗下詔徵發士卒修繕洛陽的乾元殿，以備出巡時使用。給事中張玄素上書勸諫説：「陛下所考慮的遍及萬事萬物，包括天下四海統統在內。凡是命令下去要做的，什麼地方不回應？心裏所希望要幹的，什麼事情不順當？然而我暗暗地在想：秦始皇統一天下做皇帝，憑借周王朝的餘威，繼承六國的盛業，要把江山傳至萬世，哪裏知道到他的兒子就國破身亡了，實在是因為放縱自己的貪慾，幹了許多逆天害人的壞事啊。由此可知天下不可以單憑武力征服，神靈不可以依賴。只應當弘揚勤儉節約精神，減輕賦稅雜役，始終謹慎如一，江山社稷才可以永遠牢固。」

賞析與點評

「令之所行，何往不應？志之所欲，何事不從？」——在以皇帝為核心的古代社會內，皇權是無所制約的。可以説，皇令的頒行，無論到什麼地方，都必須服從響應；皇帝所想的東西，沒有什麼事情是達不到的。可見皇權的絕對性、強制性。其實這與儒家思想所提倡的「普天之下，莫非王土，率土之濱，莫非王臣」的帝皇天下觀是同出一轍的。

貞觀三年，李大亮為涼州都督[1]，嘗有台使至州境[2]，見有名鷹，諷大亮獻之[3]。大亮密表曰：「陛下久絕畋獵，而使者求鷹。若是陛下之意，深乖昔旨；如其自擅，便是使非其人。」太宗下書曰：「以卿兼資文武，志懷貞確[4]，故委藩牧[5]，當茲重寄。比在州鎮，聲績遠彰，念此忠勤，豈忘寤寐？使遣獻鷹，遂不曲順，論今引古，遠獻直言。披露腹心，非常懇到，覽用嘉歎，不能已已。有臣若此，朕復何憂！宜守此誠，終始若一。《詩》云：『靖共爾位，好是正直。神之聽之，介爾景福[6]。』古人稱一言之重，侔於千金，卿之所言，深足貴矣。今賜卿金壺瓶、金碗各一枚，雖無千鎰之重[7]，是朕自用之物。卿立志方直，竭節至公，處職當官，每副所委，方大任使，以申重寄。公事之閒，宜觀典籍。兼賜卿荀悅《漢紀》一部[8]，此書敍致簡要，論議深博，極為政之體，盡君臣之義，今以賜卿，宜加尋閱。」

注釋

1 **李大亮**：涇陽（今陝西涇陽縣）人。有文武才略。唐高祖入關時歸唐，任土門令。貞觀八年，討伐吐谷渾有功，進封武陽公。為人剛直不阿。涼州：州名。治所在今甘肅武威縣。2 **台使**：朝廷的使者。3 **諷**：婉言勸説。4 **貞確**：堅定。5 **藩牧**：藩鎮長官。藩，指藩鎮。6 **「靖共爾位」四句**：見《詩經．小雅．小明》。意為：安於你的職位，親近正直的人。神明聽到，賜你大福。7 **鎰**（粵：溢；普：yì）：古代重量單位。相當於二十兩，一説為二十四兩。8 **荀悦《漢紀》**：荀悦（一四八——二〇九），字仲豫，東漢潁川潁陰（今河南許昌）人。漢獻帝時，曾任黃門侍郎、秘書監、侍中等職。《漢紀》：荀悦撰。共三十卷，編年體。

譯文

貞觀三年，李大亮任涼州都督，曾有一位朝廷的使者到達涼州，看見當地有極好的獵鷹，就委婉地示意李大亮進獻朝廷。李大亮秘密地向唐太宗上表説：「陛下已經很久沒有打獵了，而使者卻來索要獵鷹。如果這是陛下的意思，就大大違背了昔日的旨意；如果是使者自作主張，那就是使者用非其人了。」太宗回信説：「因你兼有文武才略，胸懷堅定的志向，所以委任你為重要地方的長官，擔當重任。近來，你在涼州鎮守，聲名業績遠遠傳揚，想到你的忠誠勤政，睡夢中也難忘。使者讓你獻鷹，你終究沒有曲意順從，而且援引古事論述今事，從遙遠的地方進獻忠直之言，展示心腹，非常懇切周到。我看了你的奏章，讚許感歎之情，難以抑止。有這樣的臣子，我還有什麼憂慮！你應該堅守這樣的忠誠，始終如一。《詩經》說：『安於你的職位，喜好正直的人，神明聽到這些，必定賜你大福。』古人說，一句良言的價值，等於千鎰黃金。你所說的話，非常可貴。現賜你金壺瓶、金碗各一個，雖然沒有千鎰黃金那麼重，但都是我自己用的東西。你立志正直，竭盡臣節，完全為公，擔任官職，總很稱職，如今以大任相委，表明我的重託。你在辦完公事的閒暇時間，應多看一些古代典籍。現在同時賜給你一部荀悅寫的《漢紀》，這部書敘事簡明扼要，議論深刻廣博，全面闡述了治國的根本和君臣的大義。現在把它賜給你，你要加以閱讀研究。」

賞析與點評

「靖共爾位，好是正直。神之聽之，介爾景福。」——俚語云：「人在做，天在看」，《詩經》這句話亦有此味道。民間智慧認為只要我們恪盡職守，從正途做好自己份內之事，皇天是聽到、看到的，最終定賜你大福。這種勸善觀念，正是中華文化的重要底蘊、內容之一。

貞觀八年，陝縣丞皇甫德參上書忤旨[1]，太宗以為訕謗[2]。侍中魏徵進言曰：「昔賈誼當漢文帝上書云云[3]：『可為痛哭者一，可為長歎息者六』。自古上書，率多激切。若不激切，則不能起人主之心。激切即似訕謗，惟陛下詳其可否。」太宗曰：「非公無能道此者。」令賜德參帛二十段。

注釋

1 陝縣：今河南省陝縣。丞：縣丞，縣令的主要佐吏。皇甫德參：唐初大臣，官至監察御史。上書忤旨：指皇甫曾上書批評太宗修洛陽宮、勞人、收地租、厚斂、俗好高髻，蓋宮中所化。因而觸怒太宗，幾遭治罪。2 訕（粵：汕；普：shàn）謗：即誹謗、抨擊。3 賈誼（前二〇〇—前一六八）：洛陽人，西漢政論家、文學家。以文才著稱，文帝召為博士，主張改革政治，遭到勛舊周勃等人反對，被貶為長沙王太傅。上書陳事，多糾偏補弊，切直可用。後為梁王太傅，梁王墮馬而死，賈誼亦悲傷抑鬱而終。漢文帝（前二〇二—前一五七）：名恆，漢高祖子。周勃等平定諸呂之亂，迎立為帝。在位期間，推行輕傜薄賦、與民休息的政策，勸獎農桑，興修水利，使農業生產迅速發展，政治趨向安定。文帝死後，景帝繼續推行其治國方針，出現了「文景之治」的盛況。

譯文

貞觀八年，陝縣縣丞皇甫德參上書觸怒了唐太宗，太宗認為他有意毀謗。侍中魏徵進言道：「過去賈誼在漢文帝時上書，曾說『可以為之痛哭流涕的事有一件，可以為之歎息不休的事有六件』。從古以來上書言事，往往言辭激切動人。如果講得不激切，就不能打動皇帝的心；言辭激切就有點像訕謗了，希望陛下能仔細考慮他的建議是否可行。」唐太宗說：「不是你就不能講出這樣的一番道理。」於是下令賞賜皇甫德參布帛二十段。

賞析與點評

「激切即似訕謗」——言辭激昂真切，容易令聽者誤以為是誹謗、惡意攻擊。所以，兩者僅一線之差，往往視乎言者與聽者的態度來決定。所謂「言者無心，聽者有意」就是這個意思。所以，魏徵提醒太宗，要細心聽取，不要意氣先行，否則誰人敢進諫呢？

貞觀十八年，太宗謂長孫無忌等曰：「夫人臣之對帝王，多順從而不逆，甘言以取容。朕今發問，不得有隱，宜以次言朕過失。」長孫無忌、唐儉等皆曰[1]：「陛下聖化道致太平，以臣觀之，不見其失。」黃門侍郎劉洎對曰[2]：「陛下撥亂創業，

實功高萬古，誠如無忌等言。然頃有人上書，辭理不稱者，或對面窮詰，無不慚退。恐非獎進言者。」太宗曰：「此言是也，當為卿改之。」

注釋

1 唐儉：字茂系，晉陽人。性格豪爽不拘小節，是位出名的孝子。年少時與唐太宗交遊，見隋朝政治昏亂，於是輔佐太宗平定天下，為天策府長史，封莒國公。曾出使突厥，後任民部尚書，因事受牽連被貶。2 劉洎（粵：記；普：jì）：字思道，荊州人。貞觀年間為治書侍御史，後升遷為侍中。太宗征遼東時，令他輔佐太子監國，他說：「希望不要出什麼事，如果大臣犯法，一定依法懲辦他。」這句話使得唐太宗對他起了疑心。等到太宗從遼東回朝，就找了個藉口命他自殺。

譯文

貞觀十八年，唐太宗對長孫無忌等人說：「臣子對於帝王，往往都是順從而不願提出相反的意見，用甜言蜜語來博得君王的歡心。我現在提出問題，你們不得隱諱己見，要依次指出我的過失來。」長孫無忌、唐儉等人都說：「陛下聖治教化導致天下太平，我們看不出有什麼過失。」黃門侍郎劉洎回答說：「陛下撥亂創業，確實功高萬古，真像長孫無忌等人所說的那樣。然而近來有人上書言事時，遇到言辭不當的人，往往會當面責問不休，使得上書言事的人羞愧而退。這樣恐怕不是在獎勵進言者吧。」唐太宗說：「這話講得對啊，應當聽你的話改正。」

賞析與點評

「順從而不逆，甘言以取容。」——就如注釋所言，為人臣子者若只識做「應聲蟲」，從不提相反意見，更以美好動聽的言辭來逢迎、取悅君主。這便是貞觀君臣所痛斥的群小、佞臣。其實這就是今天西方俚語所云的「Yes Man」，或流行俗語所謂的「小寶神功」是也。而太宗亦明白此道，故而主動要求臣下進諫、發言、提意見，不要為求博取自己歡心，而以花言巧語取悅君主。

直諫（附）[1]

貞觀二年，隋通事舍人鄭仁基女[2]，年十六七，容色絕姝[3]，當時莫及。文德皇后訪求得之[4]，請備嬪御。太宗乃聘為充華[5]。詔書已出，策使未發[6]。魏徵聞其已許嫁陸氏，方遽進而言曰：「陛下為人父母，撫愛百姓，當憂其所憂，樂其所樂。自古有道之主，以百姓之心為心，故君處台榭，則欲民有棟宇之安；食膏粱，則欲民無饑寒之患；顧嬪御，則欲民有室家之歡。此人主之常道也。今鄭氏之女，久已許人，陛下取之不疑，無所顧問，播之四海，豈為民父母之道乎？

臣傳聞雖或未的[7]，然恐虧損聖德，情不敢隱。君舉必書[8]，所願特留神慮。」

太宗聞之大驚，手詔答之，深自克責[9]。遂停策使，乃令女還舊夫。

注釋

1 直諫：部分版本不設直諫，只把直諫各節分移〈忠義第十四〉、〈杜讒邪第二十三〉、〈辯興亡第三十四〉、〈行幸第三十七〉、〈畋獵第三十八〉等篇。2 通事舍人：官名。掌詔命及呈奏案章等事。3 絕姝：絕妙佳人。姝，美好之意。4 文德皇后：即長孫皇后（六〇一——六三六）。長安（今陝西西安）人，出生於官宦之家。從小愛好詩書，通達禮儀。十三歲嫁李世民為妻。唐朝建立後，被冊封為秦王妃，李世民升儲登極以後，被立為皇后。5 充華：妃嬪稱號。晉武帝置，為九嬪之末。6 策使：古代帝王對臣下或后妃授爵，記其語於冊簡，謂之「冊封」，派遣去宣讀「冊封」的使者謂之冊使。「策」通「冊」。7 未的：不準確。8 君舉必書：舉，舉動，行動。《禮記》：「動則左史書之，言則右史書之。」隋唐時設有起居舍人，侍從皇帝，掌記錄皇帝言行，故稱「君舉必書」。9 克責：「克」通「刻」。謂銘刻在心，責備自己。

譯文

貞觀二年，隋朝的通事舍人鄭仁基的女兒，年方十六七歲，是個容貌極為美麗的絕代佳人，當時沒有誰能比得上她。文德皇后尋訪後，請求太宗留她在後宮作為嬪妃。於是太宗便聘她為充華。詔書已經發出，但冊封的使者尚未動身。魏徵聽說這名女子早已許配給陸家，就急忙進諫說：「陛下身為百姓的父母，愛撫百姓，就應該憂百姓所憂的事，樂百姓所樂的事。自古以來有道的君主，都是以百姓的心願為自己的心願的。所以君主身居樓台館閣，就要讓百姓也有房屋可以安身；君主進食膏粱魚肉，就要讓百姓不受飢餓的威脅；君主看到妃嬪宮女，就要想到百姓也有婚配成家的歡樂。這才是做君主的正常道理。如今鄭家的女兒早已許配別人，陛下聘娶她時，竟不加考慮，也不曾詢問。這件事如果傳遍天下，哪裏是君主為民父母的作為？雖然我聽到的只是傳聞，不一定確實，但惟恐損害陛下的名譽和聖德，所以不敢隱瞞。君主的一舉一動都有史官記錄，希望陛下要特別留心考慮。」太宗聽了魏徵的話，非常吃驚，親自寫詔書答覆他，深深地自我責備，於是停止派遣冊封的使者，下令將鄭氏女送還給她的舊夫。

賞析與點評

「君處台榭，則欲民有棟宇之安；食膏粱，則欲民無飢寒之患；顧嬪御，則欲民有室家之歡」——孔子云：「己欲立而立於人，己欲達而達於人」，近世則稱之為「同理心」。君主享用豐富物質的同時，須確保百姓亦有安穩的生活，不虞匱乏。這亦是體現傳統儒家「民本」思想的具體例子。

貞觀三年，詔關中免二年租稅，關東給復一年[1]。尋有敕：已役已納，並遣輸了[2]，明年總為準折[3]。給事中魏徵上書諫曰：「臣伏見八月九日詔書，率土皆給復一年。老幼相歡，或歌且舞。又聞有敕，丁巳配役，即令役滿折造[4]，餘物亦遣輸了，待至明年總為準折。道路之人，咸失所望。此誠平分萬姓，均同己子。但下民難與圖始，日用不知，皆以國家追悔前言，二三其德[5]。臣竊聞，天之所輔者仁，人之所助者信。今陛下初膺大寶[6]，億兆觀德。始發大號[7]，便有二言。生八表之疑心，失四時之大信。縱國家有倒懸急，猶必不可。況以泰山之安，而輒行此事！為陛下為此計者，於財利小益，於德義大損。臣誠智識淺短，竊為陛下惜之。伏願少覽臣言，詳釋利害。冒昧之罪。臣所甘心。」

注釋

1 關東給復一年：謂關東免除一年丁賦徭役。關東指潼關以東。而根據下文「率土皆給復一年」，則此處「關東」用以指全國。給復，免除賦役之意。2 輸了：文納完畢。3 準折：作準折算。4 折造：折算租稅。造，農作物收成的次數，文中指租稅。5 二三其德：謂變幻無常，三番兩次地改變主意。語出《詩經・衛風・氓》。6 大寶：帝位之意。7 大號：詔書。

譯文

貞觀三年，太宗下詔：關中免除兩年租稅，關東免除一年賦稅徭役。不久又有文書說：已抽調服役的壯士仍遣發服役，已繳納的租稅，仍獻納完畢，明年再合計作為依據折算。給事中魏徵上書說：「我看到八月九日的詔書，全國都免除賦稅徭役一年，老人幼童相互歡慶，全都載歌載舞。現在又聽到有文書說，成年男子已調配服役的，就令他們服役期滿後折算租稅，其餘物資也交納完畢，等到明年合計起來作為依據折算。百姓之中，有的感到失望。這種做法實在百姓看成一樣，都和自己的兒子相同。但愚昧的人很難在開頭與他們商量事情，他們每天用度不夠，都認為是國家追悔前言、反覆無常造成的。我私下聽說這樣的話，上天輔佐的是仁慈的人，百姓幫助的是守信義的人。現在陛下剛剛繼承帝位，億萬百姓在觀望你的德行。才發出莊重的聖旨，就有變聖旨的話，這會使全國上下產生疑心，認為陛下像春夏秋冬失去秩序那樣不守信義。縱使國家有亟須解救的危難，也一定不能這樣做，何況憑着泰山一般安穩的局面而隨便作出這種事！替陛下想出這辦法的人，在財利上有一些好處，在德義上卻大大有限。我的確智慧淺薄、才識短缺，但私自為陛下惋惜。但願陛下稍為瀏覽一下我的奏章，仔細選擇有益的事去做。冒昧上書的罪，我甘心承受。

賞析與點評

「天之所輔者仁，人之所助者信。」——「天道無親，常與善人」，這是傳統民間敬天、畏天思想的反映。而善人的準則，又似乎可以從這兩句中找到答案。善者，仁與信。所以，「天道無親，常與善人」的最佳解釋，便是「天之所輔者仁，人之所助者信」。

貞觀六年，匈奴克平[1]，遠夷入貢，符瑞日至[2]，年穀頻登[3]。嶽牧等屢請封禪[4]，群臣等又稱述功德，以為「時不可失，天不可違，今行之，臣等猶謂其晚。」惟魏徵以為不可。太宗曰：「朕欲得卿直言之，勿有所隱。朕功不高耶？」曰：「功高矣。」「德不厚耶？」曰：「德厚矣。」「華夏未理耶？」曰：「理矣。」「年穀不登耶？」曰：「登矣。」「然則何為不可？」對曰：「陛下功高矣，民未懷惠。德厚矣，澤未旁流。華夏安矣，未足以供事[5]。遠夷慕矣，無以供其求。符瑞雖臻[6]，而罻羅猶密[7]。積歲豐稔，倉廩尚虛。此臣所以竊謂未可。〔……〕」太宗稱善，於是乃止。

注釋

1 **克平**：戰勝、平定。2 **符瑞**：即符祥，祥瑞。古時以所謂「祥瑞」的徵兆，附會為君王得到天命的憑據。3 **頻登**：多次豐收。4 **嶽牧**：古代傳說中的四嶽和十二州牧的合稱。後來用以指地方行政長官，以至一方封疆大吏。**封禪**：是古代帝王祭天地的一種大典。古人認為五嶽中的泰山最高，帝王應到泰山祭告天地，以顯示其豐功偉績。登泰山築壇祭天稱為「封」，在泰山南面的梁父山闢基祭地稱為「禪」。5 **供事**：指負擔舉行封禪典禮的費用、支出。6 **臻**（粵：津；普：zhēn）：至、達到。7 **罻**（粵：慰；普：wèi）**羅猶密**：謂大大小小的刑獄還是很多。罻，捕鳥的小網。羅，亦是網的意思。罻羅合用泛指刑獄的意思。

譯文

貞觀六年，戰勝，平定了匈奴，遠外的異族來朝貢稱臣，吉祥徵兆一天天的出現，五穀連年豐收，地方州府長官多次請求太宗封禪，群臣等又稱頌太宗的功德，認為「時機不可錯過，上天的旨意不可違抗，現在舉行封禪大典，我們還認為已經太晚了。」只有魏徵認為不行。太宗說：「我希望你直接切實地說出自己的意見，不要有所隱諱、保留。我的功績不夠高嗎？」魏徵回應說：「功績高。」太宗說：「德行不厚嗎？」魏徵回應說：「德行厚。」太宗說：「華夏還沒有治理好嗎？」魏徵回應說：「治理好了。」太宗說：「每年五穀不豐收嗎？」魏徵回應說：「豐收了。」太宗說：「那麼，為何不能封禪？」魏徵回答說：「陛下的功績雖高，但百姓心中還未記住你的恩惠；陛下的德行雖厚，恩澤還沒有遍施於人。華夏雖然安定，還不足以負擔起舉行祭告天地大禮的費用支出。遙遠的外族雖仰慕，還沒有更多的東西來滿足要求。吉祥徵兆雖然出現，但大小刑網還滿佈天下。連續幾年雖獲豐收，但糧倉還是空虛。這就是我暗自認為不可舉行封禪的原因。〔……〕」

太宗稱道這話說得好，於是停止封禪。

賞析與點評

「功高矣，民未懷惠。德厚矣，澤未旁流。」——君主的功高德厚與否，應取決於百姓心中有沒有記掛着君主的恩惠，百姓有沒有實際感受到君主的福澤。而不是以君主的豐碩政績，個人品德等來衡量的。所以，個人的成就與修養，不是自己說了便是，是需要別人，以至社會整體所認同的。太宗是否功高、是否德厚，就交由歷史來作判斷罷。

貞觀七年，蜀王妃父楊譽在省競婢[1]，都官郎中薛仁方留身勘問[2]，未及與奪。其子為千牛[3]，於殿庭陳訴，云：「五品以上非反逆不合留身，以是國親，

故生節目[4]，不肯決斷，淹歷歲年。」太宗聞之，大怒曰：「知是我之親戚，故作如此艱難。」即令杖仁方一百，解所任官。魏徵進曰：「城狐社鼠皆微物[5]，為其有所憑恃，故除之猶不易。況世家貴戚，舊號難理。漢、晉以來，不能禁禦[6]；武德之中[7]，已多驕縱；陛下登極，方始蕭然。仁方既是職司，能為國家守法，豈可枉加刑罰，以成外戚之私乎！此源一開，萬端爭起，後必悔之，將無所及。自古能禁斷此事，惟陛下一人。備豫不虞[8]，為國常道。豈可以水未橫流，便欲自毀堤防？臣竊思度，未見其可。」太宗曰：「誠如公言，向者不思[9]。然仁方輒禁不言，頗是專擅，雖不合重罪，宜少加懲肅。」乃令杖二十而赦之。

注釋

1 蜀王：即李愔（？—六六七），唐太宗第六子，吳王李恪同母弟，貞觀十年（六三六），封蜀王。2 都官郎中：掌配沒徒隸、簿錄俘囚、公私良賤訴競雪冤。留身：拘留人身。3 千牛：即「千牛備身」的簡稱，禁衛武官。唐設置左右千牛衛，為禁軍之一。4 節目：本指樹木枝幹相接的地方或紋理糾結不順的地方。這裏比喻為枝節。5 城狐社鼠：本指城牆上的狐狸，社廟裏的老鼠。這裏比喻依仗權勢作惡，一時難以驅除的小人。6「漢、晉以來」二句：指東漢末年與西晉後期，外戚與宦官專權，導致禍亂。東漢發生「黨錮之禍」，西晉發生「八王之亂」，都與外戚、宦官專權有關。

7 武德：唐高祖的年號（六一八——六二六），也是唐朝的第一個年號。8 備豫不虞：防備意外。9 向者：以往，從前。

譯文

貞觀七年，蜀王李愔妃子的父親楊譽在皇宮禁地追逐婢女，都官郎中薛仁方將他拘留並審問，還沒來得及處理。楊譽的兒子是千牛衞武官，在殿廷上訴述說：「五品以上的官員，不是犯反叛罪的不應拘留，因為我父親是皇親國戚，薛仁方就故意節外生枝，不肯決斷，拖延時日。」太宗聽了很生氣地說：「明知是我的親戚，還故意如此刁難！」當即下令打薛仁方一百杖，並免去他所擔任的官職。魏徵進諫說：「城牆下的狐狸和神社中的老鼠，都是些微不足道的小動物，因為牠們有所依仗，要除掉牠們還真不容易。何況世家貴戚歷來就號稱難以管理。漢、晉以來就不能控制禁止；武德年間很多皇親國戚驕橫放縱；陛下登基後他們才開始有所收斂。薛仁方既然擔當主管官員，能為國家執法，怎能對他隨便施加刑罰，以達到外戚挾私報復的目的呢？如果這個先例一開，以後各種事端都會接踵而來，到時後悔也來不及了。自古以來能禁止外戚驕縱的只有陛下一人。防備意外，是治國的常識。怎麼能在河水尚未氾濫的時候，就想自己毀掉堤防呢？我私下認為，這種做法是不對的。」太宗說：「確實如你所說，先前我沒有仔細考慮。但是薛仁方妄自拘留人而不申報，也很是專權，雖算不上是重罪，也應稍加懲罰。」於是下令打了薛仁方二十杖，免予解職處分。

賞析與點評

「城狐社鼠皆微物，為其有所憑恃，故除之猶不易。」——社會上鼠竊狗偷之輩，本該容易清除，然而其背後往往有權貴惡勢力的蔭庇，鼠竊們仗勢淩人，要肅清這些小人物就變得困難複雜了。為政者亦然，魏徵指出要打擊真正為惡者，是一件絕不輕省的事情，尤以皇親國戚、官僚權貴，則更難上加難。希望太宗能以身作則，從他做起，懲處違法犯罪的皇親國戚。

貞觀九年，北蕃歸朝人奏[1]：「突厥內大雪，人饑，羊馬並死。中國人在彼者，皆入山作賊，人情大惡[2]。」太宗謂侍臣曰：「觀古人君，行仁義，任賢良則理；行暴亂，任小人則敗。突厥所信任者，並共公等見之，略無忠正可取者。頡利復不憂百姓，恣情所為。朕以人事觀之，亦何可久矣？」魏徵進曰：「昔魏文侯問李克[3]，諸侯誰先亡？克曰：『吳先亡。』文侯曰：『何故？』克曰：『數戰數勝，數勝則主驕，數戰則民疲。不亡何待？』頡利逢隋末中國喪亂，遂恃眾內侵，今尚不息，此其必亡之道。」太宗深然之。

注釋

1 北蕃：蕃，古代對外族的通稱。這裏指突厥。2 人情大惡：人心混亂，情勢極壞。

3 魏文侯：戰國時魏國國君，名斯。任用李悝為相，吳起為將，西門豹為鄴令，獎勵耕戰，進行改革，國勢日強。李克：子夏弟子。曾任中山相。建議魏文侯「食有勞、祿有功、使有能、賞必行、罰必當。」一說李克即李悝。

譯文

貞觀九年（六三五），從北蕃回來的人向朝廷報告：「突厥境內下大雪，人民飢餓，羊馬一併死亡。那裏的唐人，都逃進山林當強盜，人心混亂，形勢險惡。」太宗對侍臣說：「觀察古代國君，推行仁義，任用賢良，就天下大治；推行暴政，任用奸邪，就失敗。突厥信任的人，我和你們都是看到的，大概沒有忠良正直可取的人。頡利又不關心百姓，為所欲為。我從人情事理來看他，又怎麼能長久呢。」魏徵陳述說：「過去魏文侯問李克，諸侯中誰先滅亡？李克回答說：『吳國先亡。』魏文侯說：『什麼原因？』李克說：『吳國幾戰幾勝。幾勝之後，君主必然驕傲，幾戰之後，百姓必然疲乏困苦，不滅亡還等什麼？』頡利適逢隋朝末年中原喪亂，就依仗他人馬多，侵入內地，至今尚未停止，這就是他必然滅亡的原因。」太宗認為這話很對。

賞析與點評

「數戰數勝。數勝則主驕，數戰則民疲。不亡何待？」——表面上，軍事強國往往屢戰屢勝，所向無敵，何等風光。然而仔細一想，這正是其步向滅亡的標誌，戰場上多番得利，會令國君變得自滿輕敵，而頻繁地發動戰爭，更會使國民疲乏喪命，國力自然折損。國君輕敵，國力折損，亡國已經是指日可待了。放諸於現今世界，兩千多年前李克的判斷仍然相當有見地，二次大戰時的納粹德軍和日軍的敗亡，正是走上了這條不歸路所致。

貞觀十年[1]，太宗謂侍臣曰：「太子保傅[2]，古難其選。成王幼小，以周、召為保傅，左右皆賢，足以長仁，政理太平，稱為聖主。及秦之胡亥，始皇所愛，趙高作傅，教以刑法。及其篡也，誅功臣，殺親戚，酷烈不已，旋踵亦亡[3]。以此而言，人之善惡，誠由近習。朕弱冠交遊[4]，惟柴紹、竇誕[5]，為人既非三益[6]。及朕居茲寶位，經理天下，雖不及堯、舜之明，庶免乎孫皓、高緯之暴[7]。以此而言，復不由染，何也？」魏徵曰：「中人可與為善[8]，可與為惡，然上智之人自無所染。陛下受命自天，平定寇亂，救萬民之命，理致升平，豈紹、

誕之徒能累聖德？但經云：『放鄭聲，遠佞人[9]。』近習之間，尤宜深慎。」太宗曰：「善。」

注釋

1 **貞觀十年**：此篇（明）「洪武本」原置於「貞觀二年」後，「貞觀三年」前，今按年代順序，移至此。2 **保傅**：即太保、太傅，輔導太子的官。3 **旋踵**：轉動腳跟，喻時間很快。4 **弱冠**：古代男子到二十歲要行冠禮，以表示成年，故常以弱冠指代二十歲左右的男子。5 **柴紹**：字嗣昌，唐晉州臨汾人。隋時曾為元德太子千牛備身。唐高祖微時，妻之以女，即平陽公主。唐王朝創業時，累次征戰有功，封霍國公，轉右驍衛大將軍。**竇誕**：唐初大臣，娶高祖女襄陽公主，曾從太宗征薛舉，為元帥府司馬，後曾任太常卿、梁州都督等職，封莘國公。6 **三益**：三種長處。《論語》：「益者三友，友直、友諒、友多聞。」指正直、誠信、博學。7 **孫皓**：三國吳亡國之主，淫虐不理國政。晉兵南下，攻陷建業，皓出降，晉廢為歸命侯，吳國遂亡。**高緯**：北齊後主，性驕縱，亂政害人，後被北周所擄。8 **中人**：中等智能的人，即平常人。9 **「放鄭聲」二句**：謂拋棄淫靡的音樂，遠離奸邪小人。鄭聲，指春秋時期鄭國的樂歌，古代認為鄭聲淫，故亦將「鄭聲」指代淫靡音樂。

譯文

貞觀十年（六三六），太宗對侍臣說：「太子的輔導老師，自古以來就難於選取。

周成王幼年繼位，用周公旦、召公奭為太保、太傅，左右都是賢人，足夠用來增長仁義，政治達到太平，被稱為聖明君主。到秦朝的胡亥，始皇寵愛他，趙高作他的老師。趙高教以刑法。到胡亥篡位為帝後，就誅功臣、殺親戚，殘酷暴烈不止，很快就滅亡了。由此說來，人的善惡的確由親近的人那裏學來。我二十歲時交遊的人，只有柴紹、竇誕等，他們不是有三種長處的人。到後來我居此帝位，治理天下，雖然趕不上堯、舜的聖明，大約也避免了孫皓、高緯的殘暴。從這說來，又不是由親近的人那裏學來，是什麼原因呢？」魏徵說：「中等智慧的人，可以與他作善事，可以與他作惡事。然而上等智慧的人，自然不會受其影響。陛下從上天那兒接受使命，平定盜賊製造的大亂，拯救萬民的性命，治國達到太平，難道柴紹、竇誕這些人能夠虧損陛下的德行？但經典上說：『拋棄淫靡的聲音，疏遠奸邪的人。』親信的人之間，尤其應該特別謹慎。」太宗說：「好。」

賞析與點評

「人之善惡，誠由近習。」——孔子云：「近朱者赤，近墨者黑」、「物以類聚」等，正是「人之善惡，誠由近習」的最佳注腳。人的為善為惡，往往受教導者、同儕、友輩的影響最深。年幼的周成王與秦二世的性格表現，估計相距不會太遠，然而兩人善惡、成敗的最終差距如斯之遠，不能不謂受到周公、趙高的誘導和影響所致。

貞觀十一年，太宗謂魏徵曰：「比來所行得失政化，何如往前？」對曰：「若恩威所加，遠夷朝貢，比於貞觀之始，不可等級而言。若德義潛通，民心悅服，比於貞觀之初，相去又亦甚遠。」太宗曰：「遠夷來服，應由德義所加，往前功業，何因益大？」徵曰：「昔者四方未定，常以德義為心，旋以海內無虞，漸加驕奢自溢。所以功業雖盛，終不如往初。」太宗又曰：「所行比往前何為異？」徵曰：「貞觀之初，恐人不言，導之使諫。三年已後，見人諫，悅而從之。一二年來，不悅人諫，雖僶勉聽受[1]，而意終不平，諒有難色[2]。」

注釋　1 僶（粵：敏；普：mǐn）勉：勤勉，努力。2 諒：誠，確實。

譯文　貞觀十一年，太宗對魏徵說：「近來我所作的事的得失及政治教化，比以前如何？」魏徵回答說：「如果就恩澤聲威所能達到，遠處的外族前來朝貢的情況來說，與貞觀初年相比是不能相提並論的。如果從德義與百姓心靈相通，民心高興誠服來說，比貞觀初年又相差很遠。」太宗說：「遠方外族來歸服，應當是由於施與德義，過去的功業為什麼反而更大？」魏徵說：「過去天下未安定，常把德義銘記在心，不久，因國內平安無事，逐漸增加驕奢自滿的情緒。所以，功業雖然盛大，德義始終趕不上貞觀初年。」太宗又說：「所作的事比以前有哪些不同？」魏徵說：「貞觀初年，擔心別人不進言，引導大家規諫。三年以後，見有人進諫，能高興採納聽從。最近一兩年來，不喜歡別人勸諫，雖然努力聽取和接受，而內心始終不高興，確實有為難的樣子。」

賞析與點評

「德義潛通，民心悅服。」——在上位者，若能與百姓同心同德，道德行為上不必要強求一致，不搞形式主義，平民百姓自然會心悅誠服，治世亦自然出現。魏徵認為貞觀初年的成就，正是建基於此。

卷三

君臣鑒戒第六

本篇導讀——

〈君臣鑒戒〉篇的重點是以歷史為鏡子，引用歷史上的經驗教訓，說明「君臣本同治亂，共安危，若主納忠諫，臣進直言，斯故君臣合契，古來所重」的道理。太宗要臣僚懂得「君失其國，臣亦不能獨全其家」的利害關係，又從多方面引用歷史故事，提醒臣下注意竭盡為臣之道。魏徵等大臣也以歷史為鑒戒，要唐太宗做一位善始善終的有道明君，要他看清「首雖尊高，必資手足以成體。君雖明哲，必藉股肱以致治」的道理。

貞觀三年，太宗謂侍臣曰：「君臣本同治亂，共安危，若主納忠諫，臣進直言，斯故君臣合契[1]，古來所重。若君自賢，臣不匡正，欲不危亡，不可得也。君失其國，臣亦不能獨全其家。至如隋煬帝暴虐，臣下鉗口，卒令不聞其過，遂至滅亡。虞世基等，尋亦誅死。前事不遠，朕與卿等可得不慎，無為後所嗤！」

注釋

1 合契：對合符契。古代早期的兵符、債券、契約多以竹木或金石製成，刻字後中剖為二，雙方各執其一，兩半對合則生效。這裏引申為符合、投合。

譯文

貞觀三年，太宗對身邊的大臣們說：「君臣之間本應該同治亂，共安危，如果君主能夠接納忠誠的規諫，臣子敢於直言不諱，那就是君臣情投意合，這個是自古以來很受推重的。如果君主自以為是，臣子又不去進諫匡正，要想國家不危亡是不可能的。君主喪失了國家，臣子也不能單獨保全自己的家庭。至於像隋煬帝那樣暴虐，臣子都閉口不言，終於使他聽不到自己的過失，最後導致國破身亡。虞世基等人不久也被誅殺。此事距今不遠，我與大家不能不謹慎行事，千萬不要讓後人譏笑啊！」

賞析與點評

「君臣本同治亂，共安危。」——所謂「一榮俱榮，一辱俱辱」，太宗提出貞觀君臣「同治亂，共安危」的思想。實際上，是建立一種嶄新的君臣關係，擺脫了傳統「君為臣綱」的政治關係，主動放下君主的尊貴身段，與大臣榮辱與共，在講究「三綱五常」、「尊卑貴賤」等級秩序的古代社會，是非常難能可貴的事情。

貞觀四年，太宗論隋日禁囚。魏徵對曰：「臣往在隋朝，曾聞有盜發，煬帝令於士澄捕逐[1]，但有疑似，苦加拷掠，枉承賊者二千餘人[2]，並令同日斬決。大理丞張元濟怪之[3]，試尋其狀，乃有六七人，盜發之日，先禁他所，被放纔出，亦遭推勘[4]，不勝苦痛，自誣行盜。元濟因此更究尋，二千人內惟九人逗遛不明。官人有諳識者，就九人內四人非賊。有司以煬帝已令斬決，遂不執奏，並殺之。」太宗曰：「非是煬帝無道，臣下亦不盡心。須相匡諫，不避誅戮，豈得惟行諂佞，苟求悅譽。君臣如此，何能不敗？朕賴公等共相輔佐，遂令囹圄空虛[5]，願公等善始克終，恆如今日！」

注釋

1 於士澄：姓於名士澄。原為隋將，後率河北魏郡歸降唐朝。2 枉承：含着冤屈，被迫承認過犯。3 大理丞：即大理寺的屬官。大理寺是隋唐兩朝負責判案刑獄的司法機構。4 **推勘**：推究勘問案情。5 **囹圄**（粵：零雨；普：líng yǔ）**空虛**：囹圄，監獄。牢獄中監禁的人很少，謂無冤案、錯案的出現。

譯文

貞觀四年，太宗談論隋朝囚牢問題時，魏徵對曰：「我以往在隋朝時，曾聽說發生了一件強盜案件，隋煬帝下令讓將領於士澄去追捕罪犯。於士澄只要懷疑誰像賊，就馬上拿下並嚴加拷打，被屈打而招認自己是賊的達二千多人，隋煬帝便下令將這二千多人在同一天斬首處決。負責刑獄的大理寺丞張元濟感到奇怪，就試查閱有關此案的文書檔案，發現其中有六七人，在這件強盜案發生當天，已經被關押在獄中，此案發生後才獲釋，可是他們也被抓起來審訊，由於忍受不了酷刑的痛苦，自己供認參與了盜竊案。張元濟更加認真地追究詢問，結果發現二千人中，只有九個人在案發當天行蹤不清。官吏中有了解案件的，知道九人中有四人根本不是盜賊。負責行刑的官署因為煬帝已下令處決，於是便不再以實情上奏，將二千人全部斬決。」太宗說：「不僅隋煬帝無道，他的臣子也不盡心辦事，一定要匡正規諫，不怕誅殺，怎能專幹諂媚奉承，苟且討得國君歡心與稱讚。君臣如是這樣，哪能不失敗？我仰仗你們共同輔佐，從而使牢獄空虛，希望你們善始善終，常像今天一樣！」

賞析與點評

「囹圄空虛」——簡簡單單的四個字，其背後是蘊含着一幅「國泰民安，天下太平」的盛世滋生圖。要國家達致「囹圄空虛」是殊不容易的事情，若非經濟繁榮，教化昌盛，百姓服膺於朝廷管治。所謂「本立而道生」，「衣食足，知榮辱」，這些都是「囹圄空虛」的先決條件。

貞觀六年，太宗謂侍臣曰：「朕聞周、秦初得天下，其事不異。然周則惟善是務，積功累德，所以能保八百之基。秦乃恣其奢淫，好行刑罰，不過二世而滅。豈非為善者福祚延長，為惡者降年不永[1]？朕又聞，桀、紂，帝王也，以匹夫比之，則以為辱。顏、閔，匹夫也[2]，以帝王比之，則以為榮。此亦帝王深恥也。朕每將此事以為鑒戒，常恐不逮，為人所笑。」魏徵對曰：「臣聞魯哀公謂孔子曰[3]：『有人好忘者，移宅乃忘其妻。』孔子曰：『又有好忘甚於此者，丘見桀、紂之君乃忘其身。』願陛下每以此為慮，庶免後人笑爾！」

注釋

1 **降年不永**：謂上天賜予人的年齡，壽命。2 **顏**：即顏回（前五二三—前四九〇），春秋末魯國（今山東曲阜）人。字子淵，一作顏淵，孔子的得意門人，以德行著稱。**閔**：即閔損（前五三六—前四八七），字子騫，春秋末期魯國人。孔子七十二弟子之一，以德行修養而著稱，在這方面和顏淵齊名。3 **魯哀公**：即姬將，春秋諸侯國魯國第二十六任君主。他是魯定公的兒子，承襲魯定公擔任該國君主，在位二十七年。

譯文

貞觀六年（六三二），太宗對身邊的大臣們說：「我聽說周朝、秦朝當初取得天下時，他們採取的方法並沒有什麼不同。然而周朝建國後只做好事，積累功德，所以能保持八百多年的基業。而秦朝卻肆意驕奢淫逸，濫施刑罰，所以不超過兩代就滅亡了。這難道不正是做善事的福祿長久，而作惡的年壽不長嗎？我又聽說夏桀、商紂雖是帝王，但以普通百姓與他們相比，百姓也覺得是一種恥辱。顏回、閔子騫是普通百姓，用帝王與他們相比，帝王也會引以為榮。這也是帝王深感羞慚的事。我經常把這些事引以為鑒，常擔心自己的德行趕不上顏回、閔子騫而被人恥笑。」魏徵說：「臣曾聽說魯哀公對孔子說：『有一個健忘的人，在搬家時把他的妻子給忘了。』孔子說：『還有比這個人更健忘的，我看像夏桀、商紂這樣的國君就把自己也給忘了！』希望陛下常想到這些事情，以免被後人恥笑。」

賞析與點評

「桀、紂之君乃忘其身」——夏桀、殷紂貴為天子，富有四海，卻意猶未盡，貪戀酒色，窮兵黷武，不知作天子所為何事，終趨於敗亡。孔子認為桀、紂二人是忘卻其本身的位置所在，完全沒有履行天子的分內之事，結果成為後世的笑柄，絕對是咎由自取的，與人無尤。

貞觀十四年，太宗以高昌平[1]，召侍臣賜宴於兩儀殿，謂房玄齡曰：「高昌若不失臣禮，豈至滅亡？朕平此一國，甚懷危懼，惟當戒驕逸以自防，納忠謇以自正。黜邪佞，用賢良，不以小人之言而議君子。以此慎守，庶幾於獲安也[2]。」魏徵進曰：「臣觀古來帝王撥亂創業，必自戒懼，採芻蕘之議，從忠讜之言。天下既安，則恣情肆欲，甘樂諂諛，惡聞正諫。張子房[3]，漢王計畫之臣[4]，及高祖為天子[5]，將廢嫡立庶[6]，曰：『今日之事，非口舌所能爭也。』終不敢復有開說。況陛下功德之盛，以漢祖方之，彼不足準。即位十有五年，聖德光被[7]，今又平殄高昌，屢以安危繫意[8]，方欲納用忠良，開直言之路，天下幸甚。昔齊桓公與管仲、鮑叔牙、甯戚四人飲[9]，桓公謂叔牙曰：『盍起寡人壽乎[10]？』叔牙奉觴而起曰[11]：『願公無忘出在莒時[12]，使管仲無忘束縛於魯時[13]，使甯戚無忘飯牛車下時。』桓公避席再拜曰：『寡人與二大夫能無忘夫子之言，則社稷不危矣！』」

太宗謂徵曰：「朕必不敢忘布衣時，公不得忘叔牙之為人也。」

注釋

1 高昌：古城國名。國都昌城，在今新疆吐魯番縣東約二十餘公里哈拉和卓堡。公元六四〇年，唐太宗派侯君集遠征高昌，滅其國，以其地為西州。2 庶幾：也許可以的意思。3 張子房：即張良（？—前一八六），字子房。漢初大臣。相傳為城父（今安徽省亳縣）人。輔助劉邦滅項羽，平定天下，封為留侯。4 漢王：即劉邦，項羽滅秦後，獲封為漢王。5 高祖：即漢高祖劉邦，字季。秦沛縣（今屬江蘇）人，曾任泗水亭長。秦末群雄並起，沛人推劉邦起兵反秦，得謀士蕭何、張良、陳平，大將韓信，以及原楚將彭越、英布等協助，最終擊敗項羽，建立漢王朝。6 廢嫡立庶：漢高祖劉邦原已立他和呂后所生的嫡子劉盈為太子。後因寵愛戚夫人，而以劉盈仁弱，欲廢劉盈改立戚夫人之子劉如意為太子。呂后向張良求計，張良使劉盈以卑詞安車，迎取商山「四皓」（素為劉邦所景仰，四位隱居於商山甚具名望的長者）為輔。劉邦見此，便打消廢立之意。嫡，嫡子，正妻、元配所生的兒子。庶，庶子，非正室所生的兒子，一般指妾之子。7 聖德光被：謂皇帝的美德像光輝照耀天下。被，即披，照蓋、照耀意。8 繫意：記掛內心之中。9 鮑叔牙：春秋時齊國大夫。以知人稱著。曾向齊桓公推薦管仲，齊國因而大治，開春秋霸業之先。甯（粵：寧；普：níng）戚：春秋時衞國人。家貧無資，為人挽車為生。至齊國後，一次餵牛時唱歌，提及堯、舜禪讓之事。桓公聽後覺得驚異，於是命管仲迎接甯戚，更拜之為上卿，後任相國。10 盍：疑問副詞，用與「何」同。實為「為何」之意。寡人：寡德之人，古代國君或諸侯自謙之詞。壽：祝福。11 奉觴：即舉起酒杯。觴，古時盛酒器。12 願公無忘出在莒時：指希望齊桓公不要忘記被父王齊獻公放逐出奔於莒的艱辛日子。事見《史記．齊太公世家》。13 使管仲無忘束縛於魯時：請管仲不要忘記當年在魯國被綑綁時的情景。事見《史記．齊太公世家》。

譯文

貞觀十四年（六四〇），太宗平定高昌國後，召見侍臣，在兩儀殿設宴招待，太宗對房玄齡說：「高昌的國君如果不是失掉臣下的禮儀，怎會走到滅亡的地步！我平定了這樣一個國家，心中更加感到危懼，只有力戒驕奢淫逸來自我提防，採納忠直之言來匡正自己。罷黜奸佞，選用賢良，不拿小人的話來議論君子，用這種辦法來謹慎守業，也許可以讓國家獲得安寧吧。」魏徵進言說：「我看自古以來的帝王，他們在撥亂創業的時候，必定很謹慎，隨時警戒自我，善於採納平民百姓的意見，聽從忠誠正直的建議。天下已安，他們就恣意放縱慾望，喜歡聽諂媚阿諛的奉承話，厭惡剛正的規諫。張良是漢王劉邦的出謀劃策大臣，到劉邦做了皇帝時，打算廢掉嫡子劉盈而立庶子如意為太子，張良說：『今天的事，不是憑口舌可以爭辯的』，始終不敢再以話語去開導高祖。何況陛下的功業、德義盛大，用漢高祖來相比，他是比不上的。陛下即位至今已有十五年，聖明的德澤像燦爛的光芒照耀四海，如今又消滅高昌，還多次將國家的安危記掛在心裏，剛才又說想進用忠直賢良的人，大開直言規諫之路，這是天下的最大幸運。過去齊桓公曾與他的大臣管仲、鮑叔牙、甯戚一起飲酒，桓公對鮑叔牙說：『為何不向我祝福呢？』叔牙舉起酒杯站起來說：『但願君王不要忘記當年出奔莒國時的情景，管仲不要忘記在魯國被綑綁時的狀況，甯戚不要忘記於車下餵牛的境遇。』齊桓公聽完叔牙的話，離開坐席感謝叔牙說：『我與兩位大夫都不會忘記先生的話，那麼，國家不會有什麼危險了！』」太宗對魏徵說：「我一定不敢忘記當老百姓時候的情景，你也不要忘記叔牙的為人啊！」

賞析與點評

「戒驕逸以自防，納忠謇以自正。」——志驕意滿、好逸惡勞是走向敗亡的開始，所以太宗時刻以此為戒，警惕自己，絲毫不能落入此中，所謂「防微杜漸」是也。同時，更應察納忠言，表揚耿直，以正己身，臻於至善。

貞觀十四年，特進魏徵上疏曰：「臣聞君為元首，臣作股肱，齊契同心，合而成體。體或不備，未有成人。然則首雖尊高，必資手足以成體。君雖明哲，必藉股肱以致治。故《禮》云[1]：『民以君為心，君以民為體，心莊則體舒，心肅則容敬。』《書》云[2]：『元首明哉，股肱良哉，庶事康哉。』『元首叢脞哉，股肱惰哉，萬事墮哉。』然則委棄股肱，獨任胸臆，具體成理，非所聞也。」

「夫君臣相遇，自古為難。以石投水，千載一合，以水投石，無時不有[3]。其能開至公之道，申天下之用，內盡心膂[4]，外竭股肱，和若鹽梅[5]，固同金石者，非惟高位厚秩，在於禮之而已。昔周文王遊於鳳皇之墟，襪繫解，顧左右莫可使者，乃自結之。豈周文之朝盡為俊，聖明之代獨無君子者哉？但知與不知，禮與不禮耳！〔……〕《禮記》稱：魯穆公問於子思曰[6]：『為舊君反服，古歟？』子思曰：『古之君子，進人以禮，退人以禮，故有舊君反服之禮也。今之君子，進人若將加諸膝，退人若將墜諸淵。毋為戎首，不亦善乎，又何反服之禮之有？』〔……〕

孟子曰：『君視臣如手足，臣視君如腹心；君視臣如犬馬，臣視君如國人；君視臣如糞土，臣視君如寇讎。』雖臣之事君無二志，至於去就之節，當緣恩之厚薄。然則為人主者，安可以無禮於下哉！」

注釋

1《禮》：即《禮記》，是中國古代一部重要的典章制度書籍，是戰國至秦漢年間儒家學者解釋說明經書《儀禮》的文章選集，可說是關於中國古代禮樂文化的論著彙編。下文所引為《禮記·緇衣》篇裏內容。2《書》：也稱為《尚書》，是我國第一部上古歷史文件和部分追述古代事跡著作的彙編，書中保存了商周特別是西周初期的一些重要史料。下文所引為《尚書·益稷》篇裏內容。3「以石投水」四句：語出《文選·運命論》。意謂使石頭順從流水，千年才能偶然遇上一次；而讓流水順從石頭，則時刻都在發生。比喻君臣之間的關係：「以石投水」比喻君臣互相投契，「以水投石」比喻臣言不為君主所聽。4 心膂（粵：旅；普：lǚ）：心思與精力。5 和若鹽梅：比喻君臣之間互相投契。語本《尚書·說命》「若作和羹，爾惟鹽梅」。「鹽」、「梅」都是古代的調味品。6 魯穆公：即姬顯，為春秋諸侯國魯國的第二十九任君主。子思：名孔伋，字子思，孔子之孫。春秋戰國時期著名的思想家。

譯文

貞觀十四年，特進魏徵上書說：「臣聽說君主就好像是人的頭腦，臣子就好像是人的四肢，頭腦和四肢協調一致，才能成為一個完整的人體。身體器官不完備，就不能成為一個完整的人。頭腦雖然高貴重要，但必須借助四肢的配合，才能成為一個完整的人體。君主雖然英明，也必須借助大臣才能達到治理國家的目的。所以《禮記》中說：『百姓把君主看成是自己的心，君主把百姓看成是自己的軀體。內心莊重，身體才會舒坦；內心嚴肅，面容才會恭敬。』《尚書》中說：『君主英明，大臣賢良，諸事康寧！』又說：『君主瑣碎，大臣懶惰，萬事不成！』那麼，把作為四肢的大臣拋開，只憑君主的獨斷專行，能治理好國家的，我從來沒有聽說過。」

「君臣互相知遇，自古以來就是很難得的。就像是要讓石頭順從流水，千年才能遇上一次；而讓流水順從石頭，則無時不有。君臣能夠秉持大公無私的道義，盡展天下人才的作用，君主在內盡心盡力，大臣在外竭力輔佐，二者融洽得就像羹裏的鹽和梅，堅固得如同金石，達到這樣的境界，不是僅靠高官厚祿，而是在於以禮相待。以前周文王巡遊於鳳凰之墟，襪子帶開了，看看左右，沒有一個可供使喚的人，就自己將襪帶繫上。難道周文王的朝代全是有賢德的人，而今聖明的時代就偏偏缺少君子嗎？只是君臣間知遇或不知遇、待之有禮或無禮罷了！（……）《禮記》上記載，魯穆公詢問子思說：『被斥退的臣子為他原來的君主服喪服，符合古制嗎？』子思說：『古代有德的君主，用人的時候以禮相待，斥退人的時候也是以禮相待，所以有被斥退的臣子為舊君服喪的禮制。現在的君主，用人的時候就好像要把人抱在膝蓋上，斥退人的時候就好像把人推入深淵。所以，被斥退的臣子不當戎首率兵來討伐就不錯了，哪裏還有為舊君主服喪的禮節呢？』（……）孟子說：『君主看待臣子如同手足，臣子就把君主視為腹心；君主看待臣子如同犬馬，臣子就把君主視同路人；君主看待臣子如同糞土，臣子就把君主視為仇敵。』雖然臣子侍奉君主不能有二心，至於在決定去留的原則上，應當根據君主對自己恩德的厚薄來定。那麼做君主的，怎麼可以對待臣下無禮呢？

賞析與點評

「民以君為心，君以民為體。」——這是古書中所寄寓的君民典範。心與體，是表與裏的關係。換句話說，古人認為最理想的君民關係是：百姓把君主視為自己的心目，將之常存於心中，而君主則視國民為自己的身體，是不可分割的部分。此段寄寓着民君相互依存，不可或缺。在某程度上，亦是「民本思想」的反映。

貞觀十七年，太宗謂侍臣曰：「自古草創之主，至於子孫多亂，何也？」司空房玄齡曰：「此為幼主生長深宮，少居富貴，未嘗識人間情偽[1]，理國安危，所以為政多亂。」太宗曰：「公意推過於主，朕則歸咎於臣。夫功臣子弟多無才行，藉父祖資蔭[2]，遂處大官，德義不修，奢縱是好。主既幼弱，臣又不才，顛而不扶，豈能無亂？隋煬帝錄宇文述在藩之功[3]，擢化及於高位[4]，不思報效，翻行弒逆，此豈非臣下之過歟？朕發此言，欲公等戒勗子弟[5]，使無愆犯，即國家之慶也。」太宗又曰：「化及與玄感[6]，即隋大臣受恩深者子孫，皆反，其故何也？」岑文本對曰：「君子乃能懷德荷恩，玄感、化及之徒，並小人也。古人所以貴君子而賤小人。」太宗曰：「然。」

注釋

1 情偽：真情與虛偽，這裏作人情世故之意。2 資蔭：因祖、父的功勛而授官封爵的稱為資蔭。3 宇文述：字伯通，隋朝代郡武川（今內蒙古）人。本姓破野頭氏，投屬鮮卑，後從其主姓宇文氏。入隋朝，因平陳有功，升任安州總管。後協助楊廣謀太子之位。煬帝即位後，任宇文述為左衛大將軍，封許國公，權傾朝野。4 化及：宇文化及，即宇文述之子，宇文述臨終前曾請煬帝照顧他的兒子。煬帝遂於述死後任化及為右屯衞將軍。大業十四年（六一八）宇文化及與司馬德勘於江都發動兵變，縊殺煬帝，立秦王楊浩為帝，自稱大丞相。後又殺楊浩，自立為帝，國號許，年號天壽。次年為竇建德所擒殺。5 戒勖（粵：沃；普：xù）：警戒勉勵。6 玄感：楊玄感，隋朝重臣楊素的兒子。襲父爵封楚國公。官至禮部尚書。大業九年（六一三），乘煬帝長駐江都，於關中起兵叛隋，後為隋軍所殺。

譯文

貞觀十七年，太宗對侍臣說：「自古以來，開創基業的君主，傳位到子孫時，多發生禍亂，這是什麼原因？」司空房玄齡說：「這是因為幼主生長於深宮之中，從小就享受榮華富貴，不了解人世間人情真偽，不懂得治理國家的安危，所以執政後多發生禍亂。」太宗說：「你的意見是把過錯推給國君。我的意見是要歸過於臣子。功臣的子弟多數沒有才能德行，他們靠祖父、父親功勛的蔭庇當上大官，不培養道德禮義，奢侈放縱，是其所好。國君既已幼弱，臣子又缺乏才能，國家傾危而不扶助，怎麼能不發生禍亂呢？隋煬帝記下宇文述在他未任儲君時輔佐他的功勞，提拔宇文化及任將軍，宇文化及不思量報效，相反去作叛逆弒君的事，這不是臣子的罪過嗎？我說這些話，是希望你們警戒勉勵自己的子弟，使他們不要違背教導而犯罪，就是國家的慶幸了。」太宗又說：「宇文化及與楊玄感是受國恩最深的大臣的子弟，後來都反隋。這其中的原因是什麼呢？」岑文本回答說：「君子才能感恩戴德，楊玄感、宇文化及這樣的人都是小人，這便是古人尊重君子而鄙視小人的緣故。」太宗說：「對。」

賞析與點評

「未嘗諳人間情偽，理國安危，所以為政多亂。」——年輕君主生於深宮之中，含着金鎖匙出生，脱離民情，未曾經歷民生疾苦，無實際生活體驗，自然不知民之所需，不知民之所急，實難以掌握治國治民之道。他們執政掌權後，自然容易發生禍亂。正如，今天人們經常要求執政者必須跑到民間，體察民情，切忌在辦公室內治國理政，道理是一樣的。

擇官第七

本篇導讀——

〈擇官〉篇進一步闡述了唐太宗「致安之本，惟在得人」的思想和具體辦法，記錄了唐初「任官惟賢才」，知人善任，重視地方官人選等情況。一是要求主管大臣要把擇官用人作為大事來處理。「公為僕射，當助朕憂勞，廣開耳目，求訪賢哲」。一是要妥善辦理從中央到地方的各級官吏的選拔和管理。「朝廷必不可獨重內官，外刺史、縣令，遂輕其選。任人惟賢是「貞觀之治」的一項重要內容，也是「貞觀之治」賴以實現的基本保證。

貞觀元年，太宗謂房玄齡等曰：「致治之本，惟在於審[1]。量才授職，務省官員。故《書》稱：『任官惟賢才[2]。』又云：『官不必備，惟其人[3]。』若得其善者，

雖少亦足矣；其不善者，縱多亦奚為？古人亦以官不得其才，比於畫地作餅，不可食也[4]。《詩》曰：『謀夫孔多，是用不就[5]。』又孔子曰：『官事不攝，焉得儉[6]？』且『千羊之皮，不如一狐之腋[7]。』此皆載在經典，不能具道[8]。當須更併省官員，使得各當所任，則無為而治矣[9]。卿宜詳思此理，量定庶官員位。」玄齡等由是所置文武總六百四十員。太宗從之，因謂玄齡曰：「自此倘有樂工雜類，假使術逾儕輩者，只可特賜錢帛以賞其能，必不可超授官爵，與夫朝賢君子比肩而立，同坐而食，遺諸衣冠以為恥累[10]。」

注釋

1 審：明悉、審細。文中意為精簡。2 任官惟賢才：語出《尚書・咸有一德》。3「官不必備」二句：語見《尚書・周官》。意思是官員不一定要齊備，惟在得到有德的人任官便可。4「古人亦以官不得其才」三句：語出《三國志・魏志・盧毓傳》。5「謀夫孔多」二句：謂參加謀劃事情的官員雖多，但不是賢能之士，所以事情辦不成功。語出《詩經・小雅・小旻》。6「官事不攝」二句：語出《論語・八佾》。意思是每個官員都專職而不兼任其他職務，怎能談得上節儉呢！7「千羊之皮」二句：語出《史記・商君列傳》。意謂一千張羊皮的價值都比不上一隻狐狸腋下的毛皮，比喻選官貴在得人。8 具：通「俱」。9 無為而治：指避免繁瑣政治，不打擾百姓，便達到天下大治。10 衣冠：士大夫、官員。

譯文

貞觀元年，太宗對房玄齡等大臣說：「治國的根本，關鍵在於審察官吏。根據才能授予適當的官職，務必精簡官員。所以《尚書》中說：『任用官員惟選賢才。』又說：『官員不一定要齊備，只要任人得當。』如果得到好的官員，人數雖少也足夠用了；如果得到不好的官員，人數再多又有什麼用呢？古人也把沒有選到適當的人才，比作在地上畫餅，那是不能吃的。《詩經》中說：『謀劃者中庸人多，所以事情辦不成。』孔子又說：『做官的人一身不能兼二職，怎能談得上節儉？』況且，『一千張羊皮的價值，不如一隻狐狸腋下的皮毛昂貴。』這些話都記載在經典上，不能都講出來。應當精簡機構，減少官員，使各自擔負起所任之職，這樣就能做到無為而治了。你應認真考慮這其中的道理，衡量決定眾官人數的多少。」房玄齡等因此設置文武官員總共六百四十人。太宗同意這一方案，便對房玄齡說：「從此以後，倘若有樂工及從事其他雜務的人，技藝超過同類人的，只能格外多給錢帛，以獎賞他們的技能，一定不能授給他們官爵，使他們與朝廷中的賢良君子並肩而立，同坐吃飯，給朝廷士大夫留下恥辱。」

賞析與點評

「致治之本，惟在於審。」——太宗明白地指出國家達到治世的本源，關鍵在於審察官吏。

沒有稱職的官員隊伍，只憑君主一人，根本不可能把國家治理得妥善。所以，揀選擢拔官員，是重中之重，甚至是國家治亂的根源。太宗重視官員隊伍的組成，無疑是成就「貞觀之治」的重要環節，亦是直接把致治之功，歸因到官員隊伍身上，肯定他們的成就貢獻。

貞觀二年，太宗謂房玄齡、杜如晦曰：「公為僕射，當助朕憂勞，廣開耳目，求訪賢哲。比聞公等聽受辭訟，日有數百。此則讀符牒不暇[1]，安能助朕求賢哉？」因敕尚書省，細碎務皆付左右丞[2]，惟冤滯大事合聞奏者，關於僕射。

注釋

1 符牒（粵：蝶；普：dié）：泛指公文憑證。符，古代朝廷命令或徵調兵將用的憑證。

2 左右丞：官名。唐制，尚書省設左右丞各一人，協助尚書省長官——左右僕射，處理省內具體事務。對御史舉彈不當之事，予以駁回。左丞分管吏、戶、禮三部之事。右丞分管兵、刑、工三部之事。

譯文

貞觀二年，太宗對房玄齡、杜如晦說：「你們身為僕射，應當為我分憂，協助我操勞國家大事，要耳聽得遠，眼看得寬，尋求察訪賢明有智慧的人。近來聽說你們聽取和接受訴訟的狀子，一天之內竟達數百件。這就是閱讀公文已經沒有空閒，哪裏還能幫助我尋求賢士呢？」於是下了一道詔書命令尚書省，凡是細碎的事務，都交付左右丞處理，只有冤屈疑難的案件應該上奏的，才交付僕射。

貞觀二年，太宗謂侍臣曰：「朕每夜恆思百姓間事，或至夜半不寐。惟恐都督、刺史堪養百姓以否[1]。故於屏風上錄其姓名，坐臥恆看，在官有善事，亦具列於名下。朕居深宮之中，視聽不能及遠，所委者惟都督、刺史，此輩實治亂所繫，尤須得人。」

注釋

1 都督：唐制，高祖武德七年，改總管為都督，掌督府屬諸州兵馬、甲械、城隍、鎮戍、糧廩，總判府事。

譯文

貞觀二年，太宗對身邊的侍臣說：「我每天夜裏常想百姓當中的事情，有時到深夜還不能入睡。最擔心的是地方州府的都督與刺史是否能好好地安撫、養育百姓。所以在屏風上記錄下他們的名字，坐着和躺着都經常看看，官吏如果做了好事，也全寫在他們的名字下邊。我居住在深宮之中，所能看到和聽到的不可能達到很遠的地方，所依靠的就是各地的都督和刺史這些地方官員，這些人是關係到國家治亂的關鍵人物，所以特別要選擇得當。」

貞觀三年，太宗謂吏部尚書杜如晦曰：「比見吏部擇人，惟取其言詞刀筆，不悉其景行[1]。數年之後，惡跡始彰，雖加刑戮，而百姓已受其弊。如何可獲善人？」如晦對曰：「兩漢取人，皆行著鄉閭[2]，州郡貢之，然後入用，故當時號為多士。今每年選集[3]，向數千人，厚貌飾詞[4]，不可知悉，選司但配其階品而已[5]。銓簡之理[6]，實所未精，所以不能得才。」上乃將依漢時法，令本州郡辟召[7]，會功臣等將行世封。其事遂止。

注釋

1 景行：崇高的德行。語出《詩經．小雅．車舝》。2 行著：行著，德行受到稱著。漢代選拔官員有「賢良方正」、「孝廉」等科，由郡國官員舉薦所屬吏民授予郎官。鄉閭：古以二十五家為閭，一萬二千五百家為鄉，因以「鄉閭」泛指民眾聚居之處。3 選集：唐制吏部一年三次召集述職官人進行考核。4 厚貌飾詞：偽裝忠厚。5 選司：舊時主管銓選官吏的機構。6 銓簡：考量選拔。7 辟召：徵召。

譯文

貞觀三年，太宗對吏部尚書杜如晦說：「近來見吏部選拔官員，只按他的口才文筆來錄取，而不全面考察其德行。數年之後，有些人的劣跡才開始暴露，雖然對他們加以刑殺，但百姓已深受其害。如何才能挑選出好的人才呢？」杜如晦回答說：「兩漢時選拔的人才，都是德行稱著於鄉閭和閭里的人，由州郡將他們舉薦給朝廷，然後才錄用，所以當時號稱人才濟濟。現在每年選拔官員，候選者雲集多達數千人，這些人偽裝忠厚，掩飾其詞，不可能完全地了解他們，主管銓選官吏的機構只能做到授予他們一定的等級品位而已。考量選拔的方法實在不夠精密，所以得不到真正的人才。」太宗於是打算依照漢代選拔官吏的辦法，命令各州郡徵召舉薦，適遇功臣等將進行世襲封爵，這事就停下來了。

貞觀六年，太宗謂魏徵曰：「古人云，王者須為官擇人，不可造次即用[1]。朕今行一事，則為天下所觀；出一言，則為天下所聽。用得正人，為善者皆勸；誤用惡人，不善者競進。賞當其勞，無功者自退；罰當其罪，為惡者戒懼。故知賞罰不可輕行，用人彌須慎擇。」徵對曰：「知人之事，自古為難，故考績黜陟[2]，察其善惡。今欲求人，必須審訪其行。若知其善，然後用之。設令此人不

能濟事，只是才力不及，不為大害。誤用惡人，假令強幹，為患極多。但亂代惟求其才，不顧其行。太平之時，必須才行俱兼，始可任用。」

注釋　1 造次：倉促，匆忙。2 黜陟（粵：出即；普：chù zhì）：指人才的進退，官吏的升降。

譯文　貞觀六年，太宗對魏徵說：「古人說，君主必須根據官職來選擇合適的人才，決不可匆忙任用。我現在每做一件事，就被天下人看得到；每說一句話，就被天下人聽得到。任用了正直的人，幹好事的人就會得到勸勉；任用了壞人，不幹好事的人就會競相鑽營。獎賞要與功績相當，沒有功績的人就會自動退避；懲罰要與罪過相稱，作惡的人就會有所戒懼。由此可知賞罰不可隨便使用，用人更加應該慎重選擇。」魏徵回答說：「真正了解一個人的事，自古以來就是很難的，所以用考察政績的辦法來決定官職的升降，來觀察人的善惡。現在要訪求人才，必須慎重地考察他的品行。如果了解到他品行好，然後才可任用。即使他辦的事並不成功，那也只是因為他的才幹和能力達不到，不會造成大的危害。如果誤用了品質惡劣的人，即使他精明能幹，危害也就極大。但在天下混亂時，往往只要求他的才能，顧不上他的品行。天下太平時，必須是德才兼備的人方才可以任用。」

賞析與點評

「行一事，則為天下所觀；出一言，為天下所聽。」——古代社會，天子言行舉止，為天下表率，至為重要。所謂「上行下效」，太宗深明此道，了解自己一切的表現都為天下百官萬民所仰視，影響至為深遠，尤須慎思、慎言、慎行。

貞觀十一年，侍御史馬周上疏曰：「理天下者，以人為本。欲令百姓安樂，惟在刺史、縣令。縣令既眾，不能皆賢，若每州得良刺史，則合境蘇息[1]。天下刺史悉稱聖意，則陛下可端拱巖廊之上[2]，百姓不慮不安。自古郡守、縣令皆妙選賢德，欲有遷擢為將相，必先試以臨人[3]，或從二千石入為丞相及司徒、太尉者[4]。朝廷必不可獨重內官，外刺史、縣令，遂輕其選。所以百姓未安，殆由於此。」太宗因謂侍臣曰：「刺史，朕當自簡擇；縣令，詔京官五品以上，各舉一人。」

注釋

1 蘇息：休養生息。2 巖廊：高峻的廊廡。借指朝廷。3 臨人：治民。這裏指地方官員。4 **二千石**：漢制。郡守俸祿為二千石，即月俸百二十斛。世因稱郡守為「二千石」。**丞相**：官名。負責統領百官，輔佐皇帝治理國政。唐、宋以後尚書省或中書省有時設左、右丞相，相當於原來的尚書左右僕射，位居尚書令或中書令之次，握有實權。**司徒**：上古官名，職位相當於宰相。**太尉**：官名。秦代始設，為全國軍政首腦。漢武帝時改稱大司馬。歷代多沿置，但漸成加官，無實權。後成為對武官的尊稱。

譯文

貞觀十一年，侍御史馬周上書說：「治理天下的人必須以人為本。要想讓百姓安居樂業，關鍵在於選用好刺史和縣令。縣令的人數太多，不可能都賢能，如果每州能選得一個賢能的刺史，那麼整個州郡內的百姓就都可休養生息。全國的刺史如果都能使陛下稱心如意，那麼陛下就可以拱手端坐在朝廷之上，不用擔心百姓不能安居樂業。自古以來，郡守和縣令都要精心選拔那些有賢德的人來擔任，打算提升做大將或宰相的人，必定先讓他們試做地方官，或者就從郡守中選拔入朝擔任丞相及司徒、太尉。朝廷不能只重視內臣的選拔，而把刺史和縣令置之度外，就輕易決定刺史和縣令的人選。百姓之所以不能夠安居樂業，原因大概就在這裏。」太宗因此對侍臣說：「刺史的人選，我應親自選拔，縣令的人選，責令在京任職的五品以上官員各自推薦一人。」

封建第八

本篇導讀——

「封建」是我國古代的一種政治制度，即「封土建國」或「封爵建藩」。君主把土地分給宗室和功臣，讓他們在這土地上永享福祿。太宗曾認為封建親賢，當是子孫長久之道；然而群臣卻引用周、秦、漢、隋的歷史教訓上書，從各個角度說明了分封制的弊端，極力諫阻唐太宗推行這種制度。他們認為得失成敗，各有由焉。政或興衰，有關於人事。設官分職，任賢使能，以循良之才，膺共治之寄，才是治世之道。反而封君列國，藉其門資，或忘其先業之艱難，或令受封者輕其自然之崇貴，以致世增淫虐，代益驕侈，最後國破人亡。

貞觀元年，封中書令房玄齡為邢國公，兵部尚書杜如晦為蔡國公，吏尚書長孫

無忌為齊國公，並為第一，食邑實封三千三百戶[1]。皇從父淮安王神通上言[2]：「義旗初起，臣率兵先至，今房玄齡等人刀筆之人，功居第一，臣竊不服。」太宗曰：「國家大事，惟賞與罰。賞當其勞，無功者自退。罰當其罪，為惡者戒懼。則知賞罰不可輕行也。今計勛行賞，玄齡等有籌謀帷幄[3]，畫定社稷之功。所以漢之蕭何，雖無汗馬，指蹤推轂，故得功居第一[4]。叔父於國至親，誠無愛惜，但以不可緣私濫與勛臣同賞矣！」由是諸功臣相謂曰：「陛下以至公，賞不私其親，吾屬何可妄訴。」初，高祖舉宗正籍[5]，第侄、再從、三從童孤已上封王者數十人[6]。至是，太宗謂群臣曰：「自兩漢已降，惟封子及兄弟，其疏遠者，非有大功，如漢之賈、澤[7]，並不得受封。若一初封王，多給力役，乃至勞苦萬姓，以養己之親屬。」於是宗室先封郡王其間無功者，皆降為縣公[8]。

注釋

1 食邑實封：唐太宗即位後，為了革除武德封賞過度的弊病，始定功臣實封差第，按其功之大小，以定實封戶數多少，當時得實封的功臣有四十三人。2 淮安王神通：神通即高祖李淵的從兄弟李神通。高祖起兵太原時，李神通自長安潛入鄠縣，舉兵響應，跟從李淵平定長安。武德元年，任右翊衛大將軍，封淮安王。太宗即位後，授開府儀同三司，賜實封五百戶。3 籌謀帷幄：即運籌帷幄，在軍營帳幕中籌劃計謀。

籌，本指古代記數和計算的用具。語出《漢書·五行志》：「籌所以記數。」4「漢之蕭何」四句：漢高祖劉邦稱帝後，對功臣論功行賞，群臣爭功不決。高祖以蕭何功最高，封其為酇侯，食邑八千戶。其他功臣不服，都說：「（蕭何）未有汗馬之勞，徒持文墨議論，不戰，顧居臣等上，何也？」高祖說：「夫獵，追殺獸者狗也，而發縱指示哭處者人也。今諸君徒能走得獸耳，功狗也；至如蕭何，發縱指示，功人也。」群臣莫敢言。5 宗正籍：宗室名籍。6 再從、三從：即二傳、三傳的後代子孫。7 賈、澤：即劉賈、劉澤。二人皆劉邦的從父兄。劉邦征項羽，使將二萬人入楚，燒其積聚。劉邦平定天下後，封劉賈為荊王，後英布反，劉賈為英布所殺。劉澤，封為營陵侯，呂后當政時封為琅琊王，呂后死後，劉澤與齊王合謀，起兵至長安，誅除諸呂迎立代王劉恆為帝。因而劉澤獲封燕王。8 縣公：唐制封分九等。縣公第五等封爵，食邑一千五百戶。

譯文

貞觀元年，封中書令房玄齡為邢國公，兵部尚書杜如晦為蔡國公，吏部尚書長孫無忌為齊國公，並列為第一等功臣，實際封給食邑三千三百戶。太宗的叔父淮安王李神通上奏說：「高祖起義的旗幟舉起，我就率兵響應，現在房玄齡等都是舞文弄墨的文人，功勛列在第一等，我心裏暗自不服。」太宗說：「處理國家大事，要做好賞與罰。賞賜的要與功勞相當，無功之人就會自動退避。懲罰要與過錯相當，作惡的人就會感到畏懼。由此可知，賞與罰是不可以輕易施行的。現在按照功勛大小行賞，房玄齡等人有運籌帷幄、用計謀安定國家的大功。所以漢朝的蕭何，雖然沒有在戰場殺敵的功勞，但起了發佈指示，定奪天下的重要作用，以他功居第一。叔父是朝廷至親，我實在不是吝嗇封賞，只是因為不能徇私，就隨便與勛功卓著的臣子同樣封賞！」於是各個功臣都說：「陛下以最公正的態度對待臣下，賞賜不偏袒自己的親屬，我們還有什麼可以妄自申說的。」起初，高祖建置宗室名籍，兄弟、子侄以至再傳、三傳子孫，孫童以上封為王的達幾十人。至此，太宗對群臣說：「自兩漢以來，只是封兒子及兄弟為王，其他疏遠的親屬，不是有大功，如漢朝的劉賈、劉澤那樣，都不能受封。如果所有的親屬都封為王，多給他們從事苦力的人數，就是加重百姓的辛勞困苦，用來養活自己的親屬。」於是，宗室當中過去已為郡王而其中又沒有功勞的，都降為縣公。

賞析與點評

「賞當其勞，無功者自退。罰當其罪，為惡者戒懼。」——賞罰制度歷來都是統治者用以維持國家穩定的工具。前者在於鼓勵效忠，後者在於鎮懾罪惡，這是太宗口中的國家大事。因此賞罰必須公允，令無功者知所進退，令為惡者有所畏懼。

貞觀十一年，〔……〕中書舍人馬周又上疏曰：「伏見詔書令宗室勳賢作鎮藩部[1]，貽厥子孫，嗣守其政，非有大故，無或黜免。臣竊惟陛下封植之者[2]，誠愛之重之，欲其胤裔承守[3]，與國無疆，何則？以堯、舜之父，猶有朱、均之子[4]，況下此以還，而欲以父取兒[5]，恐失之遠矣。儻有孩童嗣職，萬一驕逸，則兆庶被其殃，而國家受其敗。政欲絕之也，則子文之理猶在[6]；政欲留之也，而欒黶之惡已彰[7]。與其毒害於見存之百姓，則寧使割恩於已亡之一臣，明矣。然則向之所謂愛之者，乃適所以傷之也。臣謂宜賦以茅土[8]，疇其戶邑[9]，必有材行，隨器方授，則雖其翰翮非強[10]，亦可以獲免尤累[11]。昔漢光武不任功臣以吏事，所以終全其世者，良由得其術也。願陛下深思其宜，使夫得奉大恩，而子孫終其福祿也。」太宗並嘉納其言。於是竟罷子弟及功臣世襲刺史。

注釋

1 作鎮藩部：即鎮守藩部。指分封宗室及勳臣，讓他們分別建立和鎮守邦國，作為京師的藩籬。2 封植：扶植栽培。3 胤裔承守：後代承襲職守。胤裔，指子孫後代。4 朱、均：指丹朱和商均。丹朱，唐堯之子，名朱。因封於丹水，故曰丹朱。因傲慢荒淫，堯禪位於舜。商均，舜之子。相傳舜以商均不肖，乃使伯禹繼位。在文獻記載中常把商均與丹朱並用為不肖子之典型。5 以父取兒：根據父親的才能、德行來推薦兒子。6 **子文**：楚國令尹，是一代賢相。他曾輔佐楚成王執掌國政。在治理國家、外交和軍事方面，具有傑出的才能。這裏的「子文之理」泛指先人的功勞。7 **欒黶**（粵：掩；普：yǎn）**之惡**：指晉國大夫欒武子之子欒黶的劣跡。欒黶，欒書嫡子。欒書在悼公即位的事上起了決定性作用，一直得到悼公的優容。欒書死後欒黶擔任晉國下軍主將，作風強悍霸道，幾乎得罪了當時的所有家族。欒黶死後不久，其子欒盈就被范氏驅逐。8 **茅土**：指王、侯的封爵。古天子分封王、侯時，用代表方位的五色土築壇，按封地所在方向取一色土，包以白茅而授之，作為受封者得以有國建社的表徵。9 **疇其戶邑**：疇，相等。謂使他們的戶口與食邑相等。10 **翰翮**（粵：瞎；普：hé）：羽翼。這裏指才能、能力。11 **尤累**：過失。

譯文

貞觀十一年，中書舍人馬周又上書說：「臣見到詔書命令宗室子弟和有功之臣到封地做刺史，並傳位給他們的子孫，使其世代保守政權，沒有大的原因，不得罷免。臣私下認為陛下對所封的人，確實是愛惜和器重他們，希望他們世襲承守職位，與國家一樣萬年無疆，為什麼要這麼做呢？像堯、舜這樣的父親，尚且有丹朱、商均這樣的不肖子孫，何況堯、舜以下的人，要根據父親的功德來推斷兒子，恐怕相差得太遠了。倘若有人在孩童時就承襲了父親的職位，萬一長大以後變得驕橫淫逸起來，那麼不但百姓遭殃，國家也會受其敗壞。若要斷絕他們的官職和封地，其先人的功勞尚在；若要保留他們的官職和封地，但其本人的過錯已明顯暴露。與其讓這些人去毒害活着的老百姓，還不如斷恩於一個已故的功臣，這是很明顯的道理。這樣一來，原來認為是對他們的愛護，其實恰恰是對他們的傷害。臣下認為，最好是給他們封一些土地，作為食邑，他們的子孫中確有才能者，可根據他們的才能授予官職，對那些能力不強的人，也可以免去過失和罪咎。過去東漢光武帝不讓功臣擔任政事，所以才能保全他們的一生，確實是由於他處理的方法得當啊。希望陛下深思有關事宜，使宗室和功臣能蒙受陛下的大恩，而他們的子孫也能終享福祿。」太宗非常讚賞李百藥和馬周的意見，並加以採納。於是停止了分封宗室弟子和功臣世襲刺史的做法。

卷四

太子諸王定分第九

本篇導讀——

傳統政治中，太子身為儲君，將來必定會君臨天下，統治萬民。因此應預先確立名分，否則政爭不已。歷史上皇帝的兄弟、子孫為爭奪皇位而發生刀兵相見、骨肉相殘的悲劇多不勝數，因此早日確立太子和諸王的名分，確立太子的崇高地位，可杜絕其他人的非分之想，避免發生兄弟鬩牆的慘劇，也是讓國家長治久安的良策。貞觀朝官員多認為應當儘早給諸王確定不同的名分，並嚴格遵循禮儀制度，做到厚薄有差，以絕非分之想，斷絕禍患之源。

貞觀七年，授吳王恪齊州都督[1]。太宗謂侍臣曰：「父子之情，豈不欲常相見邪？但家國事殊，須出作藩屏[2]。且令其早有定分，絕覬覦之心，我百年後[3]，

使其兄弟無危亡之患。」

注釋

1 吳王恪：即太宗第三子吳王李恪。出身顯貴，其母乃隋煬帝的公主。甚得太宗寵愛，又言吳王類己。後來太子承乾與魏王泰因謀奪太子之位而遭貶黜，太宗一度欲立李恪為太子，惟因長孫無忌的反對，最後以長孫所力主的李治為太子，即日後的高宗。齊州：唐代齊州轄境在今山東省濟南市、歷城、章丘、禹城、齊河、臨邑等縣。州治所在歷城，即今濟南市。2 出作藩屏：此謂到州郡任職，以屏藩京城。3 百年：此為死亡身故的諱稱。

譯文

貞觀七年，太宗任命兒子吳王李恪為齊州都督。太宗對侍臣說：「從父子的感情來說，豈有不希望時常互相見面的？但是家事和國事，事體輕重不同，他必須出任地方長官以屏藩京師。而且讓他早有確定的名分，斷絕非分之想，我死以後，使他們兄弟沒有危亡的後患。」

賞析與點評

「早有定分，絕覬覦之心。」——所謂「名正言順」，名分是古代社會定尊卑高低，以至種種政治、社會、倫理秩序的準則。當這種關係秩序確定下來，所有持份者必須無條件服從，不得有非分之想，否則會被視為破壞社會、國家安寧，輕者受罰，重者伏誅。所以，早定名分，既可杜絕人們萌生犯奪的惡念，又可發揮穩定家國的作用。

貞觀十一年，侍御史馬周上疏曰：「自漢晉以來，諸王皆為樹置失宜[1]，不預立定分，以至於滅亡。人主熟知其然，但溺於私愛，故使前車既覆而後車不改轍也。今諸王承寵遇之恩有過厚者，臣之愚慮，不惟慮其恃恩驕矜也。昔魏武帝寵樹陳思[2]，及文帝即位[3]，防守禁閉，有同獄囚，以先帝加恩太多，故嗣王疑而畏之也[4]。此則武帝之寵陳思，適所以苦之也。且帝子何患不富貴？身食大國[5]，封戶不少[6]，好衣美食之外，更何所須？而每年別加優賜，曾無紀極。俚語曰：『貧不學儉，富不學奢。』言自然也[7]。今陛下以大聖創業，豈惟處置見在子弟而已？當須制長久之法，使萬代遵行。」疏奏，太宗甚嘉之，賜物百段[8]。

注釋

1 樹置：樹立。這裏指封授爵位或職務。2 魏武帝：即曹操（一五五—二二〇），三國時政治家、軍事家、詩人。字孟德，小名阿瞞，沛國譙縣（今安徽亳州）人。

東漢末年「挾天子以令諸侯」，控制東漢王朝。陳思：即曹植（一九二—二三二），為曹操第三子，文帝之弟，字子建，謚號思，故稱陳思王。文帝：即魏文帝曹丕（一八七—二二六）。4 嗣王：繼位的皇帝，這裏指魏文帝曹丕。5 身食大國：指分封的食邑很大。6 封戶：封賞的食戶，供奉租稅徭役。7 自然：自己會形成那種情況。然，那樣的意思。8 物：財物。段：品類。

譯文

貞觀十一年，侍御史馬周上書說：「自漢晉以來，分封諸王都因為封授的位置不當，沒有預先確立名分，因而導致滅亡。國君們對這些事是很清楚的，但因為沉溺於個人感情，所以沒有吸取前車之鑒而改變做法。現在諸王當中有過於受寵的，臣所憂慮的，不僅僅是他們倚仗寵愛而驕奢自大。從前魏武帝寵愛陳思王曹植，後來魏文帝曹丕即位，便對曹植防範禁制，使他就像在獄中的囚犯一樣，這是因為先帝對他的恩寵太多，所以繼位的君主對他就有所疑慮和懼怕了。魏武帝寵愛曹植，恰恰是害了他。況且，帝王的兒子還用得着擔心沒有富貴可享受，他們分封的食邑很大，封賜的食戶也不少，穿好的衣服，吃好的食物，還有什麼需要呢？何況每年還得到不計其數的額外優厚賞賜而沒有限制。俗話說：『貧不學儉，富不學奢。』意思是說，這些習性自然就會那樣。現在陛下以聖明的德行開創帝業，難道僅僅是安頓好現在的子弟就算成功了嗎？應當制定長遠的制度，讓萬代子孫遵照執行。」奏章呈上後，太宗很讚許，賞賜他許多財物。

賞析與點評

「貧不學儉，富不學奢。」——貧窮人家，生活本來已捉襟見肘，何來有條件講究節儉。富裕人家，生活已經豐足無缺，實不必再講究奢侈享受。意思是任何事物順其自然便可以，刻意強求，未必是好事。

貞觀十三年，諫議大夫褚遂良以每月特給魏王泰府料物，有逾於皇太子，上疏諫曰：「昔聖人制禮，尊嫡卑庶。謂之儲君，道亞霄極[1]，甚為崇重，用物不計，泉貨財帛[2]，與王者共之。庶子體卑，不得為例，所以塞嫌疑之漸，除禍亂之源。而先王必本於人情，然後制法，知有國家，必有嫡庶。然庶子雖愛，不得超越嫡子，正體特須尊崇[3]。如不能明立定分，遂使當親者疏，當尊者卑，則佞巧之徒承機而動，私恩害公，或至亂國。伏惟陛下功超萬古，道冠百王，發施號令，為世作法。一日萬機，或未盡美，臣職諫諍，無容靜默。伏見儲君料物，翻少魏王[4]，

朝野見聞，不以為是。臣聞《傳》曰：『愛子，教以義方[5]。』忠、孝、恭、儉，義方之謂。昔漢竇太后及景帝並不識義方之理[6]，遂驕恣梁孝王[7]，封四十餘城，苑方三百里。大營宮室，複道彌望[8]，積財鏹巨萬計[9]，出警入蹕[10]，小不得意，發病而死[11]。宣帝亦驕恣淮陽王[12]，幾至於敗，賴其輔以退讓之臣，僅乃獲免。且魏王既新出閤[13]，伏願恆存禮訓，妙擇師傅，示其成敗；既敦之以節儉，又勸之以文學。惟忠惟孝，因而獎之；道德齊禮，乃為良器。此所謂『聖人之教，不肅而成』者也[14]。」太宗深納其言。

注釋

1 道亞霄極：德行僅次於國君。道，名分。霄極，天空的最高處，這裏指喻朝廷君王。2 泉：古代錢幣的名稱之一。3 正體：舊指承宗的嫡長子。4 翻：通「反」，反而。5「愛子」二句：語出《左傳·隱公三年》。意謂愛護子女，就要教育他們懂得道理規矩。義方，做事應該遵守的規範和道理。6 漢竇太后（前二〇五—前一三五）：名漪房，清河郡（今河北清河）人。出身於良家子女，呂后時，竇姬被選中去了代國。到了代國，代王劉恆非常喜歡她，先與她生了個女兒劉嫖，後又生了兩個兒子：劉啟和劉武。代王成為漢文帝後，於公元前一八〇年三月封竇姬為皇后，長子劉啟立為太子，劉嫖封為館陶長公主，幼子劉武先封為代王，後封為梁孝王。文帝去世後，景帝劉啟即位，竇后成了皇太后。死後與文帝合葬霸陵。**景帝**：即漢景帝劉啟（前一八八—前一四一），漢文帝劉恆長子。7 **梁孝王**：漢文帝劉恆幼子劉武，先封為代王，後封為梁孝王。8 **複道彌望**：複道，亦稱輦道或閣道，是古代宮殿建築中的一種類似長廊的木構建築物，上下皆有行路。彌望，滿目都是的意思。9 **財鏹**：錢財。鏹，穿錢的繩子。引申為成串的銅錢，也泛指錢幣。10 **出警入蹕**（粵：畢；普：bì）：古代帝王進出時所經之地都要戒備、清道，斷絕行人。這裏指梁孝王進出時的警戒和清道儀式都如同帝王。11「**小不得意**」兩句：據《史記》記載，景帝時，栗太子被廢，梁孝王入朝，欲代廢太子為嗣，未獲接納，甚為不滿，回到封國後便發病而死。12 **宣帝**：即劉詢（前九一—前四九），本名病己，字次卿。戾太子（劉據）孫，史皇孫劉進子，漢武帝的曾孫。繼漢昭帝後即位。漢武帝晚年，太子劉據與其子都因巫蠱之禍而死，當時劉詢年幼，流落民間，深知民間疾苦和吏治得失。元平元年（前七四）昌邑王被廢後，霍光等大臣將他從民間迎入宮中，先封為陽武侯，於同年七月繼位，時年十八歲。親政後，勵精圖治，任用賢能，儒法並用；在經濟上採取的重要措施是招撫遊民，恢復和發展農業生產。**淮陽王**：淮陽王族開基始祖劉欽，是漢宣帝的二子，元康三年（前六五）受封為淮陽王，公元前四十八年就國，建都於陳（今河南淮陽）。劉欽在位三十六年去世，傳位給兒子淮陽文王劉去。王莽篡位後，淮陽王國滅亡。13 出閣：皇子出就藩封稱「出閣」。14 不肅而成：《孝經》引孔子語。意謂不須用嚴肅的態度來教化就有所成就。

譯文

貞觀十三年（六三九），諫議大夫褚遂良因為每月特別供給魏王李泰府的物品，超過了皇太子，而上書進諫說：「從前聖人制定的禮制，尊重嫡子，抑制庶子。皇太子稱之為儲君，德行僅次於國君，極為高貴尊崇，所用的物資用不着限制，錢財貨物，可以和國君共同享用。庶子的地位較低，不得拿嫡子來比較，以此來杜絕嫌疑，清除禍源。先王一定是根據人之常情來制定禮法的，明白有國有家，就必須有嫡有庶，這樣才能安定有序。庶子即使被寵愛，也不得超過嫡子，因為嫡子的地位必須要特別尊崇。如果不能明確地確立他們的名分，就會使應當親近的人反而疏遠，應當尊崇的人反而卑賤，那些佞巧奸邪之徒就會乘機活動，因私寵而損害公道，惑亂人心，擾亂國家。陛下的功業超越了萬古，德行冠於百王，發出的政策詔令亦是後世的楷模。陛下日理萬機，有時未必妥善，但臣子的職責就是諫諍，不容許沉默不言。為臣的看到供應太子的物資，反而比魏王少，朝野或民間聽到後都認為這樣做不對。臣聽說《左傳》上說：『愛護子女，就要教育他們懂得道理規矩。』忠、孝、恭、儉，就是做人的正道。以前漢朝的竇太后和漢景帝都不懂得這個道理，於是嬌慣梁孝王，賜給他四十多座城，其苑囿方圓達三百里。

梁孝王大肆修建宮室，建造的樓閣複道舉目相望，積聚的錢財數以萬計，進出時的警戒和清道儀式都如同帝王，但後來稍有不如意，就病發死了。漢宣帝放縱嬌慣淮陽王，幾乎導致國家敗亡，幸虧有謙遜的大臣輔佐，才使他免於災難。魏王是新近出藩到封地就任的，臣希望陛下要常用禮義教導他，好好為他選擇師傅，用國家成敗的道理來啟示他；既要他勤儉節約，又要用文章學問來勸勉他。盡忠盡孝，就予以獎勵；用道德來引導他，用禮儀來約束他，這樣才能使他成為有用的人才。這就是所謂『聖人的教化，不用疾言厲色就能使人成器』的道理。」太宗完全接受他的意見。

賞析與點評

「愛子，教以義方。」——古人認為愛護子女，不僅僅給予物質需要，最重要是教育下一代懂規矩，明禮儀。其實，放諸於今天，以這樣的態度來栽培子女，亦絕不過時。現代社會以小家庭為主，小朋友往往萬千寵愛在一身，成為家庭，以至家族的焦點，物質不至缺少，所欠者，反而是規矩與禮儀。

尊敬師傅第十

本篇導讀——

太宗認為「不學則不明古道，而能政致太平者未之有也。」凡是聖明的帝王，都有道德高尚的師傅。太子與諸王地位高貴，盡享榮華，教育不當便會變得驕奢淫逸，自取滅亡。貞觀君臣對於約束皇子、尊師重學的重要性有十分深刻的認識，其所規定的具體做法確實有助於限制皇子的驕縱情緒，從而提高他們的個人素質。

貞觀三年，太子少師李綱有腳疾[1]，不堪踐履[2]，太宗賜與步輿入東宮[3]，詔皇太子引上殿親拜之[4]，大見崇重[5]。綱為太子陳君臣父子之道，問寢視膳之方，理順辭直，聽者忘倦。太子嘗商略古來君臣名教、竭忠盡節之事，綱懍然曰[6]：「託

六尺之孤，寄百里之命[7]，古人以為難，綱以為易。」每吐論發言，皆辭色慷慨，有不可奪之志[8]。太子未嘗不聳然禮敬[9]。

注釋

1 李綱：字文紀，觀州蓚（今河北景縣）人。貞觀初任太子少師，五年卒。2 踐履：穿鞋走路。3 步輿：一種皮墊的木製便轎。東宮：即太子府。4 引：即牽引，此為攙扶的意思。5 大見崇重：顯得非常尊重。「見」同「現」，顯示。6 懍然：態度嚴肅的樣子。7「託六尺之孤」二句：語出《論語．泰伯》中曾子的話。謂臣下受囑託輔佐幼君。六尺之孤，指年齡在十五歲以下的孤兒。百里之命，指方圓百里的公侯國的政令。8 不可奪之志：語出《論語．子罕》「匹夫不可奪志也。」即不能迫使改變的志向、原則。9 聳然：很尊敬的樣子。「聳」通「竦」。

譯文

貞觀三年，太子的老師李綱的腳部有病，不能穿鞋走路。太宗賜他乘坐步輿進入東宮太子府，詔令皇太子攙扶他上殿親自拜見，顯得十分尊重。李綱給太子講述君臣父子的倫理，以及問寢視膳的禮節，道理中肯，言辭懇切，使聽講的人忘記了疲倦。太子曾經討論自古以來君臣必須遵循的原則，以及盡忠盡節的事，李綱嚴正地說：「接受託孤，輔佐幼君，代理國政，古人認為困難，我認為容易。」他每逢發表言論，言辭態度都慷慨激昂，有不可迫使改變的意志。太子從來沒有不肅然起敬的。

賞析與點評

「辭色慷慨，有不可奪之志。」——當我們說話時感情洋溢，言辭慷慨激昂，往往會給予別人一種意志堅定、不能動搖的感覺，因而較容易獲得別人的敬佩與尊重。從老師李綱面對李承乾這個太子學生時，所表現出的從容態度，慷慨言辭，後人便知道什麼是「辭色慷慨，有不可奪之志」。

貞觀六年，詔曰：「朕比尋討經史[1]，明王聖帝，曷嘗無師傅哉[2]？前所進令，遂不睹三師之位[3]，意將未可。何以然？黃帝學大顛，顓頊學錄圖，堯學尹壽，舜學務成昭，禹學西王國，湯學威子伯，文王學子期，武王學虢叔。前代聖王，未遭此師，則功業不著乎天下，名譽不傳乎載籍。況朕接百王之末，智不同聖人，其無師傅，安可以臨兆民者哉？《詩》不云乎：『不愆不忘，率由舊章[4]。』夫不學則不明古道，而能政致太平者未之有也！可即著令，置三師之位。」

注釋

1 比：近來，指時間。尋討：探討、研究。2 曷（粵：渴；普：hé）嘗：何嘗、未嘗。3「前所進令」二句：據《隋書》所載，隋廢三師之位，至貞觀十一年復置，與三公皆不設屬官。三師，北魏以後以太師、太傅、太保為三師，都是古代與天子坐而論道和輔導太子的官員。4「不愆不忘」二句：語出《詩經・大雅・假樂》，意思是要按照前代規矩辦事，不要失誤，不要忘記。愆，過失，差錯，罪過。率，遵循。舊章，老法規。

譯文

貞觀六年，太宗下詔說：「我近來研討經史，凡是聖明的帝王，哪一個沒有師傅呢？先前所呈上來的官職的法令中竟不見有三師的職位，想來不妥。為什麼呢？黃帝曾向大顛學習，顓頊曾向錄圖學習，堯曾向尹壽學習，舜曾向務成昭學習，禹曾向西王國學習，湯曾向威子伯學習，文王曾向子期學習，武王曾向虢叔學習。前代的聖明君主，如果不曾受這些老師的教育，他們的功業就不會顯揚天下，他們的聲名也不會在史籍中記載流傳。何況我位居歷代帝王之後，智慧比不上聖人，如果沒有師傅的指教，怎麼能夠統率億萬百姓呢？《詩經》上說：『不犯過失不忘本，一切按照老規矩辦事。』如果不學習，就不明白古人的治國之道，不這樣而能使天下太平的是從來沒有過的！應當立即擬定法令，設立三師的職位。」

賞析與點評

「不學則不明古道」——這裏所謂的古道，是指儒家思想所推崇的上古美政。儒家提倡，法先王，恢復三代美政，以堯、舜、禹、湯、文、武、成王、周公等明主賢君、先賢先聖為學習對象，希望重建「王者仁政」的新盛世。

貞觀八年，太宗謂侍臣曰：「上智之人，自無所染，但中智之人無恆，從教而變。況太子師保[1]，古難其選。成王幼小，周、召為保傅[2]。左右皆賢，日聞雅訓，足以長仁益德，使為聖君。秦之胡亥[3]，用趙高作傅。教以刑法，及其嗣位，誅功臣，殺親族，酷暴不已，旋踵而亡。故知人之善惡，誠由近習。朕今為太子、諸王精選師傅，令其式瞻禮度[4]，有所裨益。公等可訪正直忠信者，各三兩人。」

注釋

1 太子師保：即指太師、太保。古人教育太子有師有保，統稱「師保」。2 周、召：周公旦（武王弟）和召公。保傅：古代保育、教導太子等貴族子弟及未成年帝王、諸侯的男女官員，統稱為保傅。3 胡亥：即秦二世。4 式瞻：瞻仰效法的意思。

譯文

貞觀八年，太宗對身邊的大臣們說：「智慧高明的人，自然不會受周圍環境的薰染，但智慧中等的人就不穩定了，會隨着所受的教育而改變。況且太子的師保人選，自古以來就很難選擇。周成王年幼的時候，周公和召公擔任太傅、太保。左右都是賢明之人，他天天接受有益的教導，足以增長仁義道德，於是成為了聖明的國君。秦朝的胡亥，起用趙高做他的太師。趙高用苛刑峻法來教育他，等到秦二世繼位之後，就誅戮功臣，屠殺宗族，殘暴酷毒，很快就滅亡了。因此可知，人的善惡確實可以受到周遭環境和左右親近的習染和影響。我如今為太子、諸王精心挑選師傅，讓他們瞻仰效法禮節制度，得到補益。你們可以尋訪正直忠誠信義的人，各推薦三兩個人。」

賞析與點評

「中智之人無恆，從教而變。」——社會上，智慮一般的平凡人往往是佔大多數的。日常生活中，我們這些平凡人總會出現各種各樣的不足與缺漏，惟有透過教育，不斷地學習，才能讓我們糾正錯誤，改過遷善。

教戒太子諸王第十一

本篇導讀——

自古以來，國君王侯能保全自己的，為數很少。他們自幼富貴，不知稼穡艱難，驕傲懶惰，貪圖享受，以致違法亂紀，不免自取滅亡。太宗總結歷史的教訓，對子弟嚴加教戒，力圖使他們自守分際，謹慎修身，以期常保富貴。他認識到「舟所以比人君，水所以比黎庶，水能載舟，亦能覆舟。爾方為人主，可不畏懼」的深刻道理。他考察了前代的歷史教訓，認為凡是擁有一方土地的諸侯，其興盛必定是由於積善，其敗亡必定是由於積惡。其核心思想就是要求諸王戒驕奢、知禮度，因此太宗對他們的嚴格約束不失為防微杜漸的明智之舉。

貞觀七年，上謂太子左庶子于志寧、杜正倫曰[1]：「卿等輔導太子，常須為說

百姓間利害事[2]。朕年十八，猶在人間[3]，百姓艱難，無不諳練[4]。及居帝位，每商量處置，或時有乖疏，得人諫諍，方始覺悟。若無忠諫者為說，何由行得好事？況太子生長深宮，百姓艱難，都不聞見乎？且人主安危所繫，不可輒為驕縱[5]。但出敕云『有諫者即斬』，必知天下士庶無敢更發直言。故克己勵精，容納諫諍，卿等常須以此意共其談說。每見有不是事，宜極言切諫，令有所補益也。」

注釋

1 于志寧：唐京兆高陵（今屬陝西）人。字仲謐。貞觀三年任中書侍郎、太子左庶子。曾上《諫苑》二十卷勸諫太子。2 利害事：指生活困苦的情況。3 人間：即民間。「民」作「人」，避唐太宗諱。4 諳練：熟悉。5 輒：，專擅，倚恃妄為。

譯文

貞觀七年，太宗對太子左庶子于志寧、右庶子杜正倫說：「你們輔導太子，應該經常給他講百姓中生活困苦的事情。我十八歲還在民間，百姓的艱難困苦，沒有不熟悉的。到了登上帝位，每逢考慮處理事情，有時還有錯誤疏漏的地方，得到別人直言勸諫，才能夠領悟。如果沒有忠心規諫的人勸說，怎能做出好事？何況太子在深宮中成長，百姓的艱難，都不能聽到見到呢？而且國君是關係到國家安危的人，不能仗勢驕淫放縱。只要下詔令說『規諫的人要殺頭』，就必然知道天下的百姓和讀書人不敢再說真話了。所以，要克制自己的私慾，振奮精神，容許採納直言規勸，你們應該經常拿這個道理和太子談論。每當見到有不對的事情，應該極力規勸，使他得到幫助。」

賞析與點評

「猶在人間，百姓艱難，無不諳練。」——太宗指出自己十八歲之時，依然在民間生活，所以深切體會、了解到百姓的疾苦與需要。正由於太宗早年的歷練，為後來太宗「以民為本」思想的提出，累積了經驗，為「貞觀之治」的出現，作出鋪墊。

貞觀十八年，太宗謂侍臣曰：「古有胎教世子[1]，朕則不暇。但近自建立太子，遇物必有誨諭。見其臨食將飯，謂曰：『汝知飯乎？』對曰：『不知。』曰：『凡稼穡艱難[2]，皆出人力，不奪其時[3]，常有此飯。』見其乘馬，又謂曰：『汝知馬乎？』對曰：『不知。』曰：『能代人勞苦者也，以時消息，不盡其力，則可以常有馬也。』見其乘舟，又謂曰：『汝知舟乎？』對曰：『不知。』曰：『舟所以比人君，水所以比黎庶，水能載舟，亦能覆舟。爾方為人主，可不畏懼？』

見其休於曲木之下，又謂曰：『汝知此樹乎？』對曰：『不知。』曰：『此木雖曲，得繩則正。為人君雖無道，受諫則聖。此傳說所言[4]，可以自鑒。』」

注釋

1 胎教：一種對胎兒施行教育的方法。孕婦謹言慎行，心情舒暢，給胎兒以良好影響，謂之「胎教」。傳說周文王的母親懷孕的時候，眼睛不看邪惡的東西，耳朵不聽不健康的音樂，嘴裏不說惡語髒話。她晚上就命樂官朗誦詩歌及演奏高雅的音樂給她聽，因此周文王一生下來就很聰明。2 稼穡（粵：色；普：sè）：謂農事。稼，耕種。穡，收穫。3 不奪其時：指徵集勞役不佔用農事季節。4 傳說所言：事載《尚書・商書》。商王武丁的輔佐大臣傳說對他說：「惟木從繩則正，后（帝）從諫則聖。」

譯文

貞觀十八年，唐太宗對侍從的大臣們說：「古時候曾有胎教世子的傳說，我卻沒有時間考慮這事。但最近自冊立太子以來，遇到事物都要對他教誨曉諭。見他對着飯菜準備吃飯時，我便問他：『你知道飯是怎樣來嗎？』他回答說：『不知道。』我說：『凡是種莊稼的農事都很艱難辛苦，全靠農民出力，不要違背農業時令，才常有這樣的飯吃。』看到他騎馬，又問他：『你對馬了解嗎？』他回答說：『不知道。』我說：『馬能夠代替人做許多勞苦的工作，要讓牠按時休息，不耗盡牠的氣力，這樣就可以常有馬騎。』看到他乘船，又問他：『你對船了解嗎？』他回答說：

『不知道。』我說：『船好比是君主，水好比是百姓，水能浮載船，也能推翻船。你不久將做君主了，對這個道理怎能不感到畏懼呢？』看到他靠在彎曲的樹下休息，又問他：『你對這棵樹了解嗎？』他回答說：『不知道。』我說：『這樹雖然長得彎曲，但用墨繩校正就可加工成平正的木材。做君主的雖然有時德行不高，但只要能夠接納規諫，也會成為聖明之君。這是傅說講的道理，可以對照自己作為鑒戒。』」

賞析與點評

「稼穡艱難，皆出人力，不奪其時，常有此飯。」——所謂「須知盤中物，粒粒皆辛苦」，農作物的收成，是農民的血汗成果。所以，古代天子特別重視農業生產，常有「勸農」之舉。國家政策的推行，亦會配合農閒之時，好讓農民完成農事之後，才報效朝廷，即所謂「不奪農時」，這樣才能保證「常有此飯」。

貞觀七年，太宗謂侍中魏徵曰：「自古侯王能自保全者甚少，皆由生長富貴，好尚驕逸，多不解親君子遠小人故爾。朕所有子弟，欲使見前言往行，冀其以為規範。」因命徵錄古來帝王子弟成敗事，名為《自古諸侯王善惡錄》，以賜諸王。其序曰：「觀夫膺期受命[1]，握圖禦宇[2]，咸建懿親[3]，藩屏王室，布在方策[4]，可得而言。〔……〕凡為藩為翰[5]，有國有家者，其興也必由於積善，其亡也皆在於積惡。故知善不積不足以成名，惡不積不足以滅身。然則禍福無門，吉凶由己，惟人所召，豈徒言哉！今錄自古諸王行事得失，分其善惡，各為一篇，名曰《諸王善惡錄》，欲使見善思齊，足以揚名不朽；聞惡能改，庶得免乎大過。從善則有譽，改過則無咎。興亡是繫，可不勉歟？」太宗覽而稱善，謂諸王曰：「此宜置於座右，用為立身之本。」

注釋

1 膺期受命：受命登基。膺期，承受期運。指受天命為帝王。2 握圖禦宇：掌握版圖，治理天下。3 懿親：至親。特指皇室宗親、外戚。4 方策：同「方冊」，典籍。5 藩：籬笆，藩籬。這裏指封建王朝的屬國或屬地。翰：通「幹」，草木的莖幹。這裏引申為骨幹，指受分封、保國家的王子或皇室宗族。

譯文

貞觀七年，太宗對侍中魏徵說：「自古以來的王侯，能夠自我保全的很少，都是因為生長在富貴的環境中，喜歡驕奢淫逸，多數人不懂得親近君子、遠離小人的緣故。我想讓所有的子弟都能知道前代王侯的言行，希望他們以此作為行為的規範。」於是命令魏徵輯錄自古以來帝王子弟的成敗事跡，取名為《自古諸侯王善惡錄》，分別賜給諸王。此書的序言說：「歷來受命登基的帝王，掌握版圖，治理天下，都分封自己的皇室宗親、外戚做諸侯，讓他們做王室的屏藩，這都記載在史冊中，歷歷可考。（……）凡是擁有一方土地的諸侯，有國有家的，其興盛必定是由於積善，其敗亡必定是由於積惡。由此可知，不積善不足以成就功名，不積惡不至於敗國亡身。然而禍福不是註定的，吉凶全在於自己，由人招致，這難道是空話！現輯錄自古以來諸王行事得失的事例，把善惡分為兩類，各為一篇，取名為《諸王善惡錄》，希望能夠使太子諸王效法美善的德行，得以揚名不朽；聞惡能改，避免犯下大錯。從善就一定會受到讚譽，改過就會無災。這是關係到國家興亡的事，怎能不以此自勉呢？」太宗閱讀後稱好，對諸王說：「這應當放在你們座右，用作立身的原則。」

賞析與點評

「善不積不足以成名，惡不積不足以滅身。」——莊子云：「為善無近名，為惡無近刑」，人們行善之時，哪會想到賺取名聲，否則就失去行善的意義；人們作惡之時，也不會想到刑罰的苦果，否則便不會作壞事。然而民間智慧則認為，不積善不足以成就功名，不積惡不至於敗國亡身。前者，放任自然；後者，積極進取。兩者各有勝長，或可相互補充。

貞觀十年，太宗謂荊王元景、漢王元昌、吳王恪、魏王泰等曰[1]：「自漢已來，帝弟帝子，受茅土、居榮貴者甚眾，惟東平及河間王最有令名[2]，得保其祿位。如楚王瑋之徒[3]，覆亡非一，並為生長富貴，好自驕逸所致。汝等鑒誡，宜熟思之。揀擇賢才，為汝師友，須受其諫諍，勿得自專。我聞以德服物，信非虛說。比嘗夢中見一人云虞、舜，我不覺竦然敬異，豈不為仰其德也？向若夢見桀、紂，必應斫之[4]。桀、紂雖是天子，今若相喚作桀、紂，人必大怒。顏回、閔子騫、郭林宗、黃叔度雖是布衣[5]，今若相稱讚，道類此四賢，必當大喜。故知人之立身，所貴者惟在德行，何必要論榮貴。汝等位列藩王，家食實封，更能克修德行，豈不具美也？且君子、小人本無常，行善事則為君子，行惡事則為小人，當須自克勵，使善事日聞，勿縱欲肆情，自陷刑戮。」

注釋

1 **荊王元景**：指太宗弟李元景（？—六五三），唐高祖李淵第六子。武德三年（六二〇）封為趙王。**漢王元昌**：即李元昌，唐高祖庶七子，武德三年封魯王，貞觀十年封漢王。2 **東平**：即東漢東平王劉蒼。劉蒼是東漢開國皇帝劉秀的兒子，建武十五年（三十九）封東平公，十七年（四十一）進爵為王。劉蒼博學多才，東漢明帝劉莊對他很器重，每次外出巡視，都把京城交給他管理。劉蒼雖然地位很高，卻毫無驕奢淫逸的貴族習氣，而且很關心百姓的生活，為東漢初年的太平盛世作出了重要貢獻。**河間王**：即西漢河間王劉德，漢景帝的兒子，武帝異母兄。以皇子的身份受封為河間王。他喜好儒學，不曾捲入諸王爭權的政治漩渦，他將畢生精力投入於收集及整理中國文化古籍，一時之間劉德賢名傳遍天下。後劉德遭武帝猜疑，終憂悒成疾而死。漢武帝念其功勞，遂賜謚為「獻王」。3 **楚王瑋**：指西晉楚王司馬瑋，字彥度。晉武帝第五子。初封始平王，後徙封於楚，都督荊州諸軍事。武帝死，入朝為衞將軍，與賈后合謀除楊駿。汝南王司馬亮輔政，司馬瑋又與賈后合計捕殺汝南王司馬亮。賈皇后惡亮又忌瑋，於是使惠帝為詔，言楚王矯詔害亮，且欲誅朝臣，圖謀不軌，司馬瑋被下廷尉，遂斬之。4 **斫**（粵：酌；普：zhuó）：砍殺。5 **郭林宗**：即東漢郭泰（一二八—一六九），字林宗，太原郡介休（今山西介休）人。郭泰素有大志，就讀於成皋屈伯彥門下。三年之後，竟博通「三墳五典」。有弟子千人，名震京師，士林以為典範。**黃叔度**：名憲，字叔度。東漢汝南慎陽（今河南正陽）人。叔度家世代貧居，自幼苦讀經書，遂成飽學之士。他德才非凡，為天下名士所敬服。

譯文

貞觀十年，太宗對荊王李元景、漢王李元昌、吳王李恪、魏王李泰等人說：「自漢朝以來，皇帝的兄弟和兒子受封王爵、享受榮華富貴的人非常多，只有漢朝的東平王、河間王名聲最好，能保守自己的俸祿和地位。像晉朝的楚王司馬瑋之類，國滅身亡的不止一例，都是因為生長在富貴當中，喜好驕縱淫逸所造成的。你們應該以此作為鑒戒，好好想一想。選擇賢良的人做你們的師傅和朋友，你們必須接受他們的諫諍，不得自以為是、獨斷專行。我聽說以德服人，確實不是虛妄的說法。最近我曾夢見一個人，他自稱是虞舜，便不禁肅然起敬，這難道不是因為崇慕他的德行的原因嗎？如果當時夢見的是桀、紂，我一定會拿刀去砍他們。桀、紂雖然是天子，現在如果將某人稱作桀、紂，此人必定會大怒。顏回、閔子騫、郭林宗、黃叔度雖然都是普通百姓，現在如果稱讚某人與這四位賢人相似，此人必定會非常高興。由此可知人立身處世，最可貴的是德行，何必要講榮華富貴。你們位列藩王，衣食有封地食邑做保障，要是能勤修德行，豈不是更完善了嗎？況且君子和小人本來就不是固定不變的，做善事就是君子，做惡事就是小人。你們應當自己克制私慾，刻苦自勵，使人每天都能聽到你們的善事，不要放縱情慾，使自己陷入刑罰之中。」

賞析與點評

「人之立身，所貴者惟在德行，何必要論榮貴。」——人立身處世，最重要、最可貴的是對道德行為的修養，而無必要斤斤計較於榮華富貴、功名利祿的追求。故而儒家亦以「立德」為人生的終極理想。

規諫太子第十二

本篇導讀——

武德九年（六二六）十月，太宗剛剛即位，便將年僅八歲的李承乾立為太子，並選擇德高望重的大臣做他的老師，嚴格教導。初時，李承乾積極上進，能識大體，頗得太宗和朝廷大臣的好評。但由於李承乾生於深宮之中，漸漸變得養尊處優，喜好聲色，沉溺於畋獵，生活日益荒唐頹廢。大臣們雖恪盡職守，用歷史上許多經驗和教訓屢屢直言規勸太子，可惜這些規諫不為太子李承乾所採納。太宗的期望變成了失望，太子李承乾漸被疏遠，最終釀成政變陰謀，被廢黜至死。李承乾雖遭廢黜，但貞觀君臣對教戒太子的高度重視還是值得稱道的。

貞觀五年，李百藥為太子右庶子。時太子承乾頗留意《典》、《墳》[1]，然

閒宴之後，嬉戲過度。百藥作《贊道賦》以諷焉，其詞曰：「下臣側聞先聖之格言，嘗覽載籍之遺則。伊天地之玄造[2]，洎皇王之建國，曰人紀與人綱[3]，資立言與立德。履之則率性成道，違之則罔念作忒[4]。望興廢如從鈞[5]，視吉凶如糾纆[6]。至乃受圖膺籙[7]，握鏡君臨[8]。因萬物之思化，以百姓而為心。體大儀之潛運[9]，閱往古於來今。盡為善於乙夜，惜勤勞於寸陰。故能釋層冰於瀚海[10]，變寒谷於蹛林[11]。總人靈以胥悅，極穹壤而懷音。

注釋

1 《典》、《墳》：是《五典》、《三墳》的簡稱，夏商之前的古文獻資料，已失傳。這裏借指各種古代文籍。2 伊：用在某些詞語前面，表示加強語氣。玄造：猶造化。3 人紀、人綱：人之綱紀。指立身處世的道德規範。4 罔念：謂不思為善。忒：差錯。這裏指走向邪路。5 從鈞：順從天意。鈞，上天。6 糾纆（粵：墨；普：mò）：繩索。這裏引申為纏繞聯結。7 受圖膺籙（粵：錄；普：lù）：承受天命。圖，河圖。膺，受。籙，符命。圖、籙都是古代天子將興的符應。8 握鏡：執持明鏡。喻帝王受天命，懷明道。9 大儀：太極。指形成天地萬物的混沌之氣。潛運：悄悄運轉。10 瀚海：蒙古大沙漠的古稱。11 蹛（粵：戴；普：dài）林：匈奴秋社之處。匈奴土俗，秋社繞林木而會祭，故稱。這裏借指匈奴。

譯文

貞觀五年，李百藥任太子右庶子。當時，太子李承乾對《五典》、《三墳》等古代典籍興趣濃厚，然而在悠閒的時候，卻嬉遊過度。於是，李百藥就寫了一篇《贊道賦》來勸喻太子。賦中說：「下臣聽說過前代聖賢的格言，瀏覽過古代典籍的遺訓。自天地開闢，皇王建立國家，就有人倫綱紀，用來幫助樹立言論和德行。實行它就能成就道德，違背它就可能走向邪路。看國家的興廢如同順從天意，觀人事的吉凶如同纏繞聯結。現今我大唐國君承受天命，胸懷明道，君臨天下。必須按照萬物的規律辦事，要以百姓的利益作為根本。體察天地運行的規律，縱覽古今的歷史經驗。要孜孜不倦地日夜做善事，勤勞治政，珍惜光陰。因此能讓瀚海中的冰雪融化，讓邊遠寒冷的躑林變為陽春。讓海內百姓都歡欣喜悅，讓天下都傳頌皇帝的美好名聲。

貞觀十三年，太子右庶子張玄素以承乾頗以遊畋廢學，上書諫曰：「臣聞皇天無親，惟德是輔[1]，苟違天道，人神同棄。然古三驅之禮[2]，非欲教殺，將為百姓除害。故湯羅一面，天下歸仁[3]。今苑內娛獵，雖名異遊畋，若行之無恆[4]，終虧雅度。且傅說曰：『學不師古，匪說攸聞[5]。』然則弘道在於學古，學古必資師訓。既奉恩詔，令孔穎達侍講[6]，望數存顧問，以補萬一。仍博選有名行學士[7]，兼朝夕侍奉。覽聖人之遺教，察既往之行事，日知其所不足，月無忘其所能，此則盡善盡美。夏啟、周誦焉足言哉！夫為人上者，未有不求其善，但以性不勝情[8]，耽惑成亂。耽惑既甚，忠言盡塞，所以臣下苟順，君道漸虧。古人有言：『勿以小惡而不去，小善而不為[9]。』故知禍福之來，皆起於漸。殿下地居儲貳，當須廣樹嘉猷[10]。既有好畋之淫[11]，何以主斯匕鬯[12]？慎終如始，猶恐漸衰，始尚不慎，終將安保！」

注釋

1「皇天無親」二句：語出《論語・蔡仲之命》。意思是蒼天對人不分親疏，只保佑有德行的人。2 三驅：古王者田獵之制。謂田獵時須讓開一面，三面驅趕，以示好生之德。一說，田獵一年以三次為度。3「湯羅一面」二句：意謂張佈羅網僅止一面，天下都歸服於他的仁義。據《史記》記載，商湯出獵時，見四面張網，恐禽獸被殺絕，於是就命令撤去三面之網，並禱告說：「想往左就往左，想往右就往右，不聽話的就進入羅網。」商湯因仁慈而贏得天下之心。4 行之無恆：無常。這裏指沒有節制。5「學不師古」二句：意謂在學習上不師法古代聖賢，我還不曾聽說過。語出《尚書・商書・說命》。原文為：「學於古訓乃有獲。事不師古，以克永世，匪說攸聞。」匪，通

「非」。攸，所。6 侍講：給太子講授經學的官員。7 學士：學識淵博的人。8 性不勝情：理性不能克制感情。性，此指理性。9「勿以小惡而不去」二句：語出《三國志·蜀志·先主傳》，原文是：「勿以惡小而為之，勿以善小而不為。」意思是不要因為小小的壞事就不改正，不要因為小小的好事就不做。10 嘉猷（粵：由；普：yóu）：治國的好規劃。這裏指好的德行。11 好畋之淫：嗜好打獵的惡習。淫，既多且壞。12 主斯匕鬯（粵：唱；普：chàng）：主持那些國家的事務。匕鬯，這裏轉指國家的事務。

譯文

貞觀十三年，太子李承乾因為常常打獵荒廢學業，太子右庶子張玄素上書規諫說：「臣聽說，蒼天對人不分親疏，只佑助有德之人，如果有人違背天意，人和神都要拋棄他。古代對打獵所規定的『三驅』之禮，不是教人嗜殺，而是要為百姓除害。所以商湯打獵時，張佈羅網僅止一面，天下都歸服於他的仁義。如今殿下在宮苑裏打獵玩樂，名義上雖然和出外遊獵有所區別，但是如果沒有節制，終究有傷您儒雅的氣度。況且傳說曾經說過：『在學習上不師法古代聖賢，我還不曾聽說過。』既然如此，弘揚道德就應該學習古禮，而學古必須依靠師傅的訓導。既然已經奉聖上恩詔，令孔穎達為太子講解經書，就希望殿下常常能以事諮詢，萬一有所不足也可以彌補。還應該廣泛選擇一些有德行的飽學之士，早晚侍讀。可以多學習聖人的遺教，經常審查自己以往的言行，每天都能知道自己的不足之處，每個月不忘自己學會的東西，這樣就會盡善盡美了。夏啟、周誦又有什麼值得稱道的！作為君主，沒有不願意追求美德的，只是因為有時理智不能克制情慾，沉溺迷惑才造成昏亂。如果沉溺迷惑得厲害了，就會聽不進忠言，因此臣下隨意附和，國君之道就會逐漸虧損。古人曾說過：『不要因為過錯很小就不去改正，也不要因為善事很小就不屑去做。』因此要知道禍福的發生，都是從小事慢慢地開始的。殿下身居太子的地位，應當廣泛建樹好的德行。已經養成嗜好遊獵的毛病，將來如何擔起主持朝政的重任？謹慎從事，至終如始，尚且擔心有時會慢慢地懈怠，如果一開始就不慎重，又怎能保持到最後！」

賞析與點評

「皇天無親，惟德是輔，苟違天道，人神同棄。」——首兩句，前文已論及，今詳論後兩句。天道是什麼？其實不言而喻，就是公平無私，天只會眷顧德善之人。反之，若違天道，罔顧德善，結果不僅為世人所唾棄，更會遭天譴，有報應。

卷五

仁義第十三

本篇導讀——

唐太宗主張「以仁義誠信為治」的治國主張。他認為，自古以來用仁義治國的，國家氣運就會長久。強調「為國之道，必須撫之以仁義，示之以威信，因人之心，去其苛刻，不作異端，自然安靜」，「行仁義則災害不生」。太宗的「君道」學說，核心內容是傳統儒家的仁政和仁義思想，這也是他當政後推行讓步政策、寬簡刑罰、輕徭薄賦的理論基礎。本篇和下面的〈崇儒學〉等篇，都反映了唐初統治者尊崇儒學、重視道德教化、主張省刑慎罰、以仁義治天下的思想。

貞觀元年，太宗曰：「朕看古來帝王，以仁義為治者，國祚延長；任法御人

者[1]，雖救一時，敗亡亦促。既見前王成事，足是元龜。今欲專以仁義誠信為治，望革近代之澆薄也[2]。」黃門侍郎王珪對曰：「天下凋喪日久，陛下承其餘弊，弘道移風，萬代之福，但非賢不理，惟在得人。」太宗曰：「朕思賢之情，豈舍夢寐[3]！」給事中杜正倫進曰：「世必有才，隨時所用，豈待夢傅說，逢呂尚，然後為治乎？」太宗深納其言。

注釋

1 任法御人：謂用法令治理百姓。2 澆薄：指人情輕薄，風氣虛浮。3 豈舍夢寐：即「夢寐豈舍」，在夢中也不忘記之意。

譯文

貞觀元年，太宗說：「我看自古以來的帝王，以仁義治理國家的，國運長久；用刑法治理百姓的，即使能夠暫時糾正弊病，國家敗亡也很迅速。既已見到前代帝王的往事，足可以作為借鑒。如今打算專拿仁義誠信治理國家，希望革除近來人情輕薄虛浮的風氣。」黃門侍郎王珪回答說：「天下德行仁義損傷喪亡很久了，陛下承接它留下來的弊病，發揚道德仁義，改變風氣，這是萬代的福分。但是沒有賢人不能治理國家，關鍵在於得賢人。」太宗說：「我思念賢人的心情，在夢中也沒有忘記！」給事中杜正倫進言說：「世上必有人才，隨時可供任用，豈有等待夢見傅說，遇到呂尚，然後才治理國家的呢？」太宗很同意他的話。

賞析與點評

「任法御人者，雖救一時，敗亡亦促。」——秦任法而速亡，發人深省。是故自漢以來，為政者俱崇尚「德主刑輔」的理念，提倡先以德育教化百姓，即導之以禮，若無效，才齊之以刑。所以，太宗深信單靠刑法來治理天下，雖能收一時之效，但最終只會加快國家敗亡的速度。

貞觀二年，太宗謂侍臣曰：「朕謂亂離之後，風俗難移。比觀百姓漸知廉恥[1]，官人奉法，盜賊日稀，故知人無常俗，但政有治亂耳。是以為國之道，必須撫之以仁義，示之以威信，因人之心，去其苛刻，不作異端[2]，自然安靜。公等宜共行斯事也！」

注釋

1 廉恥：廉潔和羞恥。2 異端：指違背正道的事情。

譯文

貞觀二年，太宗對身邊的大臣們說：「我認為在國家亂離之後，社會風氣很難在短時間內變好。近來看到百姓都逐漸懂得了廉恥，官吏百姓都能奉公守法，盜賊日漸減少，從而知道人沒有一成不變的風俗，只是施政有治亂好壞的區別。所以，治國之道，必須用仁義來安撫百姓，向他們展示威嚴和誠信，要順應民心，廢除嚴刑酷法，不做違背正道的事情，天下自然會安定平靜。你們應當共同努力做好這件事！」

貞觀四年，房玄齡奏言：「今閱武庫甲仗[1]，勝隋日遠矣。」太宗曰：「飭兵備寇雖是要事[2]，然朕惟欲卿等存心治道，務盡忠貞，使百姓安樂，便是朕之甲仗。隋煬帝豈無甲仗不足，以至滅亡，正由仁義不修，而群下怨叛故也。宜識此心，當以德義相輔。」

注釋　1 甲仗：兵器。2 飭兵：修整兵器。

譯文　貞觀四年，房玄齡奏言說：「最近檢查武庫兵器，看見所藏的兵器遠比隋代充足。」太宗說：「修整兵器防備寇賊雖然是要緊事，但是我只希望你們留心治理國家的策略，務必竭盡忠誠，使百姓安居樂業，那便是我的兵器。隋煬帝難道沒有兵器？恰恰足以導致他滅亡的，正是由於他不修仁義，百姓怨恨背叛的緣故啊。你們要理解我這個心意，應當以德行仁義來輔助我。」

貞觀十三年，太宗謂侍臣曰：「林深則鳥棲，水廣則魚遊，仁義積則物自歸之。人皆知畏避災害，不知行仁義則災害不生。夫仁義之道，當思之在心，常令相繼，若斯須懈怠，去之已遠。猶如飲食資身，恆令腹飽，乃可存其性命。」王珪頓首曰：「陛下能知此言，天下幸甚！」

譯文

貞觀十三年，太宗對身邊的大臣們說：「樹林茂密了鳥兒就會來棲息，江湖廣闊了群魚就會來遊弋，仁義積累得深厚了百姓就自然會來歸順。人們都知道躲避災害，但不知道施行仁義就能使災害不發生。仁義之道應該牢記在心，經常讓它持續不斷，如果有片刻懈怠，就會遠離仁義。這就好像人飲食是為了保養身子，經常使肚子吃飽，才可以維持生命。」王珪叩頭說：「陛下能知道這些話，天下百姓太幸運了。」

賞析與點評

「仁義積則物自歸之」——太宗認為統治者若有高尚崇厚的仁義道德修養，則天下百姓自然心悅誠服地接受其管治。「以德服人，天下歸心」，就是這樣的意思。

忠義第十四

本篇導讀——

太宗一再下令表彰歷代那些「固守忠義，克終臣節」的官吏及其子孫，以此鼓勵當代和後世臣民誓死效忠君王。而魏徵等臣僚則認為忠義應是君臣雙方面的事，他以當年豫讓之語回應說：「臣昔事范、中行，范、中行以眾人遇我，我以眾人報之。智伯以國士遇我，我以國士報之。」所以「在君禮之而已，亦何謂無人焉。」這是魏徵替唐太宗設計的培育忠臣的途徑。

貞觀元年，太宗嘗從容言及隋亡之事[1]，慨然歎曰：「姚思廉不懼兵刃[2]，以明大節。求諸古人，亦何以加也！」思廉時在洛陽。因寄物三百段[3]，並遺其書曰：「想卿忠義之風，故有斯贈。」初，大業末，思廉為隋代王侑侍讀[4]，及義旗克

京城時，代王府僚多駭散，惟思廉侍王，不離其側。兵士將升殿[5]，思廉厲聲謂曰：「唐公舉義兵[6]，本匡王室。卿等不宜無禮於王！」眾服其言，於是稍卻，布列階下。須臾，高祖至，聞而義之，許其扶侑至順陽閣下。思廉泣拜而去。見者咸歎曰：「仁者有勇，此之謂乎[7]！」

注釋

1 從容：此謂閒暇時候便談論。2 姚思廉：原為隋代王楊侑的侍讀學士。唐高祖時，任秦王文學，貞觀初，任著作郎、弘文學館士。曾撰《梁書》和《陳書》兩正史。3 物：此指布帛之類。段：古時布帛長度單位。4 代王侑（粵：又；普：yòu）：隋煬帝元德太子的兒子，即煬帝孫，封為代王。煬帝十三年南巡，命楊侑留守大興。李淵攻克大興後，立楊侑為皇帝。5 升殿：登上宮殿。6 唐公：即李淵，太原起義時，李淵的爵位是為唐國公。7「仁者有勇」二句：意思是：古人說仁人有勇氣，說的是這種人吧。語出《論語．憲問》。

譯文

貞觀元年，太宗曾在閒暇時談到隋朝滅亡的故事，感慨地歎息說：「姚思廉不懼怕殺戮，因而表現了崇高的節操。考察古人，也沒有什麼人超過他的！」姚思廉這時在洛陽。太宗於是寄送布帛三百段，並寫信給他：「懷念你的忠義風格，所以贈送這些東西。」起先，隋大業末年，姚思廉任代王楊侑的侍讀學士，到了起義的軍隊攻克京城時，代王府的下屬大多害怕得四處逃散，只有姚思廉侍候代王，不離開他的身邊。義軍的兵士準備登上宮殿，姚思廉聲音嚴厲地說：「唐公舉兵起義，本來是為了匡救皇室。你們不能對代王無禮！」兵士們信服他的話，於是稍微退卻，分佈在台階下。一會兒，唐高祖來到，聽說此事，認為姚思廉忠義，允許他扶代王楊侑到順陽閣下。姚思廉哭泣下拜，然後離去。看見的人都歎說：「仁義的人有勇氣，說的就是這種人吧！」

貞觀六年，授左光祿大夫陳叔達禮部尚書[1]，因謂曰：「武德中，公曾進直言於太上皇，明朕有克定大功，不可黜退云。朕本性剛烈，若有抑挫，恐不勝憂憤，以致疾斃之危。今賞公忠謇，有此遷授。」叔達對曰：「臣以隋氏父子自相誅戮，以致滅亡。豈容目睹覆車不改前轍？臣所以竭誠進諫。」太宗曰：「朕知公非獨為朕一人，實為社稷之計。」

注釋

1 光祿大夫：唐朝時為文職官員，從二品，掌議論及顧問應對詔命。陳叔達：字子聰，陳宣帝第十六子，少以才學知名。唐高祖時，封江國公。貞觀初加授光祿大夫，貞觀九年去世。

譯文

貞觀六年，任命光祿大夫陳叔達為禮部尚書。太宗就此事對他說：「武德年間，你曾經向太上皇如實報告，說明我有攻克天下的大功勞，不能貶斥降職等等。我生性剛烈，如果受到壓抑挫折，恐怕承受不住憂憤，以致於造成生病死亡的危險。現在獎賞你忠誠正直，給予這次提拔任命。」陳叔達回答說：「臣因為隋朝父子自相殘殺，導致敗亡，哪能容許自己眼看前人失敗，後人卻不吸取經驗教訓？臣因此竭盡忠誠進諫。」太宗說：「我知道你不光是為我一人，實在是為國家打算。」

蕭瑀，貞觀中為尚書左僕射。嘗因宴集[1]，太宗謂房玄齡曰：「武德六年已後，太上皇有廢立之心[2]。我當此日，不為兄弟所容，實有功高不賞之懼[3]。蕭瑀不可以厚利誘之，不可以刑戮懼之，真社稷臣也。」乃賜瑀詩曰：「疾風知勁草，板蕩識誠臣[4]。」瑀拜謝曰：「臣特蒙誡訓，許臣以忠諒，雖死之日，猶生之年[5]。」尋進拜太子太保。

注釋

1 因：於；即在……時候。2 廢立之心：即太宗自謂，當年唐高祖因為他功業日盛，曾私許立改他為太子。後被李建成、李元吉及妃嬪進譖，高祖才放棄這想法。3 **功高不賞之誤**：功勞太大，無法獎賞，反而擔心被妒忌受迫害。4 **「疾風知勁草」二句**：比喻在危難時才顯出人的意志堅強、忠誠正直。板蕩，亂世的代稱。語出《詩經．大雅》有〈板〉、〈蕩〉篇，都是說周厲王無道的亂世故事。5 **「雖死之日」二句**：意思是實現了自己的最大願望，即使死去也如同活着一樣。後世常省作「雖死猶生」，用於為正義而獻身的行為。

譯文

蕭瑀，貞觀年間任尚書左僕射，太宗曾在設宴招待群臣時，對房玄齡說：「武德六年以後，太上皇曾有廢棄原來太子，而許諾立我為太子的打算。我在那個時候，得不到兄弟的容納，實在是擔心功勞大無法賞賜，反而遭到妒忌迫害。蕭瑀不受厚利誘惑，不怕刑戮威脅，真是國家的棟樑。」於是賜詩給蕭瑀云：「疾風知勁草，板蕩識誠臣。」蕭瑀拜謝說：「臣這樣特殊受到陛下的訓誡，稱許我忠實誠信，臣即使死去也如同活着一樣。」不久，晉升蕭瑀為太子太保。

賞析與點評

「疾風知勁草，板蕩識誠臣。」——只有經歷疾風、狂風的吹襲而屹立不倒的，才是充滿生命力的勁草。同樣，天下動盪，家國瀕危之際，便越發顯示出哪些才是竭盡忠誠的忠臣。這與孔子說的「歲寒然後知松柏之後凋也」是同一道理，都是說明任何人與事，必須經歷危難考驗，方可突顯其堅毅不屈的意志。

孝友第十五

本篇導讀——

忠、孝在不同的時代有着不同的含義。在古代，即指忠於國君，孝於父母，是古人看重的兩條最高道德標準。「孝子之門，忠義存焉」，這是儒家的觀點，也是歷代推崇孝道的原因。本篇列舉了若干行孝、友悌的故事，以及唐太宗對他們的讚揚和賞賜，反映出太宗對儒家倫理道德始終持讚許和提倡的態度，其目的就是要臣下對封建君主必須忠心不二，以維護其對人民的統治。這同時是「貞觀之治」中尊崇儒學、重視教化的具體體現。

司空房玄齡事繼母，能以色養[1]，恭謹過人。其母病，請醫人至門，必迎拜垂泣。及居喪，尤甚柴毀[2]。太宗命散騎常侍劉洎就加寬譬[3]，遺寢牀、粥食、鹽醋。

注釋

1 色養：謂承順父母顏色。後因稱人子和顏悅色奉養父母或承順父母顏色為「色養」。

2 柴毀：謂居喪悲傷過度，損害了健康，骨瘦如柴。3 寬譬：寬慰勸解。

譯文

司空房玄齡侍奉繼母，能夠承順父母和顏悅色，恭謹的態度超過常人。他繼母生病，請來的醫生到了門前，一定流淚迎拜。到了辦喪事的時候，房玄齡十分悲傷，以致骨瘦如柴。太宗派散騎常侍劉洎前去寬慰勸解，並贈給他寢牀、粥食和鹽醋。

虞世南，初仕隋，歷起居舍人。宇文化及弒逆之際，其兄世基時為內史侍郎[1]。將被誅。世南抱持號泣，請以身代死。化及竟不納。世南自此哀毀骨立者數載[2]，時人稱重焉。

注釋

1 內史侍郎：隋朝內史省下設侍郎、舍人，都是要職，協同掌管全國政令構思和草擬。

2 哀毀骨立：居喪哀傷過度，損害健康，瘦得像皮包骨。

譯文

虞世南，起初在隋朝任職，歷任起居舍人。宇文化及弒君叛逆的時候，他的兄長虞世基當時任內史侍郎的職位，將被誅殺。虞世南抱着兄長大聲哭泣，請求以自身代替兄長受刑。宇文化及竟然不同意。虞世南從此哀傷度日，骨瘦如柴好幾年，當時的人都稱讚推許他。

韓王元嘉[1]，貞觀初為潞州刺史。時年十五，聞太妃有疾[2]，便涕泣不食。及至京師發喪，哀毀過度。太宗嗟其至性[3]，屢慰勉之。元嘉閨門修整[4]，有類寒素士大夫[5]。與弟魯哀王靈夔甚相友愛[6]，兄弟集見，如布衣之禮。其修身潔己，當代諸王莫能及者。

注釋

1 韓王元嘉：唐高祖第十一子，李元嘉。少好學，藏書達萬卷，並用古文校定同異，得到當時人的稱讚。2 太妃：指韓王之母。隋大將軍宇文述的女兒，為唐高祖昭儀，很受寵愛。3 至性：即天性。謂其誠摯。4 修整：指修身持家而有教養。5 寒素士大夫：謂家境貧寒的讀書人。6 魯哀王靈夔（粵：葵；普：kuí）：唐高祖第十九子，李靈夔。是韓王元嘉的同母弟。好學，工草書，善音律。

譯文

韓王元嘉，貞觀初年任潞州刺史，當時十五歲。聽說太妃生病，就哭泣不吃飯。等到來京師送喪，哀傷毀瘠超過禮節要求。太宗讚嘆他天性誠摯，屢次安慰勉勵他。元嘉全家修身持家有教養，跟貧寒家境的讀書人家相類似。他和同母弟魯哀王靈夔互相非常友愛，兄弟聚會，按照普通百姓的禮節。他修養自身保持純潔，當時各位王公貴族沒有誰及得上他們。

貞觀中，有突厥史行昌直玄武門[1]，食而舍肉，人問其故，曰：「歸以奉母。」太宗聞而歎曰：「仁孝之性，豈隔華夷？」賜尚乘馬一匹[2]，詔令給其母肉料。

注釋

1 史行昌：人名。姓史名行昌。突厥族人本姓「阿史那」，進入中原後改漢姓「史」。

2 尚乘：即指尚乘局，官署名。管理皇家馬匹的官署。隋煬帝置，為殿內省六尚局之一。唐因其制。

譯文

貞觀年間，有個名叫史行昌的突厥人在玄武門值班，吃飯時挑出菜裏的肉不吃，有人問他是什麼緣故，他回答說：「拿回家侍奉母親。」太宗聽了以後感嘆地說：「仁孝的品性，哪裏會有華夏與四夷的區別呢？」於是賜他尚乘局的馬一匹，並詔令給他母親供應肉食。

賞析與點評

「仁孝之性，豈隔華夷？」——太宗強調仁孝是人的共同品性，不會有華夏與蠻夷的區別。循此可以證明太宗信服華夷一家，心中並無「貴中華而賤夷戎」的漢文化本位主義。

公平第十六

本篇導讀——

本篇以「公平」命名，主要是闡述君王處理政事，貴在公正平允。太宗強調官員處事不公，奸邪之徒就有機可乘，正直的人難免受冤枉；然而官員處事公平，鑽營的人就沒有得逞的機會。所以「聖君任法不任智，任公不任私」。而要達到公正平允，就必須提高人們的道德修養。所以「上君撫世，先其本而後其末，順其心而履其行。心情苟正則奸慝無所生，邪意無所載矣。」可以說政治教化是推行至公之道的關鍵，如此久而久之，吏治與社會風氣就會煥然一新。

太宗初即位，中書令房玄齡奏言：「秦府舊左右未得官者，共怨前官及齊府左

右處分之先己[1]。」太宗曰：「古稱至公者，蓋謂平恕無私。丹朱、商均，子也，而堯、舜廢之[2]。管叔、蔡叔，兄弟也，而周公誅之[3]。故知君人者[4]，以天下為心，無私於物。昔諸葛孔明，小國之相[5]，猶曰『吾心如稱，不能為人作輕重』況我今理大國乎？朕與公等，衣食出於百姓，百姓人力已奉於下，而上恩未被於下。今所以擇賢才者，蓋為求安百姓也。用人但問堪否[6]，豈以新故異情[7]？凡一面尚相親，況舊人而頓忘也！才若不堪，亦豈以舊人而先用？今不問其能不能，而直言其怨嗟，豈是至公之道耶！」

注釋

1 處分之先己：比自己先安排職務。處分，分派工作、職務。2「丹朱、商均」三句：堯知道自己的兒子丹朱不肖，不能授以天下，於是廢棄了他，而授天下給舜。舜的兒子商均也不肖，舜廢棄了他，把天下傳給禹。3「管叔、蔡叔」三句：管叔、蔡叔都是周文王的兒子，周公的兄弟。後來挾殷紂的兒子武庚作亂，周公旦承成王之命，誅武庚、殺管叔、流放蔡叔。4 君人：統治百姓。君，作動詞，君臨、統治。5「昔諸葛孔明」二句：諸葛亮為三國時蜀國丞相，故稱為「小國之相」。6 堪：能。9 新故：新人、故人。即新認識的人、老熟的人。

譯文

太宗剛即位，中書令房玄齡上奏說：「秦王府的部下未獲封官的人，都埋怨前太子東宮及齊王府的部下比自己先得到安排職位。」太宗說：「古時認為最公平的，是公正而沒有私心。丹朱、商均，都是堯、舜的親生兒子，但堯、舜廢棄他們，不授予天下給他們。管叔、蔡叔，都是武王的親兄弟，但是周公旦承受成王的命令誅討他們。因此知道統治國家的人，要以天下為公，對人不能有私心。以前諸葛孔明，是一個小國的丞相，還是說『我的心像秤一樣要公平，不能對人分親疏』，何況我如今是在治理一個大國啊？我和你們，衣食來自百姓，百姓的人力已經奉獻給上面，但是上面的恩惠還沒有廣施給下面的百姓。現在之所以選拔賢德有才的人，正是為了讓百姓安定。用人只看他能不能勝任職務，怎麼能因為是新認識的人或是老熟人就態度不一樣？凡是見過一面的人尚且自己覺得互相親近，何況老熟人，能一下子忘記嗎？但是才能如果不能勝任，又怎麼能因為是老熟人就優先任用？現在不管這些人行不行，卻只是說他們埋怨，這難道是最公平的原則嗎？」

賞析與點評

「古稱至公者，蓋謂平恕無私。」——古時人們認為怎樣才是最為公正的表現？答案就是能集公平、忠恕、無私三者於一身。簡單而言，就是大公無私，以忠恕態度待人處事者便是「至公」。

貞觀元年，吏部尚書長孫無忌嘗被召，不解佩刀入東上閤門，出閤門後，監門校尉始覺[1]，尚書右僕射封德彝議[2]，以監門校尉不覺，罪當死；無忌誤帶刀入，徒二年，罰銅二十斤。太宗從之。大理少卿戴胄駁曰[3]：「校尉不覺，無忌帶刀入內，同為誤耳。夫臣子之於尊極[4]，不得稱誤，準律云：『供御湯藥、飲食、舟船，誤不如法者，皆死。』陛下若錄其功，非憲司所決[5]；若當據法，罰銅未為得中[6]。」太宗曰：「法者，非朕一人之法，乃天下之法。何得以無忌國之親戚，便欲撓法耶[7]？」更令定議。德彝執議如初，太宗將從其議，胄又駁奏曰：「校尉緣無忌以致罪，於法當輕。若論其過誤，則為情一也，而生死頓殊，敢以固請。」太宗乃免校尉之死。

注釋

1 監門校尉：隋初有左右監門府之設，掌宮殿門禁及守衛之事。唐因之，監門校尉，即監門府的官員。2 議：擬議。此處是論罪的意思。3 大理少卿：即大理寺的副長官。唐代大理寺是負責判案斷刑的司法衙門。4 尊極：皇帝至高無上，稱為「尊極」。5 憲司：司法機關。憲，法令。此指大理寺。6 得中：合乎法律。7 撓法：曲解法律，破壞法治。撓，彎曲、屈解之意。

譯文

貞觀元年，吏部尚書長孫無忌曾在被召見的時候，不解佩刀便進入東閤門。出了閣門以後，走到宮門口，監門校尉才發覺此事。尚書右僕射封德彝擬議論罪，認為監門校尉沒有發覺長孫無忌不解佩刀入宮，罪該處死。長孫無忌誤帶刀入閤，判處徒刑二年，罰銅二十斤。太宗同意這個意見。大理寺少卿戴胄駁議說：「校尉沒有察覺長孫無忌帶刀入宮，同樣是過失。臣子對於皇帝，不能稱過失。按照刑律說：『供奉御用湯藥、飲食、舟船，發生差錯不合乎制度的，都處死。』陛下如果考慮他的功勞，那就不是司法機關所能議定的。如果應該依據法律，那麼罰銅是不恰當的。」太宗說：「法律不是我一個人的，是國家的法律。怎麼能因長孫無忌是皇親國戚而要曲解法律呢？」復令擬定處理意見。封德彝堅持最初的意見，太宗準備聽從他的意見。戴胄又上奏反駁說：「校尉因長孫無忌而犯罪，按照法律罪行應該較輕。如果論他們的過失，那麼犯罪情節相同。但是一生一死，量刑的差別太大，我斗膽堅執請求皇上考慮我的建議。」太宗才免去校尉的死刑。

賞析與點評

「法者，非朕一人之法，乃天下之法。」——太宗言明，法律並非他一人想怎樣做便怎樣做的法律，是整個國家的律法。可見太宗以身作則，不以天子的絕對權威凌駕於法律之上，欲建立法治精神的努力，躍然紙上。

是時，朝廷盛開選舉，或有詐偽階資者[1]。太宗令其自首，不首，罪至於死。俄有詐偽者事泄，冑據法斷流以奏之[2]。太宗曰：「朕初下敕，不首者死，今斷從法，是示天下以不信矣。」冑曰：「陛下當即殺之，非臣所及。既付所司，臣不敢虧法。」太宗曰：「卿自守法，而令朕失信耶？」冑曰：「法者，國家所以布大信於天下；言者，當時喜怒之所發耳！陛下發一朝之忿，而許殺之。既知不可，而置之以法，此乃忍小忿而存大信。臣竊為陛下惜之。」太宗曰：「朕法有所失，卿能正之，朕復何憂也。」

注釋

1 詐偽階資：謊報官階和資歷。2 斷：斷案，判決。流：即流刑，流放遣送犯人到偏遠地方服勞役。

譯文

當時，朝廷大力開展選拔推薦人才，有人謊報官階和資歷。太宗命令謊報的人自首，不自首的治罪將處死刑。不久有一個謊報的人事情泄露，戴冑根據法律判處流刑並將此案向太宗報告。太宗說：「我當初下詔令，說不自首的處死，現在根據法律判決流刑，這向天下表示我言而無信了。」戴冑說：「陛下當時就殺掉他，就是臣下所能干預的事。既然現在交給大理寺處理，臣不能違背法律。」太宗說：「你自願遵守法律，卻讓我說話失信嗎？」戴冑說：「法律，是國家用來向天下公佈大信用的。說出的話，只是當時憑喜怒發出來的罷了！陛下一時發怒，想要殺死他。已經知道不能這樣，交由法律處理，這正是忍耐小的忿怒而保持大的信用。臣私下替陛下珍惜這一點。」太宗說：「我執法有失誤的地方，你能夠糾正它，我還有什麼擔憂的呢？」

賞析與點評

「法者，國家所布大信於天下；言者，當時喜怒之所發耳！」——法律是國家對天下萬民頒佈的最重要信約；而君主的話，卻是一瞬間喜怒情緒的宣泄。所以，君主不能憑自己一時的情緒而破壞法律，否則就等同於摧毀國家與百姓之間的信約關係。

刑部尚書張亮坐謀反下獄[1]，詔令百官議之，多言亮當誅，惟殿中少監李道裕[2]，奏亮反形未具[3]，明其無罪。太宗既盛怒，竟殺之。俄而刑部侍郎有闕[4]，令宰相妙擇其人，累奏不可。太宗曰：「吾已得其人矣。往者李道裕議張亮云『反形未具』，可謂公平矣。當時雖不用其言，至今追悔。」遂授道裕刑部

侍郎。

注釋

1 張亮坐謀反下獄：刑部尚書張亮為相州刺史時，迷信讖詞，圖謀叛亂。後被人告發，太宗大怒，殺張亮，籍沒全家。2 殿中少監：唐制，殿中監掌天子服御事務，少監是其副手。3 反形未具：謀反的形跡尚未具備。指犯罪的證據不充分。4 有闕：謂職位有空缺。闕，同「缺」。

譯文

刑部尚書張亮被告發謀反罪下獄，太宗詔令百官議論處罰張亮，百官多數說張亮該殺，只有殿中少卿李道裕進奏指張亮沒有具備謀反的形跡，認為他沒有罪。太宗已經大怒，終於殺了張亮。不久，刑部侍郎的職位出缺，太宗命令宰相選擇適當人選，但屢次上奏都不批准。太宗說：「我已經找到適合的人了。先前李道裕議論張亮說『謀反的形跡尚未具備』，可以說是公正合理的。當時雖然沒有採用他的意見，但我至今追悔不已。」於是任命李道裕為刑部侍郎。

貞觀初，太宗謂侍臣曰：「朕今孜孜求士[1]，欲專心政道，聞好人，則抽擢驅使[2]。而議者多稱『彼者皆宰臣親故』。但公等至公行事，勿避此言，便為形跡[3]。古人『內舉不避親，外舉不避仇』，而為舉得其真賢故也[4]。但舉用得才，雖是子弟及仇嫌，不得不舉。」

注釋

1 孜孜：勤勉而不懈怠。2 抽擢：選拔、提升。3 便為形跡：謂不受拘束地辦事。便，不受拘束。形跡，原意是儀容行動顯於外者，此指行動辦事。4「內舉不避親」二句：語出《左傳・襄公二十一年》，意謂無論是舉薦親屬，還是舉薦仇嫌，只要所舉薦者是賢能，則無所避諱。

譯文

貞觀初年，太宗對侍臣說：「我現在勤勉不懈地求取有德有才的人，專心致力於治理國家的策略，聽說有好人，就提拔任用。但議論的人總是說『這些人都是朝廷大臣的親人故舊』。只要你們極其公正地辦事，便不必顧慮這些話，可以不受拘束地做事。古人『推薦自己的人不迴避親戚，推薦外人不迴避仇人』，是因為所推薦的是真正賢人的緣故。只要提拔的是賢才，即使是自己的子弟以及有仇怨的人，也不能不推薦。」

賞析與點評

「內舉不避親，外舉不避仇。」——在推薦人才時，基於惟才是舉的精神，就不必過於避嫌，若能切合需要，即使是自己的親屬，甚至是仇人，亦可以推薦。換句話說，舉薦人才，按才擢拔，須大公無私，不必避嫌。

誠信第十七

本篇導讀——

貞觀君主以「誠信」來治國。設若君臣之間互相不能以真誠相待，則難以齊心協力治理國政。魏徵認為：「為國之基，必資於德禮；君之所保，惟在於誠信」、「上不信則無以使下，下不信則無以事上」。太宗以歷史為鑒，能任人不疑，群臣亦竭盡忠誠，這就是唐初君臣能成就「貞觀之治」的重要原因，這也是儒家的處世修身準則在「貞觀之治」中的具體運用。

貞觀初，有上書請去佞臣者。太宗謂曰：「朕之所任，皆以為賢，卿知佞者誰耶？」對曰：「臣居草澤[1]，不的知佞者[2]，請陛下佯怒以試群臣，若能不畏雷霆[3]，直言進諫，則是正人，順情阿旨，則是佞人。」太宗謂封德彝曰：「流水清濁，在其源也。君者政源[4]，人庶猶水，君自為詐，欲臣下行直，是猶源濁而望水清，理不可得。朕常以魏武帝多詭詐，深鄙其為人，如此，豈可堪為教令？」謂上書人曰：「朕欲使大信行於天下，不欲以詐道訓俗。卿言雖善，朕所不取也。」

注釋

1 草澤：荒郊野地。這裏指民間。2 的：確實。3 雷霆：形容盛怒時大發脾氣。這裏是對帝王暴怒的敬稱。4 政源：國家政令的發出者。語出《韓詩外傳》：「君者，民之源也。源清則流清，源濁則流濁。」

譯文

貞觀初年，有人上書請求太宗清除邪佞的臣子。太宗說：「我所任用的人，都以為是賢臣，你知道哪個是邪佞的臣子嗎？」那人回答說：「臣住在荒野民間，不能確知哪個人是佞臣，請陛下假裝發怒，用來試驗群臣，假若能不懼怕陛下的雷霆之怒，仍能直言進諫的就是正人賢臣，如果依順陛下情緒迎合旨意，阿諛奉承的就是奸邪諂佞之臣。」太宗對封德彝說：「流水的清濁，關鍵在於水源。國君是政令發出的源頭，臣子百姓就好比是水，如果國君自己先以詐術騙人，而要求臣子行為忠直，這就好像水源混濁而希望流水清澈一樣，這在道理上是講不通的。我常常認為魏武帝曹操為人詭詐，所以特別鄙視他的為人，如果我也是這樣，還怎麼去制定教規和法令呢？」他對上書的人說：「我想讓最廣泛的信義在全國實行，不想拿欺詐的方法教導社會風俗。你說的辦法雖然好，但是我不能採納。」

賞析與點評

「君者政源，人庶猶水，君自為詐，欲臣下行直，是猶源濁而望水清，理不可得。」——太宗認為君臣關係除像舟和水外，亦像水的源頭和流水一樣，政令就是水的源頭，百姓就是流水，如果君主作出詐偽的行為，而要求臣下忠誠正直，就好像源頭混濁，而希望流水清澈，這樣是不合理的，說不過去的。可見，太宗頗能自律，對自身的要求甚高。

貞觀十年，魏徵上疏曰：「臣聞為國之基，必資於德禮；君之所保，惟在於誠信。誠信立則下無二心，德禮形則遠人斯格[1]。然則德禮、誠信，國之大綱，在於君臣父子，不可斯須而廢也[2]。故孔子曰：『君使臣以禮，臣事君以忠[3]。』又曰：『自古皆有死，民無信不立[4]。』文子曰[5]：『同言而信，信在言前；同令而行，誠在令外。』然則言而不行，言無信也；令而不從，令無誠也。不信之言，無誠之令，為上則敗德，為下則危身。雖在顛沛之中，君子之所不為也。

注釋

1 格：正。2 斯須：片刻，一會兒。3「君使臣以禮」二句：見《論語・八佾》。為孔子答魯定公之語。4「自古皆有死」二句：見《論語・顏淵》。為孔子答子貢之語。5 文子：姓文，尊稱子，其名字及籍貫已不可確考。《漢書・藝文志》道家類著錄《文子》九篇，班固在其條文下只注明：「老子弟子，與孔子同時。」據史書記載，他曾遊學齊國，把道家兼融仁義禮的思想帶到齊國，形成了齊國的黃老之學。傳世《文子》分十二篇八十八章。在唐代時，文子與老子、莊子並重，天寶元年唐玄宗詔封文子為「通玄真人」，詔改《文子》為《通玄真經》，與《老子》、《莊子》、《列子》並列為道教四部經典。

譯文

貞觀十年，魏徵上書說：「臣聽說治理國家的基礎，一定要依靠德行和禮義；國君所應該堅守的，只在於誠實信用。誠實信用樹立以後，臣子對國君就沒有二心；德行禮義形成後，邊遠的人民就會前來歸正。既然如此，德行、禮義、誠實、信用，就是國家的綱領，貫穿於君臣、父子之中，不可片刻廢棄。因此孔子說：『國君對待臣子要按照禮制，臣子侍奉國君要忠心不二。』他又說：『自古人生都有一死，如果百姓不講信用就不能安身立命。』文子也說：『同樣的話語被人信任，那是因為信任建立在話語的前面；同樣的法令可以貫徹實行，那是因為有誠信在法令之外。』如果話說出來卻不實行，是言而無信；法令制定了卻不被服從，是因為沒有誠意。不被實行的言語，沒有誠意的法令，對國君來說會敗壞道德名聲，對百姓來說會招致殺身的危險。即使在顛沛流離的環境中，有德有才的君子也不會那樣做。

賞析與點評

「民無信不立」——是千古明句，出自《論語》。意思是統治者必須取得國民百姓的信任，才能立穩基礎，有利於政策的推行。反之，若統治者不能獲得百姓的信任，不單妨礙政策的開展，甚至會危害政權的穩定性。所謂「得民心者得天下」，是我國古時「民本」思想的重要內容。

卷六

儉約第十八

本篇導讀——

太宗把奢侈縱慾視為王朝敗亡的重要原因，因此厲行儉約，不務奢華。他認為「自王公已下，第宅、車服、婚嫁、喪葬，準品秩不合服用者，宜一切禁斷。」又認為「百姓所不欲者勞弊」，因此「己所不欲，勿施於人」。魏徵也進諫說「以欲從人者昌，以人樂己者亡」，因此「不作無益害有益」，使百姓得到休養生息的機會，如此則國家財貨富足，百姓安居樂業。貞觀時統治者「以欲從人」的思想和儉約自持的做法，的確是後代帝王將相無法相比的。

貞觀元年，太宗謂侍臣曰：「自古帝王凡有興造，必須貴順物情[1]。昔大禹鑿九山[2]，通九江[3]，用人力極廣，而無怨讟[4]，物情所欲，共眾所有故也。秦始

皇營建宮室，而人多謗議者，為徇其私欲[5]，不與眾共故也。朕今欲造一殿，材木已具，遠想秦皇之事，遂不復作也。古人云：『不作無益害有益』[6]，『不見可欲，使人心不亂』[7]，固知見可欲，其心必亂矣。至如雕鏤器物[8]，珠玉服玩，若恣其驕奢，則危亡之期可立待也。自王公已下，第宅、車服、婚娶、喪葬，準品秩不合服用者，宜一切禁斷。」由是二十年間，風俗簡樸，衣無錦繡，財帛富饒，無飢寒之弊。

注釋

1 物情：即民情、民心。2 九山：泛指九州的大山。而九山之名，語出《尚書·禹貢》「九山刊旅」之句。3 九江：泛指九州的江河。亦有作洞庭湖之解。見《尚書·禹貢》4 讟（粵：讀；普：dú）：怨言。5 徇：曲從，偏私。6 不作無益害有益：語出《尚書·周書·旅獒》。意謂不要做無益的事去損害有益的事。7「不見可欲」二句：語出《老子》第三章。意謂不謀求滿足私慾，不使民心混亂。8 器物：指尊彝之類酒器。

譯文

貞觀元年，太宗對身邊的大臣們說：「自古以來，凡是帝王要興建工程，必須重視順應民心。從前，大禹開鑿九州的大山，疏浚天下的江河，耗費人力非常多，卻沒有痛恨埋怨的人，是因為人民希望他這樣做，他和大家的想法一樣的緣故。秦始皇營造宮殿，很多人指責批評，是因為他為了滿足個人的私慾，不和民心一致的緣故。我最近想建造一座宮殿，材料已經準備齊全，但想起過去秦始皇的事情，就不再興建了。古人曾經說過：『不要做無益的事去損害有益的事』，『不要表現出謀求私慾的願望，就可使民心不亂』，由此可知表現出謀求私慾的願望，民心必然會混亂。至於像各種精雕鏤刻的貴重器具，珠寶美玉奇服珍玩，如果放縱驕奢享用，那麼國家危亡的日子就會馬上到來。從王公以下，住宅、車服、婚嫁、喪葬等各種事情，凡是和他的官職品級不相稱的，應該一律停止。」從此二十年間，風俗簡樸，人們的衣着不追求華麗，物資富饒，人們沒有遭受飢寒之苦。

貞觀四年，太宗謂侍臣曰：「崇飾宮宇，遊賞池台，帝王之所欲，百姓之所不欲。帝王所欲者放逸，百姓所不欲者勞弊。孔子云：『有一言可以終身行之者，其恕乎！己所不欲，勿施於人[1]。』勞弊之事，誠不可施於百姓。朕尊為帝王，富有四海，每事由己[2]，誠能自節。若百姓不欲，必能順其情也。」魏徵曰：「陛下本憐百姓，每節己以順人。臣聞：『以欲從人者昌，以人樂己者亡。』隋煬帝志在無厭，惟好奢侈，所司每有供奉營造，小不稱意，則有峻罰嚴刑。上之所好，下必有甚，競為無限，遂至滅亡。此非書籍所傳，亦陛下目所親見。為其無道，故天命陛下代之。陛下若以為足，今日不啻足矣[3]。若以為不足，更萬倍過此亦不足。」

注釋

1「有一言可以終身行之者」四句：語出《論語・衛靈公》。2 由己：自己設身處地的意思。3 不啻（粵：次；普：chì）：無異於，如同。

譯文

貞觀四年（六三〇），太宗對身邊的大臣們說：「擴建修飾宮殿屋宇，遊覽觀賞池水台榭，是帝王所希望的，卻不是百姓所希望的。帝王所希望的是驕奢淫逸，百姓所不希望的是勞累疲憊。孔子說：『有一句話可以終身奉行，那就是仁恕吧！自己所不願意做的，就不要強加給別人。』勞累疲憊的事，確實不能強加給百姓。我身為帝王，富有四海，每件事都是我說了算，真的能夠節制自己的慾望。凡是百姓不希望的事，我一定能順應民心。」魏徵說：「陛下一向憐恤百姓，常常節制自己去順應民心。臣聽說：『使自己的慾望能順應民心的就會昌盛，用眾人來滿足自己享樂要求的就會滅亡。』隋煬帝貪得無厭，喜好奢靡，有關部門每次供奉器物和營造宮苑，稍不稱心，就加以嚴刑重罰。上面所喜歡的，下面必定會做得更加厲害，上下攀比，沒有節制，最終就會導致滅亡。這不僅在史籍上有所記載，也是陛下親眼目睹的事實。因為隋煬帝荒淫無道，所以上天賜命陛下取而代之。

如果陛下認為這樣就滿足了，那麼現在的尊貴富足也就如同滿足了。如果陛下認為這樣還沒有滿足，那麼再超過現在的一萬倍也不會知足。」

賞析與點評

「以欲從人者昌，以人樂己者亡。」——魏徵指出，國君若把自己的慾望順應民心所向，則國家自然昌盛；反之，以百姓來滿足自己的享樂，則國家會走向敗亡。魏徵把兩種情況者作比較，目的是勸諫太宗，統治者若不懂得順應百姓要求，罔顧百姓福祉，濫用民力，則早晚會步隋煬帝的後塵，自招滅亡。

謙讓第十九

本篇導讀——

太宗提倡克己謙讓，鼓勵臣子犯顏進諫，目的是減少在處理國政時出現的過失。「謙讓」就是為人謙遜禮讓，是儒家修身倫理的重要內容。只有謙遜禮讓，才能獲得他人的指正。貞觀君臣認為君主位高權重，四海獨尊，驕矜自傲之情往往油然而生。所以「凡為天子，若惟自尊崇，不守謙恭者，在身儻有不是之事，誰肯犯顏諫奏？」本篇記述了幾則貞觀君臣謙虛、恭謹的言行事跡，功高位重而能如此謙讓自律，確實堪為後世楷模。

貞觀二年，太宗謂侍臣曰：「人言作天子則得自尊崇，無所畏懼，朕則以為正合自守謙恭，常懷畏懼。昔舜誡禹曰：『汝惟不矜，天下莫與汝爭能；汝惟不伐，

天下莫與汝爭功[1]。』又《易》曰：『人道惡盈而好謙[2]。』凡為天子，若惟自尊崇，不守謙恭者，在身儻有不是之事[3]，誰肯犯顏諫奏？朕每思出一言，行一事，必上畏皇天，下懼群臣。天高聽卑[4]，何得不畏？群公卿士，皆見瞻仰，何得不懼？以此思之，但知常謙常懼，猶恐不稱天心及百姓意也。」魏徵曰：「古人云：『靡不有初，鮮克有終[5]。』願陛下守此常謙常懼之道，日慎一日，則宗社永固，無傾覆矣。堯舜所以太平，實用此法。」

注釋

1「汝惟不矜」四句：語出《尚書．虞書．大禹謨》。意謂你只要做到不矜持驕傲，天下就沒有人敢和你爭功勞。不伐，不自誇耀。2 人道惡盈而好謙：語出《周易．謙卦》。意謂人們都是厭惡驕傲自滿而崇尚謙遜恭謹。3 在身：自身。4 卑：下。這裏指在下面的民間情況。5「靡不有初」二句：語出《詩經．大雅．蕩》。意謂事情往往有始，但很難有終。

譯文

貞觀二年，太宗對身邊的大臣們說：「人們說做了皇帝的人就可以自認為尊貴崇高，無所畏懼了，我卻認為自己正正應該保持謙遜恭謹，經常心懷畏懼。從前舜帝告誡禹說：『你只要做到不矜持驕傲，天下就沒有人敢和你爭賢能；你只要做到不誇耀，天下就沒有人敢和你爭功勞。』又見《周易》上說：『人們都是厭惡驕傲自滿而崇尚謙遜恭謹。』大凡做皇帝的，如果自認為尊貴崇高，不保持謙遜恭謹的話，自身倘若有所過失，誰還肯冒犯威嚴直言諫奏呢？我想每說一句話，每辦一件事，都必定要上畏蒼天，下畏群臣。蒼天在上，傾聽着人世間的善惡，怎能不畏懼呢？諸位公卿大臣都在看着我，怎能不畏懼呢？如此考慮，經常謙遜恭謹、小心畏懼，還恐怕不符合上天的旨意和百姓的心願啊！」魏徵說：「古人說：『事情往往有始，但很難有終。』希望陛下經常堅守這謙遜恭謹、小心畏懼的態度，一天比一天謹慎行事，那麼國家社稷就能永遠鞏固，不會傾覆了。堯舜時代之所以太平，確實就是用這個方法。」

賞析與點評

「人言作天子則得自尊崇，無所畏懼，朕則以為正合自守謙恭，常懷畏懼。」——從這短短數句中，我們可看到太宗是何等克己，是何等誠惶誠恐，恐防有失。雖然句中無言明太宗所畏懼的是什麼，可是答案卻明顯不過，太宗所懼的是「天意」，所怕的是「未副人望」。試想在古時，皇帝有無上權威，絕對可以無所畏懼，而太宗卻經常保持着這種「憂患意識」，委實難得。故而「貞觀之治」的出現，是其來有自的。

貞觀三年，太宗問給事中孔穎達曰：「《論語》云：『以能問於不能，以多問於寡；有若無，實若虛[1]。』何謂也？」穎達對曰：「聖人設教，欲人謙光[2]。己雖有能，不自矜大，仍就不能之人，求訪能事。己之才藝雖多，猶病以為少，仍就寡少之人更求所益。己之雖有，其狀若無；己之雖實，其容若虛。非惟匹庶，帝王之德，亦當如此。夫帝王內蘊神明，外須玄默[3]，使深不可測，遠不可知。故《易》稱『以蒙養正』，『以明夷蒞眾』[4]。若其位居尊極，炫耀聰明，以才陵人[5]，飾非拒諫，則上下情隔，君臣道乖。自古滅亡，莫不由此也。」太宗曰：「《易》云：『勞謙，君子有終，吉[6]。』誠如卿言。」詔賜物二百段。

注釋

1「以能問於不能」四句：語出《論語・泰伯》。意謂有才能的人向無才能的人請教，知識多的人向知識少的人請教；有學問的像沒有學問的一樣，知識充實的像知識空虛的一樣。2 謙光：語出《周易・謙卦》。意謂尊者謙虛而顯示其光明美德。3 玄默：沉靜不語。4「故《易》稱『以蒙養正』」二句：語出《周易・蒙卦》及《明夷卦》。意謂「要用蒙昧來自養正道」，「用明智來治理民眾」。蒞眾，臨於眾上，指治理民眾。5 陵人：也作「淩人」，以勢壓人。6「勞謙」三句：語出《周易・謙卦》。意謂勤勞而謙虛的君子會有好結果，是吉利的。

譯文

貞觀三年，太宗問給事中孔穎達說：「《論語》說：『有才能的人向無才能的人請教，知識多的人向知識少的人請教；有學問的像沒有學問的一樣，知識充實的像知識空虛的一樣。』這是什麼意思？」孔穎達回答說：「聖人施行教化，是希望尊者謙遜而顯示其光明美德。自己雖然有才能，也不驕傲自大，仍然要去向才能不如自己的人請教，學習他知道的事。自己的才藝雖然很多，但還是怕懂得太少，仍然要去向才藝不如自己的人請教，以求得到更多的才藝。自己雖然有知識，但表現出來像沒有知識一樣；自己雖然很充實，但面容上卻顯得虛懷若谷。非但是百姓要這樣，帝王的德行，也應當這樣。帝王的內心裏蘊藏着神明大智，但外表仍須保持沉默，使人感到深不可測，遠不可知。所以《周易》說『要用蒙昧來自養正道』，『用明智來治理民眾』。如果身居最尊貴的地位，還炫耀自己的聰明，倚仗才能盛氣淩人，掩飾過錯，拒絕納諫，那麼上下的情況就會隔絕，君臣之道就會背離。自古以來國家的滅亡，沒有一個不是由這種情況引起的。」太宗說：「《周易》說：『勤勞而謙虛的君子，有好的結果，是吉利的。』確實像你所說的那樣。」於是下詔賞賜孔穎達絹帛二百段。

仁惻第二十

本篇導讀——

「仁惻」者，仁愛憐憫之意，是儒家思想的主要內容之一。本篇記述了太宗憐恤百姓、將士的一些故事，表現出太宗寬厚仁慈的惻隱之心，這些做法對收攬人心、上下和諧確實起了很大作用。君主寬厚仁愛，體恤百姓疾苦，施行仁政，其目的是安撫百姓，維護統治，這也可視為「貞觀之治」的主要成就之一。

貞觀初，上謂侍臣曰：「婦人幽閉深宮，情實可愍。隋氏末年，求採無已，至於離宮別館[1]，非幸御之所，多聚宮人。此皆竭人財力，朕所不取。且灑掃之餘[2]，更何所用？今將出之，任求伉儷[3]。非獨以省費息人，亦各得遂其情性。」

於是後宮及掖庭[4]，前後所出三千餘人。

注釋

1 離宮別館：皇帝在京城的正宮之外居住的宮室。2 灑掃：灑水掃地。亦可泛指做家務。3 伉儷：謂配偶。4 掖庭：宮殿中的旁舍，是后妃宮嬪居住的地方。

譯文

貞觀初年，太宗對侍臣說：「婦女幽禁在深宮內，情況實在可憐。隋朝末年，無止地選取宮女，以至於皇帝臨時居住的離宮別館，甚至不是皇帝駕臨的處所，都聚集了很多宮女。這都會耗盡百姓的財力，我不採取這種做法。而且宮女除了灑掃做家務外，還用做什麼？現在準備放她們出去，任她們選擇丈夫。這不僅是節省費用減少百姓開支，而且也使他們各自得以成全自己的本性。」於是在後宮和掖庭中前後釋放了三千多人。

貞觀二年，關中旱[1]，大饑。太宗謂侍臣曰：「水旱不調，皆為人君失德。朕德之不修，天當責朕，百姓何罪，而多困窮！聞有鬻男女者，朕甚愍焉。」乃遣御史大夫杜淹巡檢[2]，出御府金寶贖之[3]，還其父母。

注釋

1 **關中**：指陝西渭河流域一帶。2 **杜淹**（？—六二八）：字執禮，唐京兆杜陵（今陝西西安東南）人。隋時任御史中丞。王世充稱帝，他在吏部任職，頗親近用事。入唐，在秦王李世民府任文學館學士等職。太宗時拜御史大夫，累官至吏部尚書，參與朝政。封安吉郡公。3 **御府**：帝王的府庫。

譯文

貞觀二年，關中乾旱，發生了大饑荒。太宗對身邊的大臣們說：「水旱不調和，都是因為國君缺乏道德。我德行不好，蒼天應當責罰我，百姓有什麼罪過，而遭受這麼多困苦災難！聽說有賣兒賣女的人，我很憐憫他們。」於是派遣御史大夫杜淹巡視檢察災區，拿出皇家府庫的錢財贖回那些被賣的孩子，還給他們的父母。

賞析與點評

「水旱不調，皆為人君失德。朕德之不修，天當責朕，百姓何罪，而多困窮！」——這又是太宗愛民若子的典型表現。他把天災看成是人禍，而禍患的源頭，正是太宗自己。在痛惜百姓受苦之餘，更深責自己失德，招致上天的譴責，雖不是昭告天下的「罪己詔」，但亦相差不遠。

慎所好第二十一

本篇導讀——

在上位者有什麼愛好，下面的人就會大張旗鼓地附和，至高無上的國君有什麼愛好，必定會在社會上形成風氣。像秦始皇的非分愛好、漢武帝的求神問仙、隋煬帝的專信邪道、梁武帝父子惟好釋氏、老氏，都是虛妄之事，空有其名，害人害己。太宗認為應該喜好「堯舜之道、周孔之教」，「君天下者，惟須正身修德而已，此外虛事，不足在懷」。正是由於當時君臣上下同心同德、去除虛妄、重視實際，在唐初的官吏中才能出現勵精圖治的風氣，才開創了「貞觀之治」的局面。

貞觀二年，太宗謂侍臣曰：「古人云：『君猶器也，人猶水也，方圓在於

器，不在於水。』故堯、舜率天下以仁，而人從之；桀、紂率天下以暴，而人從之。下之所行，皆從上之所好。至如梁武帝父子，志尚浮華，惟好釋氏、老氏之教[1]。武帝末年，頻幸同泰寺[2]，親講佛經，百寮皆大冠高履，乘車扈從，終日談論苦空[3]，未嘗以軍國典章為意。及侯景率兵向闕[4]，尚書郎已下，多不解乘馬，狼狽步走，死者相繼於道路。武帝及簡文卒被侯景幽逼而死[5]。孝元帝在江陵[6]，為萬紐於謹所圍[7]，帝猶講《老子》不輟，百寮皆戎服以聽。俄而城陷，君臣俱被囚縶。庾信亦歎其如此[8]，及作《哀江南賦》，乃云：『宰衡以干戈為兒戲[9]，縉紳以清談為廟略[10]。』此事亦足為鑒戒。朕今所好者，惟在堯、舜之道，周、孔之教[11]，以為如鳥有翼，如魚依水，失之必死，不可暫無耳。」

注釋

1 釋氏：指佛教。佛姓釋迦的略稱。老氏：指老子，道教的始祖。2 同泰寺：位於江蘇江寧之東北。梁武帝普通二年（五二一）九月建立。梁武帝曾親臨禮懺，捨身該寺，並設無遮大會等法會。3 苦空：佛教語。謂人世間一切皆苦，凡事俱空。4 侯景（？—五五二）：北朝東魏將領。字萬景，懷朔（今內蒙古固陽西南）人。初為戍兵，繼轉附高歡。東魏時，職位通顯。歡死，投靠西魏，旋又附梁，受封河南王，太清二年（五四八）為東魏擊敗，遂勾結蕭正德（蕭衍侄）於八月舉兵反叛。攻陷台城，困死梁武帝，遂立太子蕭綱為帝（簡文帝）。後西征江陵失利，返回建康（今江蘇南京），自立為帝，改國號漢，改元太始，史稱「侯景之亂」。梁元帝自江陵討之，敗逃被殺。

5 **簡文**：即簡文帝（五〇三—五五一）。南朝梁皇帝，名蕭綱，字世纘，南蘭陵（今江蘇常州西北）人。武帝第三子。6 **孝元帝**：即南朝梁元帝。名繹，字世誠。蕭衍第七子。天正元年（五五二）在江陵即位稱帝。但當時梁州、益州已併於西魏，襄陽也在西魏控制之中。江陵形勢十分孤立。承聖三年（五五四）九月，西魏宇文泰派萬紐於謹、宇文護率軍五萬南攻江陵。十一月江陵城陷，蕭繹被俘遭害。**江陵**：今湖北荊州。7 **萬紐於謹**：本姓萬忸於氏，字思敬，洛陽（今河南洛陽東北）人。北魏、西魏、北周名將。西魏恭帝元年（五五四），領兵五萬攻南朝梁，並預料梁元帝蕭繹必據守都城江陵，遂先遣精騎斷梁軍退路，後率大軍直趨江陵，多路合圍，一舉克之，擒元帝。8 **庾信**（五一三—五八一）：字子山，南陽新野（今河南新野）人。少聰敏好學，有才名。初仕梁，為昭明太子伴讀，後奉命出使西魏，值西魏滅梁，被留。歷仕西魏、北周，官至驃騎大將軍、開府儀同三司。為文綺豔，與徐陵並為宮廷文學代表，時稱「徐庾體」。他的《哀江南賦》和《擬詠懷》詩可為代表。雖有堆砌典故、用意曲深之弊，但總的成就集六朝詩、賦、文創作之大成，對唐代文學影響甚巨。

9 **宰衡**：指宰相。10 **廟略**：朝廷的謀略。11 **周、孔**：指周公、孔子。

譯文

貞觀二年，太宗對身邊的大臣們說：「古人說：『國君好比是盛水的容器，百姓好比是水，水的形狀是方是圓決定於盛載它的容器，而不決定於水本身。』所以堯、舜用仁義統治天下，人們也跟着行仁義；桀、紂用暴虐統治天下，人們也跟着行暴虐。下面的人做些什麼，都是跟着上面人的喜好。至於像梁武帝父子崇尚浮華，只有喜歡佛教、道教。武帝末年，經常駕臨同泰寺，親自講解佛經，隨從的官僚們也都跟着戴大帽穿高靴，乘車隨從，整天談論佛經義旨，不把軍機要務、法典制度放在心上。等到侯景率兵攻打京師時，尚書郎以下的官員多數不會騎馬，徒步狼狽逃竄，被殺死的人在路上一個接一個。梁武帝和兒子簡文帝最後被侯景幽禁而死。孝元帝在江陵被西魏萬紐於謹所包圍時，他還在不停地講論《老子》，官員們都穿着軍裝聽講。不久江陵城被攻破，君臣都被俘虜。庾信也感歎他們的如此作為，在《哀江南賦》中寫道：『宰相把戰爭當作兒戲，官吏把清談當作國家的謀略。』這件事實在可以作為鑒戒。我現在所喜歡的，只有堯、舜的準則，和周公、孔子的禮教，我認為就像鳥有了翅膀和魚依靠水一樣，失去它必死無疑，不能片刻沒有啊！」

賞析與點評

「君猶器也，人猶水也，方圓在於器，不在於水。」——與前述數種君民關係不同，這次太宗所述的古句，重點在於闡明君民關係中，君主是主動，百姓是被動的，強調君主帶領、規管着百姓的步伐。正如器皿內的水，本身是沒有自身的形態，只能跟隨器皿的形狀而變化。所以，重點在於君主身上。

貞觀四年，太宗曰：「隋煬帝性好猜防，專信邪道，大忌胡人[1]，乃至謂胡牀為交牀[2]，胡瓜為黃瓜，又築長城以避胡，終被宇文化及使令狐行達殺之[3]。又誅戮李金才[4]，及諸李殆盡，卒何所益？且君天下者，惟須正身修德而已，此外虛事，不足在懷。」

注釋

1 胡人：我國古代對北方邊地及西域各民族人民的稱呼。2 胡牀：一種有靠背、能摺疊的坐具。3 令狐行達：複姓令狐，名行達。奉宇文化及之命殺死了隋煬帝。4 李金才：即李渾，隋右驍衛大將軍。大業十一年（六一五）隋煬帝以李渾門族強盛，又因一句「李氏當為天子」的讖語，殺李渾及其宗族三十二人。

譯文

貞觀四年，太宗說：「隋煬帝生性猜疑，好設防範，一味迷信邪門歪道，最忌諱胡人，以至於改稱胡牀為交牀，胡瓜為黃瓜，修築長城來防備胡人，可是最終還是被有胡人血統的宇文化及派遣令狐行達殺死。另外，隋煬帝誅殺了李金才，李氏家族幾乎被殺盡，最終有什麼好處呢？統治天下的國君，只要端正自身、修養品德就行了，除此以外的那些虛妄荒誕之事，不值得放在心上。」

慎言語第二十二

本篇導讀——

貞觀時，君臣指出君主「出言」（說話）要特別慎重。帝王君臨天下，一言九鼎，若帝王出言不慎，便會影響施政，或令臣下演繹出無窮的事端。所以，當時的朝臣每每利用各種時機來勸諫李世民慎開「金口」。太宗認為「欲出一言，即思此一言於百姓有利益否，所以不敢多言」。太宗心憂天下黎民，把「出言」是否對百姓有利，看作是慎言語的標準。所謂君無戲言，帝王務必三思而後言。

貞觀二年，太宗謂侍臣曰：「朕每日坐朝，欲出一言，即思此言於百姓有利益否，所以不敢多言。」給事中兼知起居事杜正倫進曰[1]：「君舉必書，言存左

史[2]。臣職當兼修起居注，不敢不盡愚直。陛下若一言乖於道理，則千載累於聖德[3]，非止當今損於百姓，願陛下慎之。」太宗大悅，賜絹百段。

注釋

1 給事中：官名。隋唐以後為門下省之要職，掌駁政令之違失。知起居事：古代官職。唐初在門下省設起居郎，掌修起居注之事，逐日記錄皇帝的言行。2 左史：官名。《禮記．玉藻》記載曰周代史官有左史、右史之分。左史記行動，右史記言語。而《漢書．藝文志》記載曰左史記言，右史記事。唐宋曾以門下省之起居郎、中書省之起居舍人為左、右史，分別主記事與記言。3 累：牽連、使受害。

譯文

貞觀二年，太宗對身邊的大臣們說：「我每天坐朝聽政，想要說話的時候，就要考慮到這句話對百姓是否有益處，所以不敢隨便多說。」給事中兼知起居事杜正倫進言說：「國君的舉動一定要記錄下來，左史負責記錄言語。臣現在的職務是兼修起居注，不敢不盡自己的愚忠秉筆直書。陛下如果有一句話違背了道理，那麼千年以後也會牽連到您聖明的德行，不僅僅是對當今的百姓有所損害，希望陛下說話慎重。」太宗非常高興，賜他絹百段。

貞觀八年，太宗謂侍臣曰：「言語者君子之樞機[1]，談何容易？凡在眾庶，一言不善，則人記之，成其恥累[2]。況是萬乘之主，不可出言有所乖失。其所虧損至大，豈同匹夫哉？我常以此為戒。隋煬帝初幸甘泉宮[3]，泉石稱意，而怪無螢火[4]，敕云：『捉取螢火，於宮中照夜。』所司遽遣數千人採拾，送五百輿於宮側[5]。小事尚爾，況其大事乎？」魏徵對曰：「人君居四海之尊，若有虧失，古人以為如日月之蝕，人皆見之，實如陛下所戒慎。」

注釋

1 樞機：原指戶樞和弩牙，用來比喻事物的關鍵。語出《易經．繫辭上》 2 恥累：恥辱和損害。 3 甘泉宮：漢代古宮殿，位於今陝西淳化北甘泉山上，宮以山名。甘泉宮為漢武帝僅次於長安未央宮的重要活動場所，它不只是作為統治階級的避暑勝地，而且許多重大政治活動都安排在這裏進行。隋唐時又有所增修擴建。 4 螢火：螢火蟲。 5 輿：車箱。此處指木箱子。

譯文

貞觀八年，太宗對身邊的大臣們說：「言語是君子德行的關鍵表現，談何容易？一般百姓講錯了一句話，就會被人們記住，成為他的恥辱和負累。何況是一個國家的君主，說話更不能出現什麼過失。因為它造成的危害特別大，豈能與普通百姓相比？我經常以此為誡。隋煬帝初次駕臨甘泉宮時，對宮裏的泉水山石很滿意，但責怪沒有螢火蟲，於是下令：『捉一些放到宮裏，晚上用來照明。』主管官署急忙地派出幾千人去各處捕捉，結果送來五百車螢火蟲在甘泉宮兩側。小事尚且如此，何況那些大事呢？」魏徵回答說：「國君處於天下最崇高的地位，如果有所失誤，古人認為像日蝕月蝕虧損一樣，人們都能看得見，確實要像陛下這樣警惕慎重。」

貞觀十六年，太宗每與公卿言及古道[1]，必詰難往復。散騎常侍劉洎上書諫曰[2]：「帝王之與凡庶、聖哲之與庸愚，上下相懸，擬倫斯絕[3]。是知以至愚而對至聖，以極卑而對極尊，徒思自強，不可得也。陛下降恩旨，假慈顏，凝旒以聽其言[4]，虛襟以納其說，猶恐群下未敢對揚[5]。況動神機，縱天辯，飾辭以折其理，援古以排其議，欲令凡庶何階應答[6]？臣聞皇天以無言為貴，聖人以不言為德，老子稱『大辯若訥』[7]，莊生稱『至道無文』[8]，此皆不欲煩也。〔……〕」太宗手詔答曰：「非慮無以臨下，非言無以述慮。比有談論，遂至煩多。輕物驕人，恐由茲道。形神心氣，非此為勞。今聞讜言，虛懷以改。」

注釋

1 **古道**：指古代的治國思想等。2 **散騎常侍**：在皇帝左右規諫過失，以備顧問。唐代分屬門下省和中書省，在門下省者稱左散騎常侍，在中書省者稱右散騎常侍。雖無實際職權，仍為尊貴之官，多為將相大臣的兼職。3 **擬倫**：倫比，比擬。4 **凝旒**（粵：流；普：liú）：形容帝王態度肅穆專注。5 **對揚**：對答。6 **階**：台階和梯子。這裏比喻憑藉的途徑。7 **大辯若訥**：謂真正善辯的人好像言語遲鈍一樣。訥，不善於講話，說話遲鈍。8 **莊生**：即莊周。名周，字子休（一說子沐），戰國時代宋國蒙（今安徽蒙城）人。著名思想家、哲學家、文學家，是道家學派的代表人物。**文**：指文采修飾。

譯文

貞觀十六年，太宗每次和公卿大臣討論古代的治國之道時，一定會反覆提出問題詰問。散騎常侍劉洎上書勸諫說：「帝王和臣子、聖明賢能的人和平庸愚昧的人之間，上下相差懸殊，無法比擬。因此，拿極愚蠢的人與極聖明的人相比，拿極卑賤的人與極尊貴的人相比，縱使前者想自己努力超過對方，也是不可能做到的。陛下施恩下旨，和顏悅色，肅穆專注認真地傾聽別人的言論，虛心地接受別人的意見，尚且擔心臣子不敢當面對答。何況陛下啟動神思、運用雄辯，修飾言辭來駁斥別人的說法，引經據典來否定別人的議論，還想叫臣子怎樣應答呢？臣聽說蒼天把不說話看作是尊貴，聖人把不說話視為美德。老子認為『真正善辯的人如同言語遲鈍一樣』，莊子認為『最高的道理不須用文采修飾』，這都是不希望言語繁多的意思。〔……〕」太宗親筆寫詔書批覆說：「不思考就不能治理天下，不說話就不能闡述自己的想法。近來和臣子談論，形成言說過於頻繁。輕視別人，態度驕傲，恐怕由此而產生。身體、精神、心思和元氣確實不應該為此而勞損。今天聽到你忠誠正直的勸言，我一定會虛心接受予以改正。」

賞析與點評

「非慮無以臨下，非言無以述慮。比有談論，遂至煩多。輕物驕人，恐由茲道。」——太宗指出為天子者，不思考就不能治理天下，不說話就不能闡述自己的想法。然而說話太多，亦絕非好事。久而久之，就會變得態度傲慢，容易看輕問題，輕視別人。古語有云：「訥於言，敏於行」，就是告訴人們要多做事，少說話，因為言多必失。

杜讒邪第二十三

本篇導讀——

貞觀時君臣認識到讒言禍國，同時告誡人們要「斥棄群小，不聽讒言」，因為讒言是禍亂的根源，進讒言的人是國家的蟊賊。在歷史上，凡是「世亂則讒勝」，一旦讒言得逞，則忠良就會蒙冤，國政就會敗壞，百姓就會遭殃。「愷悌君子，無信讒言。讒言罔極，交亂四國。」國君任用賢人、勇於納諫，則自然讒佞無門、政治清明。本篇所記太宗信任忠臣、懲處邪佞小人的做法，確實令人稱道。

貞觀初，太宗謂侍臣曰：「朕觀前代讒佞之徒[1]，皆國之蟊賊也[2]。或巧言令色，朋黨比周；若暗主庸君，莫不以之迷惑，忠臣孝子所以泣血銜冤。故叢蘭欲茂，秋風敗之；王者欲明，讒人蔽之。此事著於史籍，不能具道。至如齊、隋間讒譖事，耳目所接者，略與公等言之。斛律明月[3]，齊朝良將，威震敵國。周家每歲斲汾河冰[4]，慮齊兵之西渡。及明月被祖孝徵讒構伏誅[5]，周人始有吞齊之意。高熲有經國大才[6]，為隋文帝贊成霸業，知國政者二十餘載，天下賴以安寧。文帝惟婦言是聽[7]，特令擯斥，及為煬帝所殺，刑政由是衰壞。又隋太子勇撫軍監國[8]，凡二十年間，固亦早有定分。楊素欺主罔上[9]，賊害良善，使父子之道一朝滅於天性，逆亂之源，自此開矣。隋文既混淆嫡庶，竟禍及其身，社稷尋亦覆敗。古人云『代亂則讒勝』，誠非妄言。朕每防微杜漸，用絕讒構之端，猶恐心力所不至，或不能覺悟。」

注釋

1 讒佞：指那些進讒言的邪佞小人。2 蟊（粵：矛；普：máo）賊：本指吃禾苗的兩種害蟲，這裏用來比喻危害人民或國家的人。3 斛律明月（五一五—五七二）：即斛律光，字明月，北齊朔州敕勒部（今山西朔城區）人，出身於將門之家，是北朝時期著名的將領。歷任太子太保、尚書令、司空、司徒、太尉、太傅。屢次帶兵戰勝北周兵，戰功卓著，拜為左丞相，別封清河郡公。他的部隊戰鬥力很強，在北齊和北周的頻繁戰爭中，從沒有打過敗仗，北周將士都很怕他。武平三年（五七二），斛律光被奸佞祖珽誣陷為謀反朝廷，誘到宮中殺害。朝野上下都十分悲痛。4 周家：指北周。5 汾河：黃河的第二大支流，也是山西境內最大的河流。5 祖孝徵：即祖珽。北齊大臣。曾散佈謠言，讒殺斛律明月等賢臣。6 高熲（粵：炯；普：jiǒng）：字昭玄，一名敏。隋代名相。自稱渤海蓨縣（今河北景縣）人。隋文帝擬廢太子楊勇，立次子楊廣為太子時，高熲反對，漸被文帝和皇后疏忌；開皇十九年（五九九）被人誣告免官。仁壽四年（六〇四），隋煬帝即位，高熲復起用為太常卿。大業三年（六〇七），因對隋煬帝的奢侈和當時政事有所非議，為人告發，與賀若弼一同被殺。7 文帝：指隋文帝。婦：指隋文帝之妻孤獨皇后。8 隋太子勇：即太子楊勇，楊堅與皇后獨孤氏的長子。楊勇不善於偽裝，比較隨意，而次子楊廣卻是很有心計的人，他與楊素多方設計，陷害楊勇，最後楊勇被貶為庶人，遠離京城。9 楊素（？—六〇六）：字處道，弘農華陰（今陝西華陰）人。初事北周武帝。後事隋文帝楊堅，為上柱國，拜御史大夫，後任荊州總管、納言、尚書左僕射。依附晉王楊廣參與宮廷陰謀，廢太子楊勇，殺文帝。楊廣立，他拜為司徒。楊素十分驕橫，任意侮辱屬臣，凡逆己者，必加陷害。貪圖財貨，廣營產業。

譯文

貞觀初年，太宗對身邊的大臣們說：「我看前代那些進讒言的邪佞小人，都是損害國家的蟊賊。他們花言巧語，結黨營私。如果國君愚昧昏庸，沒有不被迷惑的，這就是忠臣孝子泣血含冤的原因。所以蘭花正要長得茂盛，秋風卻來摧殘它；國君想要明察事理，讒佞小人就來蒙蔽他。這樣的事情都記載在史籍上，不能一一說來。至於北齊和隋朝時期誹謗誣陷忠良的事，我把耳聞目睹的，簡要地向你們說一說。斛律明月是北齊的良將，威名震撼敵國。北周每年冬天都要砸破汾河的封冰，就是擔心北齊的軍隊西渡汾河來進攻。等到斛律明月被祖孝徵的讒言所殺害以後，北周才產生了吞併北齊的念頭。高熲很有治理國家的才能，他協助隋文帝完成霸業，執掌國家政務二十多年，天下靠他得以安寧。可是隋文帝只聽信婦人的話，特意排斥他，到高熲被隋煬帝殺害之後，隋朝的法制政令從此也就衰敗了。另外，隋太子楊勇領軍監國前後有二十年，本來早就確定了儲君的名分。楊素欺君罔上，殘害忠良，使他們父子之間的親情一下子泯滅，叛逆禍亂的根源從此就開始了。隋文帝混淆了嫡子和庶子的名分，結果招來殺身之禍，不久國家也就覆亡了。古人說『世道混亂讒言就會猖獗』，確實不是妄言亂語。我常常防微杜漸，禁絕讒言和誣陷之事的發生，但仍然擔心有心力照顧不到的地方，或者有沒能察覺的問題。」

賞析與點評

「讒佞之徒，皆國之蟊賊也。或巧言令色，朋黨比周。」——太宗把佞臣、小人看成危害國家的蠹蟲。這些人以花言巧語來迷惑君主，騙取信任，又結黨營私，甚至吞食國家的財富。所以，君主務必明察，杜絕讒邪佞小。

貞觀十六年，太宗謂諫議大夫褚遂良曰：「卿知起居比來記我行事善惡？」遂良曰：「史官之設，君舉必書。善既必書，過亦無隱[1]。」太宗曰：「朕今勤行三事，亦望史官不書吾惡。一則鑒前代成敗事、以為元龜；二則進用善人，共成政道；三則斥棄群小，不聽讒言。吾能守之，終不轉也。」

注釋

1 隱：隱諱。指史官寫史時不隱諱國君的過失，據事直書。

譯文

貞觀十六年，太宗對諫議大夫褚遂良說：「你主持起居注事務，近來記錄我做的事是好是壞？」褚遂良說：「設置史官，國君做事必定記錄。做好事必須記錄，有過失也不隱諱。」太宗說：「我現在努力進行三件事，也是希望史官不至於記錄我的過失。一是審察前代成功失敗的事實，作為借鑒；二是進用賢能，共同制定治理國家的策略；三是排斥、疏遠小人，不聽信讒言。我可以堅持下去，始終不改變的。」

悔過第二十四

本篇導讀——

人非聖賢，孰能無過？即使貴為帝王，也難免有過失，重要的是對待過失的態度：掩蓋過失，只會釀成更大的過失；聽從諫言，及時改正過失，就能大大減低損失。太宗亦有懊悔之言，他能反省自己的不足，接納規諫，並改正從善。太宗大量寬宏，勇於自省，聞過即改，從善如流，終致國泰民安，也是他促成「貞觀之治」的原因之一。

貞觀二年，太宗謂房玄齡曰：「為人大須學問。朕往為群凶未定[1]，東西征討，躬親戎事，不暇讀書。比來四海安靜，身處殿堂[2]，不能自執書卷，使人讀而聽之。君臣父子，政教之道，並在書內。古人云：『不學，牆面，莅事惟煩[3]。』不徒言也。

卻思少小時行事[4]，大覺非也。」

注釋

1 群凶：謂與李唐爭奪天下的各方勢力。2 身處殿堂：指身為國君。3「不學」三句：語出《尚書．周書．周官》，意思是，不學習猶如面對牆壁目無所見。比喻不學無術或一無所知。4 卻：還、再之意。

譯文

貞觀二年，太宗對房玄齡說：「做人非常需要學問。我以前因為各方勢力沒有平定，東征西討，親自主持軍務，沒有空閒讀書。近來國家安寧，我又身處於宮殿之上，即使不能親自手執書卷閱讀，也要叫人朗讀給我聽。君臣父子的倫理綱常、政治教化的策略，都寫在書本裏了。古人說：『不學習，就猶如面對牆壁一無所知，碰到事情也就沒有能力解決。』這不是空話。反思自己年輕時的所作所為，覺得很不對。」

賞析與點評

「為人大須學問」——太宗貴為天子，富有四海，卻仍因自己年輕時沒有時間讀書而深感懊悔可惜，於是重申學問、知識的重要性。今天，人們生活在知識型社會中，學問和知識就是力量，相信沒有人會反對這句話。可是現今各種虛假訊息、負面知識充斥於網絡世界，一不留神，很容易被誤導、荼毒。這真教人擔憂、心寒。

貞觀中，太子承乾多不修法度，魏王泰尤以才能為太宗所重，特詔泰移居武德殿。魏徵上疏諫曰：「魏王既是陛下愛子，陛下須使知定分，常保安全，每事抑其驕奢，不處嫌疑之地也。今移居此殿，使在東宮之西，海陵昔居[1]，時人以為不可，雖時移事異，猶恐人之多言。又王之本心[2]，亦不寧息。既能以寵為懼，伏願成人之美。」太宗曰：「幾不思量，朕甚大錯誤。」遂遣泰歸於本第[3]。

注釋

1 海陵：唐高祖第四子齊王李元吉，與太子建成合謀陷害秦王世民，在「玄武門之變」中被誅，後追封為海陵王。2 王之本心：指魏王泰的內心。3 第：即府邸。

譯文

貞觀年間，太子承乾常常不遵守法令制度。魏王李泰因為有才能特別受到太宗器重，太宗特意詔令李泰移居武德殿。魏徵上疏勸諫說：「魏王既然是陛下的愛子，陛下應當讓他懂得自己特定的名分，常常保持安全，每件事抑制驕傲奢侈，不要處在嫌疑的位置上。現在魏王移居這個宮殿，讓他住在東宮的西側；海陵王過去住在這裏，那時候人們都認為不應該，雖說時代遷移，情況變化了，仍然擔心人們七嘴八舌的議論。另外，魏王自己內心也不會安寧。既然他明白到受父王的寵愛應該常持畏懼之心，希望陛下成全他的良好願望。」太宗說：「幾乎沒有仔細考慮，我犯了大錯誤。」於是令魏王泰回到原來的府邸去。

貞觀十八年，太宗謂侍臣曰：「夫人臣之對帝王，多承意順旨，甘言取容。朕今欲聞己過，卿等皆可直言。」散騎常侍劉洎對曰：「陛下每與公卿論事，及有上書者，以其不稱旨，或面加詰難，無不慚退。恐非誘進直言之道[1]。」太宗曰：「朕亦悔有此問，當即改之。」

注釋

1 誘：勸導、鼓勵。

譯文

貞觀十八年，太宗對身邊的大臣們說：「凡是臣下對於帝王，大多是順承旨意，說好聽的話以取悅帝王。我現在想聽聽自己的過錯，你們都可以直言不諱。」散騎常侍劉洎回答說：「陛下每次與大臣討論事情，以及有人上書奏事的時候，因為他的意見不合您的心意，您有時當面加以責難，使他們無不難堪地退下。這恐怕不是勸導臣子直言進諫的方法。」太宗說：「我也後悔有這樣的追問責難，應當立即改正。」

奢縱第二十五

本篇導讀——

貞觀中期社會上出現了奢侈的問題，臣僚希望引起唐太宗的注意，於是提出解決的辦法。他們認為如果帝王奢侈縱慾，則不免橫徵暴斂，耗費民力；臣子奢侈驕縱，則難免自取敗亡。應以「節儉於身、恩加於人二者是務」，臣僚勸諫太宗要戒奢侈、抑驕縱，百姓所患的不僅是貧苦，更重要的是上下不能同甘共苦。如果統治者不能體恤百姓，百姓自然離心離德。眾臣提醒太宗要吸取歷史教訓，儉樸節用，愛惜民力。

貞觀十一年，太宗令所司造金銀器物五十事，侍御史馬周上疏陳時政曰：「臣歷觀前代，自夏、殷、周及漢氏之有天下，傳祚相繼[1]，多者八百餘年，少者猶

四五百年，皆為積德累業，恩結於人心。豈無僻王[2]，賴前哲以免[3]！自魏、晉已還，降及周、隋，多者不過五六十年，少者纔二三十年而亡，良由創業之君不務廣恩化[4]，當時僅能自守，後無遺德可思。故傳嗣之主政教少衰，一夫大呼而天下土崩矣。今陛下雖以大功定天下，而積德日淺，固當崇禹、湯、文、武之道，廣施德化，使恩有餘地[5]，為子孫立萬代之基。豈欲但令政教無失，以持當年而已！且自古明王聖主，雖因人設教，寬猛隨時，而大要以節儉於身、恩加於人二者是務。故其下愛之如父母，仰之如日月，敬之如神明，畏之如雷霆，此其所以卜祚遐長而禍亂不作也[6]。〔……〕

「臣竊尋往代以來成敗之事，但有黎庶怨叛，聚為盜賊，其國無不即滅。人主雖欲改悔，未有重能安全。凡修政教，當修之於可修之時，若事變一起而後悔之，則無益也。故人主每見前代之亡，則知其政教之所由喪，而皆不知其身之有失。是以殷紂笑夏桀之亡，而幽、厲亦笑殷紂之滅。隋帝大業之初，又笑周、齊之失國。然今之視煬帝，亦猶煬帝之視周、齊也。故京房謂漢元帝云[7]：『臣恐後之視今，亦猶今之視古。』此言不可不戒也。〔……〕」太宗曰：「近令造小隨身器物，不意百姓遂有嗟怨，此則朕之過誤。」乃命停之。

注釋

1 祚：帝位。2 僻王：指邪僻不正的國君。3 免：「免於難」的省略用法。4 恩化：用恩德去教化百姓。5 使恩有餘德：謂恩德除了用以自守外，尚能遺留給後代子孫。6 卜祚：古人認為帝位是上天所賜的，而占卜可以測知天意，故以「卜祚」借稱帝位。遐：長遠。7 京房（前七七—前三七）：西漢學者，本姓李，字君明，東郡頓丘（今河南清豐西南）人。由於他開創了今文《易》學「京氏學」，所以馳名於中國學術史。京房的《易》學把災異與政治聯繫在一起，京房講災異的目的在於干政，推行自己的政治主張。由此，當漢元帝召見他時，他就趁機對元帝宣講自己的見解，通過講災變的方法，京房獲得了元帝的信任。

譯文

貞觀十一年，唐太宗下詔令宮中有關司衙鑄造宮內金銀用器五十種，侍御史馬周上疏論述當時的政事說：「臣通觀前朝歷史，從夏朝、殷朝、周朝以及漢朝的情況看來，帝位的傳襲繼承，時間長的有八百多年，短的也有四五百年，都是因為積累德行、功業，他們的恩德深入到百姓的心中。難道其間沒有出現過邪僻不正的國君嗎？只是依賴前朝賢君的恩澤而免於禍患罷了！從魏、晉以來，一直到北周、隋朝，國祚長的不過五六十年，短的僅有二三十年就滅亡了，都是因為創業的帝王沒有致力於推廣恩德教化，當時只能保住自己的帝位，沒有留下讓後人懷念的恩德的緣故。所以繼位的帝王的政治教化稍有衰減，只要有一個人站出來呼覷造反，國家就會土崩瓦解。現在陛下雖然憑巨大的功勛平定了天下，但是積累德行的時間不長，所以應當推崇禹、湯、文王、武王的治國原則，廣泛施行恩德教化，使恩德有餘，為子孫後代奠定萬世傳襲的基礎。怎能只想求得政治教化沒有過失，以保持自己當時的統治就行了！況且自古以來聖明的帝王雖然是因人設教，寬厚和嚴厲隨着時局而變化，但是最關鍵的是在自身節儉、施恩百姓兩個方面。因此百姓愛戴他們像愛戴自己的父母一樣，瞻仰他們像瞻仰日月一樣，尊敬他們像尊敬神靈一樣，畏懼他們像畏懼雷霆一樣，這就是他們的帝位能長久傳承而不發生禍亂的原因。（……）

「臣私下尋找前代以來國家興亡成敗的事情，發現只要有百姓怨恨背叛，聚眾為盜賊，他的國家就沒有不迅速滅亡的。國君雖然想悔改，也不可能重新獲得安全。凡是修整政治教化，應當在能夠修整的時候就去修整，如果事變發生才感到後悔，那就毫無益處了。所以後代的國君只有看見前朝的覆亡，才知道前朝的政治教化失敗的原因，卻完全不知道自己身上所存在的過失。因此殷紂王嘲笑夏桀的滅亡，而周幽王、周厲王又嘲笑殷紂王的滅亡。隋煬帝大業初年，又嘲笑北周、北齊喪失國家。然而現在看隋煬帝，也像隋煬帝當時看北周、北齊一樣。所以，京房對漢元帝說：『臣憂慮後人看待今日的態度，也像今日看待前代的眼光一樣。』

這話不能不引以為戒啊！〔……〕」太宗說：「最近下令製造一些隨身的小器物，沒想到百姓因此就有嗟歎怨言，這就是我的過錯了。」於是命令停止製造。

賞析與點評

「但有黎庶怨叛，聚為盜賊，其國無不即滅。」——貞觀名臣馬周從歷史角度出發，指出一旦國家民怨沸騰，百姓聚眾為盜，朝廷弄不好，便會爆發大規模的民變，最後，必然導致國家滅亡。歷史上屢有這種事情出現，為政者須吸取教訓，以免重蹈覆轍。

貪鄙第二十六

本篇導讀——

太宗認為受賄貪財是得小利而招大弊，得不償失，告誡大臣不能貪得無厭，貪慾乃是罪惡的源泉。如果帝王貪得無厭，就會勞役無度，信任群小，疏遠忠良，最終導致滅亡。如果上下清廉，方可長守富貴，江山永存。所謂「賢者多財損其志，愚者多財生其過」，「大丈夫豈得苟貪財物，以害身命，使子孫每懷愧恥耶？」太宗以此來告誡百官清廉自持，常保身家平安。

貞觀初，太宗謂侍臣曰：「人有明珠，莫不貴重，若以彈雀，豈非可惜！況人之性命甚於明珠，見金銀錢帛不懼刑網，徑即受納，乃是不惜性命。明珠是身外之物，尚不可彈雀。何況性命之重，乃以博財物邪？群臣若能盡忠直，益國利人，

則官爵立至。皆不能以此道求榮，遂妄受錢物。贓賄既露，其身亦殞，實為可笑。帝王亦然，恣情放逸，勞役無度，信任群小，疏遠忠正，有一於此，豈不滅亡！隋煬帝奢侈自賢，身死匹夫之手，亦為可笑。」

譯文

貞觀初年，太宗對侍臣說：「人有明珠，沒有不珍重的，如果拿去彈射雀鳥，不是很可惜嗎？何況人的性命比明珠貴重，見到金銀錢帛不畏懼法網，立即收受，這就是不愛惜性命。珠是身外物，尚且不會拿去彈射雀鳥，何況性命更加貴重，竟然拿去換取財物麼？群臣如果能夠盡心忠誠正直，有益於國家，利於百姓，那麼官職爵位即可以得到。一律不能用這種受賄的手段求取榮華富貴，隨便收受財物。贓物賄賂暴露以後，自身也將死亡，確實可笑。帝王也是這樣，任性放縱，無限度地徵用勞役，信任小人，疏遠忠誠正直的人，有這其中一件事，豈能不滅亡？隋煬帝奢侈而自以為賢能，自身死在普通百姓的手裏，也是可笑。」

賞析與點評

「隋煬帝奢侈自賢，身死匹夫之手，亦為可笑。」——太宗表面上是恥笑隋煬帝驕奢自負，終為宇文化及所弒，不得善終；實質上是以史為鑒，畢竟太宗本人，以至所有的貞觀名臣，都經歷過楊隋王朝的強盛日子，可是短短十年八載之後，大隋天子楊廣，竟為手下部將所弒，盛極一時的隋楊王朝亦土崩瓦解，灰飛煙滅。可笑之餘，箇中關鍵，更值得貞觀君臣探究與深思。

貞觀四年，太宗謂公卿曰：「朕終日孜孜，非但憂憐百姓，亦欲使卿等長守富貴。天非不高，地非不厚，朕常兢兢業業，以畏天地。卿等若能小心奉法，常如朕畏天地，非但百姓安寧，自身常得歡樂。古人云：『賢者多財損其志，愚者多財生其過。』此言可以為深誡。若徇私貪濁，非止壞公法、損百姓，縱事未發聞，中心豈不恆恐懼？恐懼既多，亦有因而致死。大丈夫豈得苟貪財物，以害身命，使子孫每懷愧恥耶？卿等宜深思此言。」

譯文

貞觀四年，太宗對公卿大臣們說：「我整天孜孜不倦，不僅僅是憂念愛惜百姓，也是想讓你們能夠長久地富貴。天並不是不高，地並不是不厚，然而我常常兢兢業業，是因為對天地十分敬畏。你們如果能夠小心謹慎奉公守法，經常像我敬畏天地一樣，不但能夠使得百姓安寧，你們自身也能經常得到快樂。古人說：『賢明的人如果財產多了，就會損害他們的志向；愚蠢的人如果財產多了，就會造成他們的過錯。』這話可以深以為誡。如果徇私貪污，不但是破壞了國法，傷害了百姓，即使事情沒有敗露，心中怎能不常懷恐懼呢？恐懼多了，也有因此而導致死亡的。大丈夫怎麼能夠因為貪圖財物而害了自身性命，使子孫後代每每為此感到慚愧羞恥呢？你們應當深刻地思考這些話。」

貞觀十六年，太宗謂侍臣曰：「古人云：『鳥棲於林，猶恐其不高，復巢於木[1]；魚藏於泉，猶恐其不深，復穴於窟下[2]。然而為人所獲者，皆由貪餌故也。』今人臣受任，居高位，食厚祿，當須履忠正，蹈公清，則無災害，長守富貴矣。古人云：『禍福無門，惟人所召[3]。』然陷其身者，皆為貪冒財利[4]，與夫魚鳥何以異哉？卿等宜思此語，用為鑒誡。」

注釋

1 巢：構巢。2 穴：築穴。窟下：水窟底部。3「禍福無門」二句：語出《左傳・襄公二十三年》。意謂禍福無定，由人自取。4 貪冒：貪圖。語出《左傳・文公十八年》

譯文

「貪於飲食，冒於貨賄」。

貞觀十六年，太宗對身邊的大臣說：「古人說：『鳥棲息在樹林裏，還擔心樹木不夠高，又在樹梢上築巢；魚潛藏在泉水裏，還擔心水不夠深，又在洞窟下做穴。但是牠們仍然被人捕獲，這都是因為貪食誘餌的緣故啊。』現在臣子接受任命，身居高位，享有厚祿，應當做事忠誠正直，遵循清廉無私的原則，那麼就不會有災難，能長久保持富貴。古人說：『禍福無定，由人自取。』然而那些以身犯法的人，都是因為貪圖財利，這與那些魚和鳥有什麼不同呢？你們應該思考這些話，作為借鑒和告誡。」

卷七

崇儒學第二十七

本篇導讀——

自漢武帝採納董仲舒「罷黜百家，獨尊儒術」的建議以來，儒家思想就成為歷代王朝的統治思想，備受推崇。太宗即位之初，也着意文治，崇尚儒學。因此他連年下詔，確定孔子、顏回為先聖先師，設置弘文館。同時命令顏師古考定五經、孔穎達撰寫《五經正義》，「付國學施行」。貞觀時期崇孔尊儒，興學重教，把勤奮學習儒家思想看作是一種美德，使儒學成為封建社會的正統思想，其目的是為了維護君主的統治。

太宗初踐阼[1]，即於正殿之左置弘文館[2]，精選天下文儒，令以本官兼直學士[3]，給以五品珍膳，更日宿直[4]，以聽朝之隙，引入內殿，討論墳典[5]，商略

政事，或至夜分乃罷。又詔勛賢三品已上子孫，為弘文館學生。

注釋

1 踐阼：即位。踐，踏。阼，大殿前東面的台階稱「阼」，君主即位時踐阼升殿，因稱君主即位為「踐阼」。2 弘文館：唐武德四年（六二一）置修文館於門下省。九年（六二六），太宗即位，改名弘文館。聚書二十餘萬卷。置學士，掌校正圖籍，教授生徒。置校書郎，掌校理典籍，刊正錯謬。3 直學士：學士。唐代置學士於學士院，以文學言語參謀諫諍，掌制誥，得受優寵。其後有承旨、侍讀、侍講、直學士等品秩之分。直，通「值」，兼任之意。4 更日：隔日或按日輪換。宿直：夜間值班。5 墳典：「三墳」、「五典」的並稱，後轉為古代典籍的通稱。

譯文

太宗登基初年，就在皇宮正殿的左邊修建了一座弘文館，精選了全國通曉儒學的人，讓他們以原來的官職兼任弘文館學士，供給他們五品以上高官的珍貴飲食享用，按日輪流在皇宮裏值班，在皇帝上朝的間隙就召到內殿來，討論古代典籍，商議治政方略，有時到夜深才結束。太宗又下詔讓那些三品以上有功勛有才能的人的子孫，做弘文館的學生。

貞觀二年，詔停以周公為先聖，始立孔子廟堂於國學[1]，稽式舊典[2]，以仲尼為先聖，顏子為先師[3]，而籩豆干戚之容[4]，始備於茲矣。是歲大收天下儒士，賜帛給傳[5]，令詣京師，擢以不次[6]，布在廊廟者甚眾[7]。學生通一大經已上[8]，咸得署吏。國學增築學舍四百餘間，國子、太學、四門、廣文亦增置生員[9]，其書、算各置博士、學生[10]，以備眾藝[11]。自玄武門屯營飛騎亦給博士[12]，授以經業[13]，有能通經者，聽預貢舉[14]。太宗又數幸國學，令祭酒、司業、博士講論[15]，畢，各賜以束帛。四方儒生負書而至者，蓋以千數。俄而吐蕃及高昌、高麗、新羅等諸夷酋長亦遣子弟請入於學[16]。於是國學之內，鼓篋升講筵者[17]，幾至萬人，儒學之興，古昔未有也。

注釋

1 國學：周代的「國學」只是國家所辦的「貴族子弟學校」。此後朝代更替，「國學」逐步由小學演變為高等學府。2 稽式：準則，法式。這裏引申為取法。3 顏子：即顏淵。4 籩（粵：邊；普：biān）豆：籩和豆，古代祭祀時盛食物的禮器。干戚：盾和大斧，古代祭祀時操干戚以舞。5 給傳：謂朝廷給予驛站車馬。漢代，凡朝廷徵召之人由公車（官署名）以車接送。6 不次：不依尋常次序。7 廊廟：這裏指朝廷。

8 大經：唐代國子監教課及進士考試經書，皆按經文長短分大、中、小三級，唐以

《禮記》、《春秋左氏傳》為大經。9 國子：指國子學（監），我國封建時代的教育管理機關和最高學府，唐代國子學下轄國子、太學、四門學、廣文館、書學、算學和律學共七學。國子學是教文武三品以上官員及國公的子孫。太學：與國子學（監）均為傳授儒家經典的最高學府，太學是教文武五品以上官員及郡縣公的子孫。四門：即四門學。性質與國子學、太學同，教育對象是七品以上官員及普通人家的優秀子弟。廣文：「廣文館」的簡稱。官署名，領國子學中修進士業者。10 書、算：即指書學和算學。書學是唐代培養書法人才的學校。算學是培養天文、數學人才的學校。11 眾藝：各種技藝，引申作各學科。12 屯營飛騎：守衛宮廷的駐軍。唐貞觀十二年，在京師長安宮廷的玄武門置左右屯，以諸衞將軍統領，其兵稱飛騎。13 經業：學習經書。14 貢舉：古代官員向皇帝、朝廷舉薦人員，泛稱貢舉。15 祭酒：為國子監的主管官員。司業：學官名。隋以後國子監置司業，為監內的副長官，協助祭酒，掌儒學訓導之政。博士：古代學官名，管教七品以上官員的子弟以及有才幹的庶人子弟。16 吐蕃：公元七至九世紀時我國古代藏族所建政權，與唐經濟文化聯繫至為密切。高昌：故城坐落在今新疆維吾爾自治區吐魯番東面四十多公里的三堡鄉。六四〇年，唐朝統一高昌，在此設立西州。高麗：少數民族政權之一，在今朝鮮半島。新羅：朝鮮半島東南部土著民族建立的本土政權。17 鼓篋：謂擊鼓開篋，古時入學的一種儀式。這裏借指來求來求學的人。講筵：講經、講學的處所。這裏借指講學的人。

譯文

貞觀二年，太宗下詔停止廟祀周公為先聖，開始在國子學內建立奉祀孔子的廟堂，取法舊有的制度，尊孔子為先聖，顏淵為先師，廟堂兩邊陳列的籩豆、干戚等禮器和樂舞用具從此齊備了。這一年又廣泛招攬天下的儒士，賞賜他們布帛，供給他們驛傳車馬，讓他們到京城來，不按尋常的次序授予他們高低不等的官職，因此在朝廷做官的儒士有很多。太學生中如能讀通《禮記》、《左傳》大經中的一種，都能任職為吏。在國子學內增建了四百多間房舍，國子、太學、四門、廣文四學也都增加了學生的名額，書學、算學也分別設置了博士、招收學生，使各種科目都設置完備。自玄武門屯營飛騎的士兵亦發遣博士，以經業教授將士，若有學成而能通經的，則由所部舉薦給朝廷授職。太宗又幾次親自前往國學，命祭酒、司業以及博士等學官進行講論，講完後每人賞賜五匹帛。四面八方帶着書趕來求學的儒生數以千計。不久以後吐蕃和高昌、高麗、新羅等四夷的酋長們也派他們的子弟前來申請入學。於是在國子學內，前來講學和求學的人幾乎達到萬人，儒學這麼興旺，是自古以來未曾有過的。

太宗嘗謂中書令岑文本曰：「夫人雖稟定性[1]，必須博學以成其道，亦猶蜃性含水[2]，待月光而水垂；木性懷火，待燧動而焰發[3]；人性含靈，待學成而為美。是以蘇秦刺股[4]，董生垂帷[5]。不勤道藝，則其名不立。」文本對曰：「夫人性相近，情則遷移，必須以學飭情[6]，以成其性。《禮》云：『玉不琢不成器，人不學不知道[7]。』所以古人勤於學問，謂之懿德[8]。」

注釋

1 稟：承受，指自然的體性或氣質。2 蜃（粵：慎；普：shèn）：即大蛤蜊。棲息於潮濕地帶及淺海泥沙灘的表層，可供食用。相傳大蛤蜊的本性含水，等到有月光的時候才噴出來，借用光的折射原理形成美麗的圖案。3 燧（粵：隧；普：suì）：古代取火的器具。4 **蘇秦刺股**：蘇秦，字季子。洛陽（今河南洛陽）人，師事鬼谷子。戰國時期，中原大地七雄並立，蘇秦憑藉自己的學識和口才游說當時最強大的秦國，希望得到重用，但是未能如願。後得《太公陰符經》，潛心研讀。讀書欲睡，就用錐子刺自己的大腿，血流至腳跟，經過了一番努力，終於學有所成，成功游說諸侯，合齊、楚、燕、趙、魏、韓六國抗秦，佩六國相印。5 **董生垂帷**：董生，名仲舒，廣川（今河北棗強）人，漢景帝時為博士。相傳他在講學時，為專心教書，放下帷幕，弟子均不得見其面。武帝即位，上對策三篇，任用為江都王相。生平講學著書，他建議「獨尊儒術，罷黜百家」，為武帝所採納，使儒學成為封建社會的正統。6 飭情：即要懂得控制情感。飭，告誡、制約。7「玉不琢不成器」二句：語出《禮記．學記》。琢，雕琢，加工玉器。8 懿德：美德。懿，美好，多指品德。

譯文

太宗曾對中書令岑文本說：「人雖然各自有確定的秉性，但必須博學才能有所成就，就像大蛤蜊本性含水，但要等月光照射時才會把水吐出來而形成美麗的圖案；又像木材本身包含易燃的因素，但要靠鑽動燧石才能燃出火來；人的本性中包含着聰明靈巧，但要通過學習才能顯出他的美質。所以當年有蘇秦刺股和董生垂帷這樣刻苦學習的故事。說明不勤奮學習道德和技能，就不會樹立起他們的名聲。」岑文本回答說：「人的天性是相近的，但人的情趣則可以隨時變化，必須依靠學習來駕馭情感，成就人的本性。《禮記》上說：『玉不琢不成器，人不學不知道。』所以古人都注重勤奮學習，把它看作是一種美德。」

賞析與點評

「人雖稟定性，必須博學以成其道。」——人的本性，先天稟賦固然是重要因素，但仍須依靠後天的學習方可臻於正道的。《禮記》有云：「人不學不知道。」讀書、求知識，能使人明是非，懂禮儀，掌握道理，認識外部世界，從而尋找自己的道路。

文史第二十八

本篇導讀——

太宗在閱讀史書時發現前朝史書多看重靡麗文章，不務政事。因而鼓勵臣子上書論政，要「詞理切直，可裨於政理者」，同時他認為「若事不師古，亂政害物，雖有詞藻，終貽後代笑」。此外，太宗還特別關注記載自己言行的起居注，他認為「國史，用為懲惡勸善，書不以實，後嗣何觀」？因而他對玄武門事變的記載，要求史官秉筆直書，使「雅合至公之道」，從而反映出作者自己提倡秉筆直書、反對曲筆的觀點。

貞觀十一年，著作佐郎鄧隆表請編次太宗文章為集[1]。太宗謂曰：「朕若制事出令，有益於人者，史則書之，足為不朽。若事不師古，亂政害物，雖有詞藻，終貽後代笑，非所須也。只如梁武帝父子及陳後主、隋煬帝[2]，亦大有文集，而所為多不法，宗社皆須臾傾覆。凡人主惟在德行，何必要事文章耶？」竟不許。

注釋

1 著作佐郎：著作局屬官。《新唐書·百官志二》云：「著作局。郎二人，從五品上；著作佐郎二人，從六品上。」著作郎掌撰碑誌、祝文、祭文，與佐郎分判局事，專掌史任。鄧隆：相州（今河南安陽）人。貞觀初，召授國子主簿，與崔仁師、慕容善行、劉顗、庾安禮、敬播均為修史學士。後改著作佐郎，歷衞尉丞。2 梁武帝父子：指南朝的梁武帝蕭衍和其子蕭統。梁武帝（四六四—五四九），名蕭衍，字叔達，富有政治、軍事才能；在學術研究和文學創作上更有突出成就。陳後主（五五三—六〇四）：即陳叔寶，南朝陳皇帝。在位時頻建宮室，生活奢華無度。禎明三年（五八九），隋兵入建康（今江蘇南京），兵敗被俘。後病死於洛陽，追封為長城縣公。

譯文

貞觀十一年，著作佐郎鄧隆上表請求將太宗的文章編輯成文集。太宗對他說：「我制訂的政策、發出的詔令，如果對人民有好處的，史書已經記載了，足以流傳不朽。如果處理的事務不師法古人，擾亂國家、對百姓有害，雖然文章辭藻華麗，終究會被後代恥笑，這不是我需要的。像梁武帝父子和陳後主、隋煬帝，也都有文集，但是他們的所作所為大多不合法度，國家在短時間內就滅亡了。凡是做君主的只須着重於道德品行的修養，何必從事文章的寫作呢？」太宗最終沒有允許編輯文集的事。

賞析與點評

「事不師古，亂政害物，雖有詞藻，終貽後代笑，非所須也。」——對太宗而言，以隋亡為鑒是貞觀君臣亟欲闡述的歷史教訓，若不懂得學習前人經驗，只會亂了政局，傷害人民。那時，雖有辭藻華麗的文章，也只是文過飾非，毫無意義。結果，只會貽笑後世，這並不是為政者所需要的。

貞觀十三年，褚遂良為諫議大夫，兼知起居注。太宗問曰：「卿比知起居，書何等事？大抵於人君觀見否？朕欲見此注記者，將卻觀所為得失以自警戒耳[1]！」遂良曰：「今之起居，古之左、右史[2]，以記人君言行，善惡畢書，庶幾人主不為非法，不聞帝王躬自觀史。」太宗曰：「朕有不善，卿必記耶？」遂良曰：「臣聞守道不如守官，臣職當載筆[3]，何不書之。」黃門侍郎劉洎進曰：「人君有過失，如日月之蝕，人皆見之。設令遂良不記，天下之心皆記之矣！」

注釋

1 卻觀：再看一遍。2 左、右史：周代史官分左史、右史。左史記言，右史記事。負責記錄天子、國君的一切言行。3 載筆：從事記錄。

譯文

貞觀十三年，褚遂良任諫議大夫兼任起居郎。太宗問他說：「你近來負責起居注的工作，記錄了哪些事？大概對皇帝來說可不可以看？我想看這些記錄的原因，不過是再看看所作所為的得失，用來警惕和告誡自己。」褚遂良說：「現在的起居注，就是古代的左史和右史，用來記錄皇帝的言行，好壞都記下來，希望皇帝不作非法的事，未聽說皇帝要親自閱讀起居注。」太宗說：「我有不好的事，你一定記嗎？」褚遂良說：「我聽說遵守君臣道義不如忠於自己的職責，我的責任是從事記錄，為什麼不記呢？」黃門侍郎劉洎進言說：「皇帝有過失，就像日蝕和月蝕一樣，眾人都看見。即使褚遂良不記，天下人也都記下來了。」

禮樂第二十九

本篇導讀——

太宗認為「禮樂之作，是聖人象物設教，以為撙節」的，因此他下詔吏部尚書高士廉等刊正姓氏，撰寫《氏族志》，其目的在於「崇樹今朝冠冕」。他還詔曰：「氏族之美，實繫於冠冕；婚姻之道，莫先於仁義」，「使識嫁娶之序，務合典禮」。禮樂是綱常倫理的關鍵，是處理人際關係、調整君臣秩序的原則。太宗詔令改革禮制，自身躬行不輟，並用禮法教誡諸子大臣，懂得「禮樂」是一種有效的治國方式。古代帝王常用興禮樂為手段以求達到尊卑有序、遠近和合的統治目的。

太宗初即位，謂侍臣曰：「准《禮》[1]，名，終將諱之[2]，前古帝王，亦不生

諱其名。故周文王名『昌』，《周詩》云：『克昌厥後[3]。』春秋時魯莊公名『同』，十六年《經》云[4]：『齊侯、宋公同盟於幽。』惟近代諸帝，皆妄為節制，特令生避其諱，理非通允，宜有改張。」因詔曰：「依《禮》，二名義不偏諱[5]。尼父達聖[6]，非無前指。近世以來，曲為節制[7]，兩字兼避，廢闕已多，率意而行，有違經語。今宜依據禮典，務從簡約，仰效先哲，垂法將來。其官號人名及公私文籍，有『世』及『民』兩字不連讀，並不須避。」

注釋

1 准《禮》：按照《周禮》。准，按照。2「名」二句：意謂人的名字，要等到他死了以後才避諱。《左傳・桓公六年》云：「周人以諱事神，名，終將諱之。」意謂周代用避諱事奉神靈，人死之後，他的名字就必須避諱。封建時代為了維護等級制度的尊嚴，說話寫文章時遇到君主或尊親的名字都不可直接說出或寫出，叫做避諱。3 克昌厥後：能使他的子孫昌盛。語出《詩經・周頌・雍》，此詩為武王祭文王的樂歌，中有「燕及皇天，克昌厥後」兩句。4 十六年：指魯莊公十六年。《經》：指《春秋》經。5「依《禮》」二句：意謂按照《禮記》，人名的兩個字，不需要一一避諱。《禮記・曲禮上》云：「二名不偏諱。」鄭玄注：「謂二名不一一諱也。孔子之母名『徵在』，言『在』不稱『徵』，言『徵』不稱『在』。」6 尼父：又作尼甫，是古人對孔子的尊稱。

7 曲：彎曲。引申作不正，不合理。

譯文

太宗即位之初，對身邊的大臣們說：「按照《周禮》，人的名字要等到死後才避諱，從前古代帝王的名字也不在他們生前避諱。因此周文王名『昌』，《周頌》上說：『克昌厥後。』春秋時魯莊公名『同』，莊公十六年《春秋》經記載着：『齊侯、宋公同盟於幽。』只有近代這些帝王才亂加限制，特意下令在其生前就要避諱，這在道理上講不通，應當有所改變。」於是下詔說：「按照《禮記》，人名的兩個字，不需要一一避諱。孔子是通達事理的聖人，以前不是沒有指出過。近代以來，不合理地加以限制，人名的兩個字都要避諱，廢除和空缺的字因此很多，這樣輕率任意地做，有違經典的訓示。現在應該依據禮法，務必遵行簡約的規定，效法前朝聖人，給後世留下可行的法則。官職、人名以及公私文書典籍中，有『世』和『民』兩個字而並不連讀的，都不用避諱。」

貞觀六年，太宗謂尚書左僕射房玄齡曰：「比有山東崔、盧、李、鄭、四姓[1]，雖累葉陵遲[2]，猶恃其舊地，好自矜大，稱為士大夫。每嫁女他族，必廣索聘財，以多為貴，論數定約，同於市賈，甚損風俗，有紊禮經，既輕重失宜，

理須改革。」〔……〕太宗謂曰：「我與山東崔、盧、李、鄭，舊既無嫌，為其世代衰微，全無官宦，猶自云士大夫。婚姻之際，則多索錢物。或才識庸下，而偃仰自高[3]，販鬻松檟[4]。依託富貴。我不解人間何為重之？且士大夫有能立德立功，爵位崇重，善事父君，忠孝可稱；或道義素高，學藝宏博，此亦足為門戶，可謂天下大丈夫。今崔、盧之屬，惟矜遠葉衣冠[5]，寧比當朝之貴？公卿已下，何假多輸錢物，兼與他氣勢，向聲背實[6]，以得為榮。我今定氏族者，誠欲崇樹今朝冠冕[7]，何因崔幹猶為第一等，只看卿等不貴我官爵耶！不須論數代已前，止取今日官品、人才作等級，宜一量定，用為永則。」遂以崔幹為第三等。至十二年成書，凡百卷，頒天下。

又詔曰：「氏族之美，實繫於冠冕。婚姻之道，莫先於仁義。自有魏失禦，齊氏云亡，市朝既遷[8]，風俗陵替[9]，燕、趙古姓，多失衣冠之緒，齊、韓舊族，或乖德義之風。名不著於州閭，身未免於貧賤，自號高門之冑，不敦匹嫡之儀[10]，問名惟在於竊貲[11]，結褵必歸於富室[12]。乃有新官之輩，豐財之家，慕其祖宗，競結婚姻，多納貨賄，有如販鬻。或自貶家門，受屈辱於姻婭[13]；或矜其舊望，行無禮於舅姑[14]。積習成俗，迄今未已，既紊人倫，實虧名教。朕夙夜兢惕，憂勤政道，往代蠹害，咸已懲革，惟此弊風，未能盡變。自今已後，明加告示，使識嫁娶之序，務合典禮，稱朕意焉。」

注釋

1 山東：秦漢時期的山東泛指華山、崤山以東。後世則指黃河流域中下游一帶。2 葉：世。陵遲：衰落之意。3 偃仰自高：自以門第高貴而悠閒自得。4 松檟：樹木名稱。檟樹常與松樹一起種在墳墓前。這裏指死去的祖先的名望。5 遠葉：世代以來的意思。衣冠：世族、高門的同義詞。6 向聲背實：崇尚名聲，不顧實際。7 今朝冠冕：今朝，當今世代的意思。冠冕，這裏借指仕宦官爵。我國古代社會等級森嚴，階級地位的高低往往決定人的尊卑貴賤。除了衣飾之外，冠冕、巾幘也尊卑分明。8 市朝：本指爭名逐利之所。這裏泛指朝野。9 陵替：衰落，衰敗。10 敦：遵循，遵守。匹嫡：這裏指締結婚姻。11 問名：舊時婚禮中六禮之一。謂男家具書託媒請問女子的名字和出生的年月日。這裏泛指求親。12 結褵（粵：梨；普：lí）：代稱成婚。13 姻婭（粵：亞；普：yà）：泛指姻親。14 舅姑：妻稱夫之父母（俗稱公婆）、夫稱妻之父母（俗稱岳父母）皆曰舅姑。

譯文

貞觀六年，太宗對尚書左僕射房玄齡說：「近來山東崔、盧、李、鄭四姓，雖然累世衰落，仍依仗舊時的聲望，喜歡誇耀自大，稱為士大夫。每嫁女給別族，都要大索聘禮財物，以要的多為尊貴，按數目定婚約，就像市場上的商人，很敗壞風俗，又紊亂禮法，既然他們的地位已不恰當，理應加以改革。」（……）太宗說：「我和山東崔、盧、李、鄭四姓，過去沒有恩怨，只因他們累世衰落，又無人作官，還自稱士大夫。嫁娶的時候，又索取很多錢財物品。有的才能低下，自以為門第高貴而悠閒自得，販賣祖宗的名望，依靠聲望來發財，我不理解社會上為什麼看重他們。再說士大夫有才能建立德業、功業，爵位崇高，善於侍奉君主和父母，忠孝都值得讚揚；或者道德仁義向來高尚，學問技藝宏大廣博。這些也足夠成為高尚門第，可以說是天下的大丈夫。現在崔、盧這些人，只誇耀遠代的冠冕，怎能比上我朝的尊貴？從公卿到下面，憑什麼送他們這麼多財物，又助長他們的氣勢，只圖虛名，不顧實際，以得到這樣為光榮。我現在定立氏族等級，實在是想推崇樹立我朝的官爵，為什麼崔幹還列為第一等，只是看出你們不貴重的官爵！不要看幾代以前，只按今天的官品、人才作為等級，應該統一衡量決定，用作永久的評定等第的原則。」於是列崔幹為第三等。到貞觀十二年全書完成，共一百卷，頒佈全國。

太宗又下詔說：「氏族值得讚美的地方，實際上是和官爵聯繫在一起的。婚姻的準則，應該先講究仁義道德。自從北魏喪失統治能力，北齊滅亡，朝野已經變遷，風俗也已衰落，燕、趙的古姓家族，很多已經失去了官宦的地位，齊、韓的舊家大族，有的也違背了禮義的風氣。他們的名字在州郡裏已經聽不到了，自身也不免變得貧賤，還自命是高門貴族的後代，不遵循婚姻的禮儀，求親只是為了勒索財物，締結婚約一定要尋找富裕人家。於是就有一些新做官的人和有錢的人家，羨慕那些人祖宗的名聲，爭相和他們結成姻親，贈送大量的彩禮，就像買賣東西一樣。有的自己降低門第，受到姻親的污辱；有的還誇耀自己過去的門第，對公公婆婆沒有禮貌。這些壞習慣已積習成俗，至今還沒有停止，既紊亂了人倫，又損害了名教。我日夜戰戰兢兢，思索治國之道，對歷代的積習弊端都作了懲治和革除，只有這種壞風氣還沒能完全改變。從今以後，明白告示，使大家懂得嫁娶的禮儀，一定要遵守禮法，這才符合我的心意。」

賞析與點評

「累葉陵遲，猶恃其他，好自矜大，稱為士大夫。」——太宗認為那些所謂的士族高門，幾代以來早已衰落，然而他們仍依仗着舊時的聲望，喜歡誇耀自大，自抬身價，稱為士大夫，以示高人一等。實際上就是在挑戰李唐王朝的統治權威，在社會上形成一種不良的風氣。所以，太宗命高士廉修《氏族志》，重新制定門閥士族的標準，以當朝官職為考慮。可惜，事與願違，太宗的想法並不奏效，終李唐一朝歷史，門閥士族依然是整體社會不同階層所景仰、所欲攀附的一群。

禮部尚書王珪子敬直，尚太宗女南平公主[1]。珪曰：「《禮》有婦見舅姑之義，自近代風俗弊薄，公主出降，此禮皆廢。主上欽明[2]，動循法制，吾受公主謁見，豈為身榮，所以成國家之美耳。」遂與其妻就位而坐，令公主親執巾，行盥饋之道[3]，禮成而退。太宗聞而稱善。是後公主下降有舅姑者，皆遣備行此禮。

注釋

1 尚：匹配，專指匹配皇室女兒。2 欽明：皇帝英明。欽，皇帝所作之事的敬稱。3 盥饋（粵：貫櫃；普：guàn kuì）之道：古時婚姻禮節之一，新媳婦過門見公婆時，要先給公婆取水洗手，然後送上食物。盥，澆水洗手。饋，進食。

譯文

禮部尚書王珪的兒子敬直，娶太宗的女兒南平公主。王珪說：「《儀禮》記錄了兒媳婦拜見公婆的禮節，自近代以來風俗敗壞淺薄，公主出嫁，拜見公婆的禮節都廢棄了。現在皇帝英明，一切行為皆遵循法制，我接受公主的拜見，難道是為了自我光榮，是以此成全國家美德的緣故罷了。」於是與妻子坐在座位上，命公主親自拿帕子，行洗手進食的禮節，禮畢後才退下。太宗聽到稱讚好。自此以後，公主下嫁到有公婆的家庭時，都要讓公主完成這樣的禮節。

貞觀十三年，禮部尚書王珪奏言：「准令三品以上，遇親王於路[1]，不合下馬，今皆違法申敬，有乖朝典。」太宗曰：「卿輩欲知崇貴，卑我兒子耶？」魏徵對曰：「漢、魏以來，親王班次三公以下[2]。今三品並天子六尚書九卿[3]，為諸王下馬，王所不宜當也。求諸故事[4]，則無可憑，行之於今，又乖國憲，理誠不可。」帝曰：「國家立太子者，擬以為君。人之修短，不在老幼。設無太子，則母弟次立。以此而言，安得輕我子耶？」徵又曰：「殷人尚質，有兄終弟及之義。自周以降，立嫡必長[5]，所以絕庶孽之窺窬[6]，塞禍亂之源本，為國家者，所深慎之。」太宗遂可王珪之奏。

注釋

1 親王：唐代以皇帝的兄弟和兒子為親王，是所有爵位中最尊貴的一種。2 班：官員上朝時排列的等級次序，越前者，越尊貴。3 九卿：漢唐以來，中央官員機構的泛稱。4 **故事**：先例，舊時的典章制度，前朝舊例。5 **立嫡**：確立嫡妻所生之子為繼承人。在傳統社會，正妻為嫡，正妻所生之子稱為嫡子。6 **庶孽**：即庶子，與嫡子相對而言，為妾媵所生。**窺窬**（粵：餘；普：yú）：同覬覦，即有非分的企圖與希望。

譯文

貞觀十三年，禮部尚書王珪上奏章說：「按照法令，三品以上的官員在路上遇到親王，不應該下馬行禮，現在都違背法令來表明尊敬，有違朝廷的法典。」太宗說：「你們這些人想抬高自己，貶低我的兒子嗎？」魏徵回答說：「漢、魏以來，親王排列等級都在三公之下。現在三品官員和六部尚書、九卿都給親王下馬行禮，這是親王不應承受的。尋找先例，沒有依據；現在施行，又違國法，於理實在不可。」太宗說：「國家立太子，是準備他成為皇帝。一個人的優劣，不在年齡大小。假如沒有太子，則同母弟當依次立為太子。按這個來說，怎能輕視我的兒子？」魏徵又說：「殷人崇尚樸實，有兄死傳弟的情誼。自周朝以來，立嫡必立長子，用來根絕庶子非分的想法，堵塞禍亂的根源。治理國家的人，對此要十分謹慎。」太宗於是允許王珪的奏請。

賞析與點評

「違法申敬，有乖朝典。」——魏徵認為三品官員遇到親王下馬行禮，或許表示對對方的尊敬，但卻違反了國家法規，更是不符朝廷的禮儀制度。這種風氣，必須禁止。在極為講究禮儀法規的古代社會，魏徵的看法是嚴肅而明確的。因而，太宗雖力爭官員向親王行禮，仍不能強行為之。結果，還是下令停止了這種不合法規、禮儀之事。

卷八

務農第三十

本篇導讀——

太宗認為「凡事皆須務本。國以人為本，人以衣食為本，凡營衣食，以不失時為本」，「君無為則人樂，君多欲則人苦」，強調要省傜薄賦，不奪農時，期望五穀豐登，農民安居樂業。我國是傳統的農業國家，歷代王朝都把農業視為國家的根本，推行重農政策。農業發達，國家才能富庶；國家富庶，社會才能安定，王朝才能國祚綿長。唐太宗推行了輕傜薄賦的農業政策，使農業生產迅速恢復，這也為實現「貞觀之治」提供了必要的物質基礎。

貞觀二年，太宗謂侍臣曰：「凡事皆須務本。國以人為本，人以衣食為本，凡營衣食，以不失時為本。夫不失時者，惟在人君簡靜乃可致耳[1]。若兵戈屢動，

土木不息，而欲不奪農時，其可得乎？」王珪曰：「昔秦皇、漢武，外則窮極兵戈，內則崇侈宮室，人力既竭，禍難遂興。彼豈不欲安人乎？失所以安人之道也。亡隋之轍，殷鑒不遠，陛下親承其弊，知所以易之。然在初則易，終之實難。伏願慎終如始，方盡其美。」太宗曰：「公言是也。夫安人寧國，惟在於君。君無為則人樂[2]，君多欲則人苦。朕所以抑情損欲，克己自勵耳。」

注釋

1 簡靜：謂簡易寧靜，施政不繁苛，不擾民生。2 無為：順應自然，無為而治。

譯文

貞觀二年，太宗對身邊的大臣說：「凡處理事情都必須抓住根本。國家以民眾為根本，民眾以衣食為根本，凡經營衣食，以不失農時為根本。而不違背農時，在於國君施政不繁苛才可以達到。假若連年征戰，土木營建不停息，而想不擠佔農事的時令，怎麼可能呢？」王珪說：「從前秦始皇、漢武帝對外窮兵黷武，對內大造宮室，人力用盡，災難隨即就會發生。他們難道不想讓人民安居樂業嗎？只是失去了能安定人民的辦法。隋朝滅亡的教訓，殷鑒不遠，陛下親身承受隋朝的弊病，知道怎樣去改造。然而事情開始還容易做到，要堅持到底就很難了。但願陛下能夠始終謹慎小心，才能達到最完善的境界。」太宗說：「你說得對啊。要使人民安樂、國家安寧，關鍵在於國君。國君能夠無為而治，人民就能安樂；國君貪得無厭，人民就要受苦。所以我要抑制感情、減少私慾，克制自己並自我勉勵。」

賞析與點評

「凡事皆須務本」——任何事情都有其根源由來，處事者必須釐清問題的根源所在，所謂「正本清源」。從根源入手，順其自然，該去的去，該留的留，不必橫生枝節，事情最終會得到妥善的發展。

貞觀二年，京師旱，蝗蟲大起。太宗入苑視禾[1]，見蝗蟲，掇數枚而祝曰[2]：「人以穀為命，而汝食之，是害於百姓。百姓有過，在予一人，爾其有靈，但當食我心，無害百姓。」將吞之，左右遽諫曰：「恐成疾，不可。」太宗曰：「所冀移災朕躬，何疾之避！」遂吞之。自是蝗不復為災。

注釋

1 苑：即禁苑，是帝王畜養動物和種植植物林木的地方。2 掇：雙手捧取。

譯文

貞觀二年，京師長安大旱，蝗蟲為患。太宗到皇室禁苑視察農作物，看見蝗蟲，雙手捧起幾隻蝗蟲祈求說：「糧食是百姓的生命，你吃了糧食，是坑害百姓。百姓有過錯，責任在我一人，你如果有靈性，只該吃我的心，不要傷害百姓。」祈求完畢後，就要吞下蝗蟲，左右的人急忙勸說：「吃下去怕要生病，不可吃。」太宗說：「我希望災禍轉移到我身上，還避免什麼病呢！」就吞了蝗蟲。從此蝗蟲不再為害。

貞觀十六年，太宗以天下粟價率計斗直五錢，其尤賤處，計斗直三錢，因謂侍臣曰：「國以人為本，人以食為命，若禾黍不登[1]，則兆庶非國家所有。既屬豐稔若斯[2]，朕為億兆人父母，安得不喜？惟欲躬務儉約，必不輒為奢侈。朕常欲賜天下之人，皆使富貴。今省徭薄賦，不奪其時，使比屋之人，恣其耕稼，此則富矣。敦行禮讓，使鄉閭之間，少敬長，妻敬夫，此則貴矣。但令天下皆然，朕不聽管弦，不從畋獵，樂在其中矣！」

注釋

1 不登：指糧食歉收。登，糧食成熟。2 豐稔：豐熟，豐收。

譯文

貞觀十六年，太宗因為全國大多數地方的糧價每斗值五枚錢，最便宜的地方，一斗只值三枚錢，於是對身邊的大臣說：「國家以民眾為根本，民眾把糧食視為生命，如果糧食歉收，那麼億萬百姓就不屬於國家所有了。如今糧食如此豐足，我作為億萬百姓的父母，怎會不高興呢？只想以身作則，厲行節約，一定不隨意奢侈揮霍。我時常想賞賜恩惠給天下百姓，讓他們富貴起來。如今省除傜役租賦，不要佔用他們的耕作時間，使家家戶戶的農民都能盡心耕耘收穫，這樣家家就能富足了。督促他們實行禮義謙讓，使鄰里鄉親之間年少的尊敬年長的，妻子尊敬丈夫，這樣百姓就能尊貴了。只要能使天下都成為這樣，我不聽音樂，不去畋獵，也會樂在其中啊！」

賞析與點評

「國以民為本，人以食為命。」——太宗開宗明義地說出「國以民為本」，又一次顯示出他的「民本」思想。另外，太宗能說出「人以食為命」這話，可見他是真的知民生、知民困。在傳統的農業社會中，糧食（農作收成）就是普羅百姓的生命，其一切用度所需，皆取決於糧食的多寡，除此別無其他。

刑法第三十一

本篇導讀——

刑罰的本意，在於懲治罪惡、鼓勵善行。因此，刑罰不在多重，重要的是能達到教化的目的。太宗認為使用刑罰要特別謹慎，要無偏無私，尤其對死刑判決要特別謹慎，要求執法者要五次覆奏。同時太宗總結歷史教訓，告誡官員要自律，處理公務要「如履薄臨深，戰戰慄慄，用周文小心」，不要「危人自達，以釣聲價」。由於貞觀年間用刑寬大公平，所以社會才得以安寧，監獄也曾經幾乎閒置不用。

貞觀元年，太宗謂侍臣曰：「死者不可再生，用法須務在寬簡。古人云，鬻棺者欲歲之疫，非疾於人，利於棺售故耳。今法司核理一獄，必求深刻，欲成其考

課[1]。今作何法，得使平允？」諫議大夫王珪進曰：「但選公直良善人，斷獄允當者，增秩賜金，即奸偽自息。」詔從之。太宗又曰：「古者斷獄，必訊於三槐、九棘之官[2]，今三公、九卿即其職也。自今以後，大辟罪皆令中書、門下四品已上及尚書九卿議之[3]，如此，庶免冤濫。」由是至四年，斷死刑，天下二十九人，幾致刑措[4]。

注釋

1 考課：按一定的標準對官吏的政績進行考核，以決定其升降賞罰。2 三槐、九棘：相傳周代宮廷外種槐樹三棵，荊棘九株。百官朝見天子之時，三公面對槐樹而立，九卿面對荊棘而立。後世便以「三槐」代指三公一類官職，「九棘」代指九卿百官。3 大辟：古代五刑之一。後世泛指死刑為大辟。4 刑措：也作「刑錯」或「刑厝」，指置刑法而不用。

譯文

貞觀元年，太宗對身邊的大臣說：「人死了就不可能再活，因此執法務必寬大簡約。古人說，賣棺木的人希望每年都發生瘟疫，並不是他仇恨人們，只是因為瘟疫有利於棺木出售罷了。現在司法部門審理一件獄案，總想把案子辦得嚴峻苛刻，用這種手段來完成考核成績。現在用什麼辦法才能使辦案公平恰當呢？」諫議大夫王珪說：「只管選擇公正善良的人才，判案公允的人就增加俸祿，賞賜金帛，奸詐邪惡自然就會停止。」太宗下詔照辦。太宗又說：「古時候審案，一定要詢問三槐、九棘這些官員，現今的三公、九卿就相當於這樣的職務。從今以後，殺頭的死刑都要讓中書省、門下省四品以上官員以及尚書九卿等共同議決，這樣才能避免冤案和濫用刑罰。」從這時到貞觀四年，判為死刑的，全國只有二十九人，幾乎刑罰都快要擱置不用了。

賞析與點評

「死者不可再生，用法須務在寬簡。」——所謂「人死不能復生」，太宗以民為本、愛民若子，故而責成臣下執法務必寬大簡約，尤以對死囚的裁決，更須嚴格進行五次覆奏。考貞觀元年至四年，全國僅二十九人被判死刑，足見太宗確實重視百姓的生命。

貞觀二年，太宗謂侍臣曰：「比有奴告主謀逆，此極弊法，特須禁斷。假令有謀反者，必不獨成，終將與人計之；眾計之事，必有他人論之，豈藉奴告主也。自今奴告主者皆不須受，盡令斬決。」

譯文

貞觀二年，太宗對侍臣說：「近來有奴僕告發主人謀反，這是極有害的辦法，特別要禁絕。假使有謀反的人，決定不會單獨策劃行事，定要和別人商量；眾人商量的事情，必有其他人講出來，怎麼依靠奴僕告發主人呢？從今天起有奴僕告發主人謀反的，都不要受理，將告發的奴僕一概處死。」

貞觀五年，詔曰：「在京諸司，比來奏決死囚，雖云五覆，一日即了，都未暇審思，五覆何益？縱有追悔，又無所及。自今後，在京諸司奏決死囚，宜三日中五覆奏，天下諸州三覆奏。」又手詔敕曰：「比來有司斷獄，多據律文，雖情在可矜而不敢違法，守文定罪，或恐有冤。自今門下省復有據法合死，而情在可矜者，宜錄狀奏聞。」

譯文

貞觀五年，太宗下達詔令說：「在京城的各執法官署，近來奏請處決的死囚，雖說（按程序）覆奏了五次，但一天之內就完成了，都沒有時間認真思考，五次覆奏又有什麼用呢？縱然追悔，也來不及了。從今以後，在京城的主管部門如請求處決死囚，應該在三日中五次覆奏，天下各州三次覆奏。」又親自寫下政令：「近來執法官吏審判案件，都按照法律條文，情有可原的也不敢違背法律，完全按條文定罪。有的恐怕還有冤情。自今天起，門下省按照法律該判死刑，而情有可原的，應記下情況及時上奏。」

貞觀十六年，太宗謂大理卿孫伏伽曰[1]：「夫作甲者欲其堅，恐人之傷；作箭者欲其銳，恐人不傷。何則？各有司存[2]，利在稱職故也。朕嘗問法官刑罰輕重，每稱法網寬於往代。仍恐主獄之司利在殺人，危人自達，以釣聲價。今之所憂，正在此耳！深宜禁止，務在寬平。」

注釋

1 孫伏伽（？—六五八）：唐貝州武城（今河北清河）人。曾上書勸諫唐高祖開直言之路，廢止奢侈逸樂之舉。貞觀初年，轉大理寺少卿，以直言著名。2 司存：執掌，職責。

譯文

貞觀十六年，太宗對大理寺少卿孫伏伽說：「製造鎧甲的人希望鎧甲堅固，擔心人受傷；製作弓箭的人希望箭矢鋒利，惟恐人不受傷。為什麼呢？這是因為他們各有執掌的職責，有利於他能勝任所擔當的職務的緣故。我曾經詢問過法官執行刑罰輕重的情況，他們總是說刑罰比過去的朝代寬大。我仍然害怕主管刑案的官署為追求自己的利益而濫施殺刑，用危害他人的手段來使自己顯達，沽名釣譽。現在我所憂慮的正是這樣啊！應大力加以禁絕，用刑務必要寬大公平。」

赦令第三十二

本篇導讀——

「赦令」，乃減免罪刑或賦役的命令，是寬恕赦免的恩典。但如果使用過濫，則會帶來很多弊病。太宗認為國家法令，惟須簡約，不可一罪作數種條款，律法應該穩定劃一，不能互相抵觸，這樣執法時才能做到公允平等。赦免令，更不能隨意頒佈，赦免越多，就會使犯罪的人心存僥倖，達不到刑罰懲惡勸善的目的。因此，太宗慎用赦免令，意在維持社會法制的穩定。

貞觀七年，太宗謂侍臣曰：「天下愚人者多，智人者少。智者不肯為惡，愚人好犯憲章。凡赦宥之恩[1]，惟及不軌之輩。古語云：『小人之幸，君子之不幸。』『一歲再赦，善人喑啞[2]。』凡養稂莠者傷禾稼[3]，惠奸宄者賊良人[4]。昔『文

王作罰，刑茲無赦』[5]。又蜀先主嘗謂諸葛亮曰[6]：『吾周旋陳元方、鄭康成之間[7]，每見啟告理亂之道備矣，曾不語赦。』故諸葛亮理蜀十年不赦，而蜀大化。梁武帝每年數赦，卒至傾敗。夫謀小仁者，大仁之賊，故我有天下已來，絕不放赦。今四海安寧，禮義興行，非常之恩，彌不可數。將恐愚人常冀僥倖，惟欲犯法，不能改過。」

注釋

1 赦宥（粵：右；普：yòu）：寬恕，赦免。2 喑啞：謂沉默不語。3 稂莠（粵：狼友；普：láng yǒu）：稂和莠，都是形狀像禾苗而妨害禾苗生長的雜草。這裏比喻壞人。4 奸宄（粵：鬼；普：guǐ）：亦作「奸軌」，指違法作亂的人。5「文王作罰」二句：語出《尚書·康誥》。意謂文王創制懲罰，對有罪的人嚴加懲治，不輕易赦免。無赦，不寬免罪罰。6 蜀先主：即劉備。東漢末，劉備即帝位於蜀，是為先主。7 周旋：引申為交際應酬。陳元方：即陳紀，字元方，陳寔子。東漢末名士。鄭康成：即鄭玄，字康成，北海高密（今山東高密）人。東漢末年的經學大師，注釋了多本儒家經典，對儒家文化有很大的貢獻。

譯文

貞觀七年，太宗對身邊的大臣說：「天下愚昧的人多，聰明的人少。聰明的人是不會作惡的，愚昧的人卻常常觸犯法令。大凡寬恕赦免的恩典，涉及的只是那些圖謀不軌的愚昧的人。古話說：『小人的幸運，就是君子的不幸。』『一年之內發佈幾次大赦令，善良的人就會沉默不語。』凡是長着稂莠雜草的地方就會傷害禾苗的生長，給違法作亂的人施恩就會傷害善良的人。從前，『文王創制懲罰，對有罪的人不輕易赦免』。還有蜀漢先主劉備曾對諸葛亮說：『我經常和陳元方、鄭康成交際應酬，常聽到他們談論全備的治國辦法，卻從來沒有聽到講實行赦令的。』所以諸葛亮治理蜀國十年中從不實行大赦，而蜀國卻得到大治。梁武帝每年都大赦好幾次，最終卻導致傾覆敗亡。施小恩小惠往往會損害仁義之本，所以我自從統治天下以來，絕不發佈赦免令。現在天下太平，禮義盛行，特別的恩典多得不可勝數。我擔心愚昧的人常寄望於僥倖，只想犯法遇赦，卻不去改正過錯。」

貞觀十年，太宗謂侍臣曰：「國家法令，惟須簡約，不可一罪作數種條格。格式既多[1]，官人不能盡記，更生奸詐。若欲出罪即引輕條[2]，若欲入罪即引重條[3]。數變法者，實不益道理，宜令審細，毋使互文[4]。」

注釋

1 格式：唐代法律的文本形式。格，是規定官吏的辦事規則。式，是規定官署通用的文件程序。格、式創始於東魏、西魏。2 出罪：開脫罪責。3 入罪：加重罪責。4 **互文**：指互有歧義的條文。

譯文

貞觀十年（六三六），太宗對身邊的大臣說：「國家法令，必須制訂得簡明，不應該一種罪有幾種條款。格式繁多了，官吏就不能全都記下來，更容易發生奸詐。如果想開脫罪責就援引輕判的條款，如果想加重罪責就援引重判的條款。一再變更法令，實在無益於刑理，應該仔細審定法令，不要讓法律條款產生歧義。」

賞析與點評

「國家法令，惟須簡約，不可一罪作數種條格。」——太宗認為國家的法令，必須簡單明確，不能一種罪行有幾款條文。太宗的意思是頒行簡明的法令，執法官員便方便掌握，而百姓亦容易明白、明瞭，法令的效果自然較易彰顯。

長孫皇后遇疾，漸危篤[1]。皇太子啟后曰：「醫藥備盡，今尊體不瘳[2]，請奏赦囚徒，並度人入道[3]，冀蒙福祐。」后曰：「死生有命，非人力所加。若修福

可延，吾素非為惡；若行善無效，何福可求？赦者，國之大事。佛道者，上每示存異方之教耳[4]，常恐為理體之弊，豈以吾一婦人而亂天下法？不能依汝言也。」

注釋

1 危篤：病重到瀕於死亡。2 瘳（粵：抽；普：chōu）：病癒。3 度：佛教以使人離開塵俗出家為度。如剃髮出家名為剃度。4 異方之教：唐初，一些大臣如傅奕私認為自上古到漢魏，皆無佛法，佛法自西域傳來。唐太宗雖然禮遇玄奘，但內心反對佛教。他在貶蕭瑀的手詔中說：「至於佛教，非意所遵，雖有國之常經，固弊俗之虛術。」

譯文

長孫皇后生病，日漸瀕於死亡。皇太子向皇后稟告說：「醫藥都用盡了，現在你的貴體仍然沒有恢復健康，我請求報告父皇赦免罪犯，並讓人出家奉佛，希望得到神靈保祐賜福。」皇后說：「生和死是命中注定的，不是人的力量所能干預的。如果做善事可以延壽，我從來不作惡事；如果做善事無效，有什麼福可求呢？赦免罪犯是國家大事，而佛教本身，皇上往往指示只不過是保留一種從異域傳來的宗教罷了，還時常顧慮成為治國大道的弊病，怎麼能因為我一個婦人而混亂國家大法？不能依照你的話去做啊！」

貢賦第三十三

本篇導讀——

貞觀年間，唐王朝國勢日漸強盛，各地和外國都派遣使者前來交納貢賦。太宗不貪求貢賦，並吸取「始皇暴虐，至子而亡；漢武驕奢，國祚幾絕」的歷史教訓，既不允許地方官員到自己轄區以外的地方尋求貢賦，又往往婉拒外國貢獻的方物。太宗能通過貢賦而想到國家的興衰，從而不貪戀財物，退還貢品，獲得了臨邑屬國及後世的讚許。

貞觀二年，太宗謂朝集使曰[1]：「任土作貢，布在前典，當州所產[2]，則充庭實[3]。比聞都督、刺史邀射聲名[4]，厥土所賦，或嫌其不善，逾境外求，更相仿效，遂以成俗。極為勞擾，宜改此弊，不得更然。」

注釋

1 朝集使：漢代時各郡每年遣使進京報告郡政及財經情況，稱為上計吏。後世襲漢制，改稱朝集使。2 當州：即本州。3 庭實：陳列於朝堂的貢獻物品。4 邀射：追求，謀取。

譯文

貞觀二年，太宗對朝集使說：「根據土地的生產情況確定貢賦，都記載在從前的政典中，本州的土特產，就充當為朝堂的貢獻物品。近來聽說各州的都督、刺史為了追求聲名，對於本州的土特產，有的他們嫌不好，就逾越州境到外地去尋求，地方官互相仿效，已經形成風氣。極為煩勞，應該改掉這些弊病，不允許再這樣做。」

貞觀十八年，太宗將伐高麗，其莫離支遣使貢白金[1]。黃門侍郎褚遂良諫曰：「莫離支虐殺其主[2]，九夷所不容[3]，陛下以之興兵，將事弔伐[4]，為遼東之人報主辱之恥[5]。古者討弒君之賊，不受其賂。昔宋督遺魯君以郜鼎[6]，桓公受之於大廟[7]。臧哀伯諫曰[8]：『君人者將昭德塞違[9]。今滅德立違，而置其賂器於大廟，百官象之[10]，又何誅焉？武王克商，遷九鼎於雒邑[11]，義士猶或非之。而況將昭違亂之賂器，置諸大廟，其若之何？』夫《春秋》之書，百王取則，若受不臣之筐篚[12]，納弒逆之朝貢，不以為愆，將何致伐？臣謂莫離支所獻，自不合受。」太宗從之。

注釋

1 **莫離支**：高麗官名，相當於唐朝吏部尚書兼兵部尚書。2 **虐殺其主**：貞觀十六年，高麗西部大人蓋蘇文殺其王高建武，立王弟之子高藏為王。自立為莫離支，把持國政。事見《舊唐書．東夷．高麗傳》3 **九夷**：古代中國對居住在東方的民族泛稱東夷。語出《論語．子罕》。九夷分別是：玄菟、樂浪、高驪、滿飾、鳧臾、索家、東屠、倭人、天鄙。4 **弔伐**：即弔民伐罪，意謂慰問受苦的民眾，討伐有罪的統治者。5 **遼東**：遼河以東的地區。這裏指高麗人。6 **宋督遺魯君以郜**（粵：告；普：gào）**鼎**：指春秋時宋督殺了殤公，把郜鼎送給魯桓公，桓公收下郜鼎，放置在太廟裏。7 **大廟**：周公之廟。周公為魯之祖先，大廟後泛稱祖廟。8 **臧哀伯**：即臧孫達，春秋時魯國大夫。9 **昭德塞違**：顯揚道德，堵塞邪惡。10 **象**：效仿、效法。11 **遷九鼎於雒邑**：傳説夏禹鑄了九個鼎，象徵九州，奉為國寶。商湯滅夏，遷九鼎於商邑。周武王滅商，又遷九鼎於雒邑。12 **筐篚**（粵：匪；普：fěi）：盛物竹器。方曰筐，圓曰篚。這裏指賄賂的禮物。

譯文

貞觀十八年，太宗將要討伐高麗，高麗的莫離支派使者來貢獻白金。黃門侍郎褚遂良規勸說：「莫離支殘酷地殺害了他的國君，是東方各族都不能容忍的，陛下因此起兵，去弔民伐罪，為高麗的百姓洗雪國君被殺的恥辱。古時候討伐殺害國君的罪人，是不接受他的賄賂的。春秋時宋督殺了殤公，把郜鼎送給魯桓公，桓公收下郜鼎放置在太廟裏。臧哀伯勸諫說：『統治百姓的國君要弘揚道德，堵塞邪惡。如今宋督違背道德，行為邪惡，而把他賄賂的器物放在太廟裏，如果百官都跟着效仿，還能懲罰誰呢？周武王滅了商朝，把九鼎搬遷到雒邑，仁人義士還說他的不對，更何況把明顯是邪惡叛亂的賄賂之物放在太廟裏呢？』《春秋》上的記載，是值得所有國君取法的準則，如果收受背叛國君的人的禮物，接受殺害國君之人的朝貢，還不認為是錯誤的，那用什麼理由去討伐高麗呢？臣認為莫離支貢獻的禮品，自然不應當接受。」太宗聽從了他的意見。

貞觀十九年[1]，高麗王高藏及莫離支蓋蘇文遣使獻二美女。太宗謂其使曰：「朕憫此女離其父母兄弟於本國，若愛其色而傷其心，我不取也。」並卻還之本國。

注釋

1 貞觀十九年：據《舊唐書・東夷・高麗傳》所載，高麗遣使謝罪，並獻美女事在貞觀二十年。

譯文

貞觀十九年（六四五），高麗國王高藏和莫離支蓋蘇文，派使臣來貢獻兩個美女。太宗對高麗使臣說：「我可憐這兩個女人離開了她們在本國的父母兄弟，如果愛她們的美麗而傷了她們的心，我是不接受的。」於是拒絕不受，將二女退還給本國。

辯興亡第三十四

本篇導讀——

太宗認為，「行仁義，任賢良則理；行暴亂，任小人則敗。」只有推行仁政，信任賢良，國家才會得到治理，反之國家就要衰敗滅亡。對於前朝的覆亡，太宗深以為誡，並對其覆亡的原因有深刻的認識。人君賦斂不已，百姓既弊，其君亦亡。貞觀君臣總結歷史經驗教訓，勵精圖治，目的在於使國家長治久安，避免覆亡。這議題最終的目的是為了避免國家的滅亡，也可以說是全書的要旨。

貞觀二年，太宗謂黃門侍郎王珪曰：「隋開皇十四年大旱，人多饑乏。是時倉庫盈溢，竟不許賑給，乃令百姓逐糧。隋文不憐百姓而惜倉庫，比至末年，計天

下儲積，得供五六十年。煬帝恃此富饒，所以奢華無道，遂致滅亡。煬帝失國，亦此之由。凡理國者，務積於人，不在盈其倉庫。古人云：『百姓不足，君孰與足[1]。』但使倉庫可備凶年，此外何煩儲蓄！後嗣若賢，自能保其天下；如其不肖，多積倉庫，徒益其奢侈，危亡之本也。」

注釋

1「百姓不足」二句：語出《論語．顏淵》。意謂如果百姓不富足，那麼國君怎麼會富足？此是孔子弟子有若答魯哀公所問「年饑，用不足，如之何」時所言。也即是發揮孔子「政在使民富」（《說苑．政理》）的儒家思想。

譯文

貞觀二年，太宗對黃門侍郎王珪說：「隋文帝開皇十四年發生大旱，百姓大多飢餓困乏。當時國家的倉庫糧食充溢，竟然不允許開倉賑濟，卻讓百姓到有糧食的地方去逃荒。隋文帝不憐憫百姓而吝惜倉庫裏的糧食，到了他的晚年，統計天下的糧食積儲，可供全國食用五六十年。隋煬帝倚仗這種富裕，所以豪華奢侈，荒淫無道，終於導致國家滅亡。隋煬帝的亡國，也是因為這個原由。凡是治理國家的人，務必讓百姓積蓄財物，不在於使國庫充溢。古人說：『如果百姓不富足，那麼國君怎麼會富足？』只要倉庫的儲蓄能夠防備災荒年，此外又何必過分儲蓄！後代兒孫如果賢能，自然能夠保持他的天下；如果他不賢能，倉庫中儲蓄再多，只會增加他的奢侈，也是國家滅亡的禍根。」

賞析與點評

「百姓不足，君孰與足？」——一個國家真正的富強，應該是「藏富於民，而非藏富於國」。因此，太宗以隋文帝的吝嗇為反面例子，開宗明義地指出「百姓不足，君孰與足」，即是說平民百姓的生活用度不足時，君主所需的又有誰能為他供應呢？這可以說是從另一角度闡釋「君臣關係」、「民本思想」的例子。

卷九

征伐第三十五

本篇導讀——

太宗對征戰的基本看法是：軍備不可以全部解除，兵器不可以經常使用，所以要慎於征伐，避免戰爭。自古窮兵黷武，均難免滅亡的命運。貞觀初年，太宗愛惜民力，對突厥推行和親政策，得保邊境平安。但他晚年在處理高麗問題上卻剛愎自用，好大喜功，一意孤行，未能接受房玄齡等大臣的勸諫和忠告，執意討伐高麗，結果勞民傷財，招致慘敗，得不償失。

貞觀四年，有司上言：「林邑蠻國，表疏不順[1]，請發兵討擊之。」太宗曰：「兵者，兇器[2]，不得已而用之。故漢光武云：『每一發兵，不覺頭鬚為白。』自古以來，窮兵極武，未有不亡者也。苻堅自恃兵強[3]，欲必吞晉室，興兵百萬，

一舉而亡[4]。隋主亦必欲取高麗，頻年勞役，人不勝怨，遂死於匹夫之手。至如頡利，往歲數來侵我國家，部落疲於征役，遂至滅亡。朕今見此，豈得輒即發兵？但經歷山險，土多瘴癘，若我兵士疾疫，雖克剪此蠻，亦何所補？言語之間，何足介意！」竟不討之。

注釋

1 表疏不順：奏章裏的言辭不恭順。貞觀四年，林邑國向太宗獻火珠，唐宮廷中有官員認為林邑國所上奏章的言辭不恭順。2 凶器：古代指兵器。《史記·平準侯主父列傳》：「兵者，凶器。」3 苻堅（三三八—三八五）：十六國時前秦皇帝。略陽臨渭（今甘肅秦安）人。氐族。初為東海王，後在宮廷鬥爭中獲勝。三五七年，自立為大秦天王。任用漢人王猛為丞相，抑制豪強，興修水利，發展農桑，勵精圖治，統一黃河流域。三八三年，苻堅不聽勸告，親率大軍進攻東晉，在淝水大敗。各族首領乘機反秦自立。後被羌族首領姚萇擒殺。4 一舉而亡：指苻堅在淝水大敗後被羌族首領姚萇所殺的事。

譯文

貞觀四年，有官員上奏說：「林邑蠻夷之國，所上奏章中的言辭不夠恭順，請發兵討伐他們。」太宗說：「兵器是兇器，不得已才使用它。所以漢光武帝說：『每一次發兵打仗，不覺頭髮鬍鬚就變白了。』自古以來，凡是窮兵黷武的人，就沒有不滅亡的。苻堅倚仗自己兵力強大，一心想要吞併晉朝，發兵百萬，一次戰爭就自取滅亡。隋煬帝也一心想要奪取高麗，連年勞役百姓，人民十分怨恨，最後煬帝死在匹夫的手中。至於頡利，往年多次侵犯我國，他的部落都疲於征戰，也導致滅亡。我現在看到這些，哪能調兵打仗呢？何況要翻山越嶺，那些地方瘴氣瀰漫，瘟疫流行，假如我的士兵染上瘟疫，即使消滅了這個蠻國，又有什麼好處呢？語言文字之間的不恭，何必在意！」太宗最終沒有發兵討伐林邑國。

貞觀十八年，太宗將親征高麗。開府儀同三司尉遲敬德奏言[1]：「車駕若自往遼左[2]，皇太子又監國定州[3]，東西二京，府庫所在，雖有鎮守，終是空虛。遼東路遙，恐有玄感之變[4]，且邊隅小國，不足親勞萬乘。若克勝，不足為武，倘或不勝，翻為所笑。伏請委之良將，自可應時摧滅。」太宗雖不從其諫，為識者是之。

注釋

1 開府儀同三司：隋唐時期的官職。儀同三司，謂同三公之禮儀。隋為武散官，唐為文散官。2 車駕：即「車」。皇帝外出時所乘坐的車子。因此也作為皇帝的代稱。遼左：泛指遼河以東地區，此指高麗。左，我國古代地理上以東為左。[3] 定州：唐地方州名，屬河北道。[4] 玄感之亂：指隋煬帝大業九年，隋禮部尚書楊玄感（楊素子）乘煬帝長居江都（今揚州）於關中起兵反隋。

譯文

貞觀十八年，太宗將要親征高麗。開府儀同三司尉遲敬德上奏說：「皇上如果親自去遼東，皇太子又在定州監國，洛陽、長安兩京城是府庫所在的地方，雖有軍隊鎮守，終歸還是空虛。遼東路途遙遠，恐怕發生楊玄感作亂之類的事變。而且征討邊遠的小國家，用不上皇上親自勞累。如果能夠取勝，不足以稱為武功，倘若不能取勝，恐怕被人譏笑。請把征討高麗的事委派給優秀的將領，自然會摧毀消滅他們。」太宗雖然沒有聽從他的勸阻，但被識見的人所肯定。

太宗《帝範》曰[1]：「夫兵甲者，國家凶器也。土地雖廣，好戰則人凋；邦國雖安，忘戰則人殆。凋非保全之術，殆非擬寇之方[2]，不可以全除，不可以常用。故農隙講武，習威儀也；三年治兵，辨等列也。是以勾踐軾蛙[3]，卒成霸業；徐偃棄武，終以喪邦[4]。何也？越習其威，徐忘其備也。孔子曰：『以不教人戰，是謂棄之[5]。』故知弧矢之威，以利天下，此用兵之機也。」

注釋

1《帝範》：唐太宗李世民撰，論述了人君之道。2 擬寇：猶禦寇。3 勾踐軾蛙：據《吳越春秋》記載：越王勾踐將伐吳，自謂未能得士之死力。道見蛙張腹而怒，將有戰爭之氣，即為之軾。其士卒有問於王，曰：「君何為敬蛙而為之軾？」勾踐曰：「吾思士卒之怨久矣，而未有稱吾意者。今蛙蟲無知之物，見敵而有怒氣，故為之軾。」於是軍士聞之，莫不懷心樂死。4 徐偃：事見劉向《說苑》。徐偃，周穆王時諸侯，徐戎的首領，僭稱偃王。5「以不教人戰」二句：語出《論語・子路》。意謂讓沒有受過訓練的人去作戰，這等於是拋棄他們。

譯文

太宗的《帝範》中說：「武器鎧甲是國家的風險裝備。土地雖然廣闊，要是喜歡發動戰爭，百姓就會凋零疲憊；國家雖然安寧，要是忘記了戰備，百姓就會懈怠。百姓凋疲不是保全國家的方法，百姓懈怠也不是對付敵人的策略，武裝既不能完全解除，也不能經常運用。所以農閒時就講習武藝，是為了熟悉威儀；三年練兵，是為了辨別等級位列。因此，越王勾踐給怒蛙敬禮，是為了激勵士氣，終於成就了霸主的大業；徐偃王廢棄武備，終於喪失了國家。這是為什麼呢？因為越國經常練習其威儀，而徐偃王卻忘記了武備。孔子說：『讓沒有受過訓練的人去作戰，這等於是拋棄他們。』所以掌握了弓箭的威力，是用它來安定天下，這就是用兵者的職責。」

賞析與點評

「土地雖廣，好戰則人凋；邦國雖安，忘戰則人殆。」——太宗在《帝範》中指出，一個國家不論國土有多廣闊，要是喜歡發動戰爭，自然使國民疲憊不已；國家即使處於太平、安寧之世，要是忘卻了戰備，則國民上下無形中處於危險的境地。結論是「武備不可廢弛，戰爭不可輕言」。

貞觀二十二年，太宗將重討高麗。是時，房玄齡〔……〕上表諫曰：「臣聞兵惡不戢[1]，武貴止戈。〔……〕陛下每決死囚，必令三覆五奏，進素食、停音樂者，蓋以人命所重，感動聖慈也。況今兵士之徒，無一罪戾，無故驅之於戰陣之間，委之於鋒刃之下，使肝腦塗地，魂魄無歸，令其老父孤兒、寡妻慈母，望轊車而掩泣[2]，抱枯骨而摧心，足以變動陰陽，感傷和氣，實天下之冤痛也！且兵，兇器也；戰者，危事也，不得已而用之。」

注釋

1 不戢（粵：輯；普：jí）：這裏指不停止戰爭。戢，收藏，引申指停止戰爭。2 轊

（粵：胃；普：wèi）車：也作「轊車」，運載靈柩的車子。

譯文

貞觀二十二年（六四八），太宗將要再次興兵討伐高麗。這時，房玄齡〔……〕上奏章勸諫說：「臣聽說戰爭最可怕的在於不能止息，武功最可貴的在於能制止戰爭。〔……〕陛下每次判決死刑囚犯，一定要下命令反覆審查多次再上奏，並且吃素食，停止音樂，其原因就是因為人命至重，感動了陛下仁慈的心。何況現在的士卒沒有一點罪惡過失，無緣無故地驅趕他們到戰陣中，置身在鋒利的刀刃之下，使他們肝腦塗地，魂魄不能回歸故鄉，讓他們的老父孤兒、寡妻慈母，凝望着運載靈柩的車子掩面哭泣，懷抱着親人的枯骨極度傷心，這樣足以使陰陽發生異常變動，動搖和傷害天地間和諧的氣運，這實在是天下的冤屈和悲痛啊！而且兵器，是兇險之器；戰爭，是危險的事情，萬不得已才使用它們。」

賞析與點評

「兵惡不戢，武貴止戈。」——戰爭最可怕的是不能停息，生命傷亡，財產損失，沒完沒了。而軍事力量可貴之處，在於能防止戰爭的爆發。矛盾的是，為政者一方面要避免戰爭，一方面卻不能放棄軍事，彷彿要弄着雙面刃，一個不留情，會帶來嚴重的傷害。

安邊第三十六

本篇導讀——

唐初武力強盛，加上太宗政策開明，四方外族樂於歸順大唐。魏徵、褚遂良等大臣主張為降眾恢復舊國，選擇親附唐朝的酋長做他們的君主，以羈縻之。溫彥博等主張收攬和教化這些降眾，使他們成為唐朝的臣民。對他們處置得當，就可以使他們成為國家的藩屏，反之則後患無窮。貞觀君臣們對此爭論激烈，其方略也互有得失。

貞觀四年，李靖擊突厥頡利，敗之，其部落多來歸降者，詔議安邊之術。中書令溫彥博議：「請於河南處之[1]，準漢建武時[2]，置降匈奴於五原塞下[3]，全其部落，得為捍蔽[4]，又不離其土俗，因而撫之，一則實空虛之地，二則示無猜之心，

故是含育之道也。」太宗從之。秘書監魏徵曰：「匈奴自古至今，未有如斯之破敗，此是上天剿絕，宗廟神武。且其世寇中國，萬姓冤仇。陛下以其為降，不能誅滅，即宜遣還河北[5]，居其舊土。匈奴人面獸心，非我族類，強必寇盜，弱則卑服，不顧恩義，其天性也。秦、漢患之若是，故發猛將以擊之，收其河南[6]，以為郡縣，陛下奈何以內地居之。且今降者幾至十萬，數年之後，滋息過倍[7]，居我肘腋[8]，甫邇王畿[9]，心腹之疾，將為後患，尤不處之河南也。」温彥博曰：「天子之於物也，天覆地載，有歸我者必養之。今突厥破除，餘落歸附，陛下不加憐愍，棄而不納，非天地之道，阻四夷之意，臣愚甚謂不可。宜處之河南，所謂死而生之，亡而存之，懷我厚恩，終無叛逆。」

注釋

1 河南：泛指古代九州中的兗、豫兩州。約今河南、山東、湖北部分地區。2 建武：漢光武帝年號（二五—五六）。3 五原：郡名。漢武帝元朔二年（一二七）設置。治所在九原（今包頭市西北）。東漢初，匈奴南單于分部眾屯此，末年廢。4 捍蔽：堅實的屏障。5 河北：指黃河以北之地。6 河南：指今內蒙古河套一帶。7 滋息：孳生繁育。8 肘腋：比喻切近的地方。9 甫邇（粵：耳；普：ěr）：過於靠近，太靠近之意。

譯文

貞觀四年，李靖攻打突厥頡利可汗，打敗了他，有很多突厥部落前來歸降，太宗詔令討論安定邊境的政策。中書令溫彥博說：「請在河南一帶安置他們。依照東漢光武帝建武年間的事例，安置投降的匈奴在五原塞之下，保全他們的部落，成為堅實的屏障，又不改變他們的習俗，借此安撫他們，一則充實了空虛的地方，二則表示沒有猜疑之心。所以這是包含養育的辦法。」太宗聽從了他的建議。秘書監魏徵說：「匈奴從古自今，沒有像這樣的衰敗，這是上天要剿滅他們，也是由於王室的神勇英武。而他們世代侵犯中國，與中國百姓有冤仇。陛下因為他們投降，不能誅滅他們，應該立即派遣他們回到河北地區，居住在他們的故土上。匈奴是人面獸心，不是我們的同族，強大時必然入侵劫掠，衰弱時就俯首順服，不顧念恩德信義是他們的天性。秦、漢兩代就是這樣受他們的禍害，所以不時派出猛將攻擊他們，收服他們河南一帶，設置郡縣，陛下怎可拿內地給他們居住呢？而且現在投降的突厥人幾乎達到十萬，幾年以後，滋生繁育超出幾倍，居住在離我們很近的地方，過於靠近都城，這就像隱藏在要害部位的疾病，今後必然成為禍患。尤其不能把他們安置在河南地方。」溫彥博說：「天子對待萬物，就像上天覆蓋、大地承載一樣，歸附我們的必然要收養他們。現在突厥被打敗，剩下的部落都來歸附，陛下不加憐憫，拋棄他們而不予接納，這不是天覆地載的道理。

阻絕了外族的誠意，臣雖然愚昧，也認為萬萬不可，應該在河套以南一帶安置他們。這就是常說的：將要死的讓他能生存下來，將要滅亡的讓他能存活下去，使他們感激我皇的深厚恩德，永不會叛逆。」

賞析與點評

「天子之於物也，天覆地載，有歸我者必養之。」——天子對待萬物，應該像上天覆蓋、大地承載一樣，加以蔭庇與承托，若有異族歸附者，天子定必提供養活所需。溫彥博理想中的天子，能否稱得上是「宅心仁厚」、「嘉惠遠人」？而太宗又能否達到這要求？就讓後人作判斷罷。

貞觀十四年，侯君集平高昌之後，太宗欲以其地為州縣。魏徵曰：「陛下初臨天下，高昌王先來朝謁，自後數有商胡稱其遏絕貢獻[1]，加之不禮大國詔使[2]，遂使王誅載加[3]。若罪止文泰，斯亦可矣。未若因撫其民而立其子，所謂伐罪弔民，威德被於遐外，為國之善者也。今若利其土壤以為州縣，常須千餘人鎮守，數年一易。每來往交替，死者十有三四，遣辦衣資，離別親戚，十年之後，隴右空虛[4]，陛下終不得高昌撮穀尺布以助中國。所謂散有用而事無用，臣未見其可。」太宗不從，竟以其地置西州[5]，仍以西州為安西都護府[6]，每歲調發千餘人，防遏其地。

注釋

1 商胡：即「胡販商客」，經商的胡人。語出《後漢書·西域傳》。遏絕：阻止、禁絕。當時西域各國入唐朝貢，皆途經高昌，高昌王麴文泰拘留為難來唐經商朝貢的商旅、使者。2 不禮：無禮、不守禮法。指貞觀十三年，太宗接到焉耆王的報告後，派虞部郎中李道裕到高昌了解，高昌聯合西突厥攻擊焉耆者，以及高昌王對唐吏傲慢無禮等事。見《舊唐書·西域傳》。3 載加：一再增加。4 隴右：古地區名。泛指隴山以西地區。古代以西為右，故稱隴山以西為隴右。5 西州：唐朝在今新疆境內所置三州之一。貞觀十四年，太宗滅高昌氏王朝，在當地設西昌州（不久改稱西州）。6 安西都護府：唐六都護府之一，統轄安西四鎮。都護府，官署名稱，負責管理轄境內的邊防、行政及各族事務。

譯文

貞觀十四年，侯君集平定了高昌國之後，太宗準備在那個地方設立州縣。魏徵說：「陛下剛開始統治天下時，高昌國王麴文泰首先來朝拜謁見，但是從那以後，西域胡商屢次稱高昌國王阻止他們來大唐朝貢，再加上高昌王對我國使臣無禮，以致皇上對他們的討伐一再增加。如果只追究麴文泰一個人的罪過，這就可以了。不如藉此機會安撫那裏的百姓並立高昌王的後代為王，這就是討伐有罪的國君而慰問受難的百姓，使國家的威力恩德遍及邊遠的外邦，這才是治國的良策。現在如果貪圖那裏的土地而在那裏設置州縣，就必須常年派一千多人去鎮守，幾年更換一次。每次來往交換，死亡的就有十分之三四。還要派人置辦衣物錢財，離別親人，這樣的話，十年以後隴右地區就會變得空虛，陛下最終得不到高昌國的一撮穀、一尺布來資助中原。這就叫做分散有用的資財去從事無益的事情，我看不出它切實可行的道理。」太宗沒有聽從他的意見，終於在高昌境內設置了西州，並在西州設置安西都護府，每年調遣一千多人，前往防守這個地方。

至十六年，西突厥遣兵寇西州。太宗謂侍臣曰：「朕聞西州有警急，雖不足為害，然豈能無憂乎？往者初平高昌，魏徵、褚遂良勸朕立麴文泰子弟，依舊為國，朕竟不用其計，今日方自悔責。昔漢高祖遭平城之圍而賞婁敬[1]，袁紹敗於官渡而誅田豐[2]。朕恆以此二事為誡，寧得忘所言者乎！」

注釋

1 **平城之圍：**公元前二〇一年（漢高祖六年），冒頓單於發兵圍攻馬邑，韓王信投降，次年又攻晉陽（今山西太原）。漢高祖聞訊，親率三十萬大軍迎戰，被匈奴圍困於平城白登山（今山西大同東南）。後來用陳平計，向單於閼氏行賄，才得脱險。史稱「平城之圍」。平城，在今山西大同東北。**婁敬：**西漢初年齊國盧（今山東長清）人，在輔助漢高祖定都長安、和親匈奴、遷徙山東豪強等計策上多有功勞。2 **袁紹敗於官渡：**公元一九九年，袁紹率軍與曹操對峙於官渡（今河南中牟北）。次年曹操突襲袁紹後方屯糧重地，袁軍大敗。袁紹，字本初，汝南汝陽（今河南商水西南）人。漢末，董卓入京專朝政，袁紹號召起兵討伐董卓。公元二〇〇年，在官渡被曹操打敗，不久病死。**田豐：**鉅鹿郡人，曾助袁紹消滅公孫瓚，平定河北。官渡之戰中，田豐建議據險固守，袁紹不納，將田豐收入牢中。後袁紹官渡戰敗，將其殺害。

譯文

到了貞觀十六年，西突厥派兵侵犯西州。太宗對身邊的大臣說：「我聽説西州有警急情況，雖然不至於造成大危害，但怎麼能不憂慮呢？從前剛剛平定高昌時，魏徵、褚遂良勸我立麴文泰的子弟做國君，讓高昌依舊成為一個國家，我竟沒有採納他們的計策，到現在才後悔自責。過去漢高祖不聽謀臣婁敬的勸諫，遭受平城之圍，而後賞賜婁敬；袁紹不聽謀臣田豐的勸阻，在官渡戰敗後誅殺了田豐。我常把這兩件事引為鑒誡，難道能夠忘記曾經勸諫過我的人嗎？」

卷十

行幸第三十七

本篇導讀——

古代帝王巡幸天下時，儀仗豪華，全靠所經之處的人民供應，百姓往往因此而傾家蕩產。隋煬帝「不顧百姓，行幸無期」，遂致「身戮國滅，為天下笑」。唐太宗深知隋煬帝命喪江都的原因，因此自我警戒，減少巡遊舉動。大臣們也紛紛勸誡太宗節制奢侈行為，避免驚擾百姓。如此君臣一心，與民休息，方可「令百姓安靜，不有怨叛」。

貞觀十一年，太宗幸洛陽宮，泛舟於積翠池[1]，顧謂侍臣曰：「此宮觀台沼並煬帝所為[2]，所謂驅役生人，窮此雕麗，復不能守此一都，以萬人為慮。好行幸不息，人所不堪。昔詩人云：『何草不黃？何日不行[3]？』『小東大東，杼軸其空[4]。』正謂此也。遂使天下怨叛，身死國滅，今其宮苑盡為我有。隋氏傾覆者，豈惟其君無道？亦由股肱無良。如宇文述、虞世基、裴蘊之徒[5]，居高官，食厚祿，受人委任，惟行諂佞，蔽塞聰明，欲令其國無危，不可得也。」

司空長孫無忌奏言：「隋氏之亡，其君則杜塞忠讜之言，臣則苟欲自全。左右有過，初不糾舉，寇盜滋蔓，亦不實陳。據此，即不惟天道，實由君臣不相匡弼。」太宗曰：「朕與卿等承其餘弊，惟須弘道移風，實萬代永賴矣。」

注釋

1 積翠池：漢唐宮池名。2 沼：小池。一說圓形的是池，曲形的是沼。3「何草不黃」二句：語出《詩經．小雅．何草不黃》。描寫征夫的行役生活艱險困苦。4「小東大東」二句：語出《詩經．小雅．大東》。是周代東方諸侯小國怨刺西周王室求索無度、勞役不息的詩。小東大東，指東方各諸侯小國。杼軸其空，生產廢弛，貧無所有。杼軸，亦作「杼柚」，是織布機上的兩個部件，即用來持緯（橫線）的梭子和用來承經（直線）的筘。這裏泛指工商之事。5 裴蘊（？—六一八）：隋朝大臣，隋河東聞喜（今山西聞喜東北）人，官至擢御史大夫，參掌機密。裴蘊曾陷害司隸大夫薛道衡，又常逢迎隋帝，後被司馬德戡舉兵反隋時殺死。

譯文

貞觀十一年，太宗巡遊洛陽宮，在積翠池裏乘舟遊玩，他回頭對身邊的大臣說：

「這些宮、觀、台、沼都是隋煬帝建造的，他役使人民，用盡財物建造這些雕飾華麗的東西，卻又不能駐守這座都城，為百姓着想。他喜歡不停地出遊，人民實在不堪忍受。古代詩人說：『哪有野草不枯黃，哪有一天不奔忙？』『東方各諸侯小國，財產都被搜羅光。』說的正是這種情況。以致天下的人們怨憤反叛隋煬帝，最終身死國亡，現在他的宮室苑囿全部都歸屬於我了。隋朝敗亡的原因，難道僅僅是國君無道嗎？同時也有輔佐大臣的不賢良。比如宇文述、虞世基、裴蘊之流，身居高官，享受厚祿，接受帝王的委任，卻只會花言巧語，巴結逢迎，蒙蔽阻塞帝王的視聽，想要他們的國家不危亡，不可能有這樣的道理。」

司空長孫無忌上奏說：「隋朝滅亡的原因，就他們的君主來說，是杜絕阻塞了忠誠正直的言論；就他們的臣子來說，是只圖保全自己。身邊的人有過失，開始不督察檢舉，盜賊滋生蔓延，又不據實上奏。根據這點，那就不僅是天意要滅隋，也實在是由於他們君臣之間不相互幫助糾正過失的結果。」太宗說：「我與你們承接了隋代留下的弊端，必須發揚光大正道，改變社會風氣，讓萬代永遠得到好處。」

賞析與點評

「（隋氏之亡）不惟天道，實由君臣不相匡弼。」——先秦以來，「天道」之說大行於時，迄魏晉以還，史家如范曄、沈約已開始質疑「天道」，提出「人事」。面對隋朝速亡，貞觀君臣徹底否定所謂的天道，進而探究出這是由於隋代君臣之間沒有相互匡扶、相互輔助所致，全然是人的因素。

貞觀十三年，太宗謂魏徵等曰：「隋煬帝承文帝餘業，海內殷阜[1]，若能常據關中，豈有傾敗？遂不顧百姓，行幸無期[2]，徑往江都[3]，不納董純、崔象等諫諍[4]，身戮國滅，為天下笑。雖復帝祚長短，委以玄天[5]；而福善禍淫，亦由人事。朕每思之，若欲君臣長久，國無危敗，君有違失，臣須極言。朕聞卿等規諫，縱不能當時即從，再三思審，必擇善而用之。」

注釋

1 殷阜：富足。形容國家富足。2 行幸：古代專指皇帝出行。3 徑往江都：指公元六一六年，隋煬帝再次巡遊江都，出發前，小官崔民象上表諫阻，隋煬帝不聽，殺死崔民象。到達汜水（今河南滎陽）後，小官王愛仁上表勸諫，又遭隋煬帝殺死。隋煬帝到了梁都（今河南開封），有人攔路上書，指煬帝若定要往江都，就會失去天下。

隋煬帝又殺死了上書人，最後，他仍來到江都。4 董純：隋代成紀（今甘肅秦安北）人，以功進位上開府、拜柱國、爵郡公。崔象：即崔民象，隋臣，信奉使。大業十二年（六一六），隋煬帝再次巡遊江都，臨出發時，崔民象上表諫阻，被隋煬帝所殺。5 玄天：幽深莫測的高天。

譯文

貞觀十三年，太宗對魏徵等大臣說：「隋煬帝繼承文帝遺留下的基業，國內富足，如果能夠常住在關中，怎麼會傾覆敗亡呢？他不顧惜百姓，出遊沒有限度，徑直前往江都，不接受董純、崔象等人的直言勸諫，身死國亡，為天下人所恥笑。雖說帝位傳承的長短，全由上天決定，然而福善禍淫，也是全由人的行為所決定的。我經常思慮這些問題，要想君臣長久平安，國家不危亡破敗，君王有所過失，臣子必須極力進諫。我聽到你們的規勸，即使不能當時就聽從，經過再三思量審察，一定會選擇好的建議加以採納。」

畋獵第三十八

本篇導讀——

貞觀群臣認為畋獵不但耗費民財，而且君主與猛獸格鬥，踏足危險之地，是危害自身安全、置宗廟社稷於不顧的舉動。大臣們認為太宗應該「割私情之娛，罷格獸之樂，上為宗廟社稷，下慰群僚兆庶。」唐太宗最終採納了這些諫言，克制了自己對畋獵的嗜好。

貞觀十四年，太宗幸同州沙苑[1]，親格猛獸，復晨出夜還。特進魏徵奏言：「臣聞《書》美文王不敢盤於遊田[2]，《傳》述《虞箴》稱夷羿以為戒[3]。昔漢文臨峻阪欲馳下[4]，袁盎攬轡曰[5]：『聖主不乘危，不徼幸。今陛下騁六飛[6]，馳不測之山，如有馬驚車覆，陛下縱欲自輕，奈高廟何？』孝武好格猛獸，相如進諫：

『力稱烏獲[7]，捷言慶忌[8]，人誠有之，獸亦宜然。猝遇逸材之獸[9]，駭不存之地，雖烏獲、逢蒙之伎不得用[10]，而枯木朽株盡為難矣[11]。雖萬全而無患，然本非天子所宜近。』孝元帝郊泰畤[12]，因留射獵，薛廣德稱：『竊見關東困極，百姓罹災。今日撞亡秦之鐘[13]，歌鄭、衛之樂，士卒暴露，從官勞倦，欲安宗廟社稷何？憑河暴虎[14]，未之戒也？』臣竊思此數帝，心豈木石，獨不好馳騁之樂？而割情屈己，從臣下之言者，志存為國，不為身也。臣伏聞車駕近出，親格猛獸，晨往夜還。以萬乘之尊，暗行荒野，踐深林，涉豐草，甚非萬全之計。願陛下割私情之娛，罷格獸之樂，上為宗廟社稷，下慰群僚兆庶[15]。」太宗曰：「昨日之事，偶屬塵昏[16]，非故然也，自今深用為誡。」

注釋

1 同州：唐州名。在今陝西大荔。沙苑：地名。在今陝西大荔之南。其地多沙草，宜放牧，唐置牧監於此。2 臣聞《書》美文王不敢盤於遊田：語出《尚書・無逸》。意謂讚美文王不敢沉迷於出遊打獵。盤，樂於。遊田，出遊打獵。3《傳》述《虞箴》稱夷羿以為戒：語出《左傳・襄公四年》。謂把喜愛打獵的後羿作為鑒戒。《虞箴》，古代虞人（掌山澤苑囿之官）為戒田獵而作的箴諫之辭。4 峻阪：陡坡。阪同「坡」。5 袁盎：袁盎，字絲，西漢時大臣，楚國人。漢文帝時因為犯顏直諫，被調任隴西都尉，後至吳國做丞相。轡（粵：臂；普：pèi）：駕馭牲口的嚼子和韁繩。6 **六飛**：亦作「六」、「六蜚」。《漢書・爰盎傳》：「六馬之疾若也」。古代皇帝的車駕有六馬，疾行如飛，故名。7 **烏獲**：戰國時秦之力士。一説可能為更古之力士。後為力士的泛稱。8 **慶忌**：春秋時吳王僚之子。傳説他身材高大，敏捷無比，能走追猛獸，手接飛鳥。9 **逸材**：謂獸畜健壯有力。這裏表示兇猛。10 **逢蒙**：夏朝時有名的射箭手。11 **枯木朽株**：枯朽的樹木。比喻軟弱無力的人或衰微的力量。12 **郊**：這裏指郊祀。古代於郊外祭祀天地，南郊祭天，北郊祭地。**泰畤**：古代天子祭天神之處。13 **亡秦之鐘**：已滅亡了的秦朝的樂鐘。鐘，即編鐘，古代大型的敲擊樂器。14 **憑河暴虎**：比喻人有勇而無謀。憑，從水中走過去。暴虎，空手打虎。15 **群僚兆庶**：百官及億萬百姓。僚，即做官的人，官員。16 **塵昏**：塵積昏暗。這裏比喻糊塗。

譯文

貞觀十四年，太宗駕臨同州沙苑，親自格殺猛獸，經常在清晨出去深夜才回來。特進魏徵上奏説：「臣聽説《尚書》讚美文王不敢樂於出遊打獵，《左傳》記述《虞箴》裏的話説，把喜愛打獵的後羿作為鑒戒。過去，漢文帝面臨陡坡，想驅車奔馳而下，袁盎拉住韁繩説：『聖明的國君不乘坐危險的車子，不心存僥倖。現在陛下驅駕六馬之車，奔馳在無法預料結果的山上，如果發生馬驚車翻的事故，陛下縱然不看重自己的性命，又怎麼對得起祖先啊？』漢武帝喜好格殺猛獸，司馬相如勸阻說：『論力氣，人們稱讚烏獲；論敏捷，人們稱讚慶忌，在人類中確實有這樣傑出的人，野獸中也必然會有這樣異常兇猛的野獸。倘若突然遇到兇猛的野獸，陷入死亡危險的境地，即使有烏獲、逄蒙那樣的絕技也無法施展，而那些朽木枯枝也能讓人為難。即使萬無一失而沒有禍患，也原本不是天子所應該做的事。』漢元帝到南郊祭祀天神，因此留下來打獵，薛廣德上奏說：『臣見到關東地區極為困苦，那裏的百姓正遭受着災難。而現在每天敲着亡秦的編鐘，唱着鄭、衞兩國的靡靡之音，士卒暴露在曠野當中，隨從官員勞苦疲倦，是想如何安定宗廟社稷呢？為什麼不以憑河暴虎的行為作為鑒戒呢？』臣私下考慮這幾位帝王，難道心如木石，惟獨不喜歡馳騁打獵的樂趣嗎？而他們能割捨自己的喜好、委屈自己，聽從臣子勸阻的原因，是在於心中存有保全國家的志願，而不是為了自身。臣聽說陛下最近駕車出巡，親自與猛獸格鬥，晨出夜歸。以帝王極尊貴的身份，黑夜中在荒郊野外奔波，穿行於幽深的叢林，跋涉走過茂密的草叢，尤其不是萬全之計。希望陛下割捨個人喜愛的娛樂，停止與猛獸格鬥的遊樂，上為宗廟國家着想，下撫百官和百姓。」太宗說：「昨天的事屬於偶然糊塗，不是歷來都是這樣的。從今以後我要深深作為警戒。」

賞析與點評

「割私情之娛，罷格獸之樂，上為宗廟社稷，下慰群僚兆庶。」——魏徵進諫太宗，欲成為有作為的君主，應戒絕個人慾求上的歡娛，停止與猛獸格鬥的遊樂，向上是為了宗廟國家着想，向下是為了撫慰臣民。即是要求太宗放棄個人享樂生活，有利保全身心之餘，更是為了對祖宗負責，為了撫育臣民。

災祥第三十九

本篇導讀——

古人相信天人感應的學說，多「以祥瑞為美事」，認為災害不斷，就表明帝王失德，若不及時改正，難免身死國滅；政治清明，上天就會顯示吉兆。然而貞觀君臣看重的是國家治亂、百姓生計，並不在意災異祥瑞，這也顯示了「貞觀之治」重人事、修德政的特點。

貞觀八年，有彗星見於南方[1]，長六丈，經百餘日乃滅。太宗謂侍臣曰：「天見彗星，由朕之不德，政有虧失，是何妖也？」虞世南對曰：「昔齊景公時有彗星見，公問晏子。晏子對曰：『公穿池沼畏不深，起台榭畏不高，行刑罰畏不重，是以天見彗星為公戒耳！』景公懼而修德，後十六日而星沒。陛下若德政不修，雖麟鳳數見[2]，終是無益。但使朝無闕政，百姓安樂，雖有災變，何損於時？願陛下勿以功高古人而自矜大，勿以太平漸久而自驕逸。若能慎終如始，彗星見未足為憂。」太宗曰：「吾之理國，良無景公之過。但朕年十八便為經綸王業[3]，北剪劉武周，西平薛舉，東擒竇建德、王世充，二十四而天下定，二十九而居大位，四夷降伏，海內乂安。自謂古來英雄撥亂之主無見及者，頗有自矜之意，此吾之過也。上天見變，良為是乎？秦始皇平六國，隋煬帝富有四海，既驕且逸，一朝而敗，吾亦何得自驕也？言念於此，不覺惕焉震懼[4]！」魏徵進曰：「臣聞自古帝王未有無災變者，但能修德，災變自銷。陛下因有天變，遂能戒懼，反覆思量，深自克責，雖有此變，必不為災也。」

注釋

1 彗星：繞着太陽旋轉的一種星體，在背着太陽的一面往往拖着一條掃帚狀的長尾巴，通稱「掃帚星」。古人常常把戰爭、饑荒、洪水、瘟疫等災難與彗星的出現聯繫在一起。2 麟：麒麟，古代傳說中的一種動物。形狀像鹿，頭上有角，全身有鱗甲，尾像牛尾。古人認為麒麟是仁獸、瑞獸，以牠象徵祥瑞。鳳：鳳凰，古代傳說中的百鳥之王，古人常以此象徵祥瑞。3 經綸：本指整理過的蠶絲，常比喻規劃、管理政治的才能。這裏是經營、創建的意思。4 惕焉：擔心、害怕的樣子。

譯文

貞觀八年，有彗星出現在南方，光芒長六丈，經過一百多天才消失。太宗對身邊的大臣說：「天空出現彗星，是因為我沒有修好仁德，處理政事有過失，這是什麼凶兆呢？」虞世南回答說：「過去齊景公時也有彗星出現，景公詢問晏子。晏子回答說：『您挖掘池沼時惟恐不深，修建台榭時只怕不高，施用刑罰時只嫌不重，所以天空出現彗星，向您提出告誡！』景公內心恐懼，因而修行仁德，十六天後彗星消失了。陛下如果不修行德政，即使是麒麟鳳凰屢次出現，終究還是沒有益處的。只要朝廷處理政事沒有過失，百姓安居樂業，即使出現凶兆怪異現象，對陛下的治理又有什麼損害呢？希望陛下不要因為功業高過古人而驕傲自大，不要因為太平日子漸漸長久就驕奢淫逸。如果能夠始終如一地保持謹慎，即使彗星出現，也不必擔憂。」太宗說：「我治理國家，確實沒有齊景公那樣的過失。但我十八歲就經營帝王事業，向北滅掉了劉武周，向西平定了薛舉，向東擒獲了竇建德、王世充，二十四歲時平定全國，二十九歲時登上帝位，四方的民族投降歸順，國內平安無事。我自己認為自古以來那些治理亂世的君主沒有能趕得上我的，因而頗有一些驕傲自得的思想，這是我的過錯。上天出現變異，當真是因為這個緣故嗎？秦始皇平定六國，隋煬帝擁有天下的財富，他們既驕奢又淫逸，很快就敗亡了，我又有什麼值得驕傲的呢？說到這些，不由得感到非常擔心、害怕！」魏徵進言說：「臣聽說自古以來的帝王沒有一個不遭遇凶兆怪異的，只要能修行仁德，凶兆怪異自然會消除。陛下因為天空出現變異，就能夠警惕懼怕，反覆思量，深切自責，雖然有此凶兆，也一定不會成為災禍。」

賞析與點評

「勿以功高古人而自矜大，勿以太平漸久而自驕逸。」——貞觀初年，太宗擊敗突厥，使之歸降，大唐國勢日益昌盛。太宗或許因此而躊躇滿志，遂大臣進諫提醒太宗，希望他不要因為功業高過古人而驕傲自大，不要因為太平日子漸漸長久就驕奢淫逸。若能貫徹下去，就足以擺脱所謂祥災之説的困擾。所以，歸根究底，貞觀君臣認為推動歷史前進的是人，而非什麼天道、祥災之説。

慎終第四十

本篇導讀——

〈慎終〉置於全書之末，表達了作者吳兢對當朝及後世帝王的期望。善始易，善終難。做一件事情，開頭做好並不難，難的是堅持不懈，善始善終。治理國家也是一樣，創業難，守業更難。創業初期，往往能勵精圖治；但承平日久，難免驕奢放縱，導致敗亡。當權治國的人，應該居安思危，引以為戒。

貞觀五年，太宗謂侍臣曰：「自古帝王亦不能常化，假令內安，必有外擾。當今遠夷率服，百穀豐稔[1]，盜賊不作，內外寧靜。此非朕一人之力，實由公等共相匡輔。然安不忘危，理不忘亂，雖知今日無事，亦須思其終始。常得如此，始

是可貴也。」魏徵對曰：「自古已來，元首股肱不能備具[2]，或時君稱聖，臣即不賢；或遇賢臣，即無聖主。今陛下聖明，所以致理。向若直有賢臣[3]，而君不思化，亦無所益。天下今雖太平，臣等猶未以為喜，惟願陛下居安思危，孜孜不怠耳！」

注釋

1 稔：穀物成熟。2 元首：頭。這裏指君主。股肱（粵：轟；普：gōng）：比喻輔助大臣。股，大腿。肱，手臂。3 直有：只有。

譯文

貞觀五年，太宗對身邊的大臣說：「自古以來帝王也不能經常消除禍患，假使國內安定，外部必定會有侵擾。現在遠方外族已經歸順，五穀豐登，沒有盜賊出現，國家內外都平安寧靜。這樣的局面決不是我一個人的力量可以達到的，實在是你們共同輔佐的結果。然而安定時不能忘了危亡，太平時不能忘了戰亂，雖知今日無事，也必須考慮讓這種狀況保持始終。經常能夠這樣，才是可貴的。」魏徵回答說：「自古以來，君臣不可能都完美，有時國君聖明，大臣卻不賢良；有時大臣賢良，卻又沒有聖明的國君。現在陛下聖明，因此天下太平。假如只有賢臣，而國君不考慮教化，也不會有什麼益處。現在天下雖然太平，但我等臣子還不能以此為喜，只希望陛下能居安思危，孜孜不倦，不要懈怠！」

賞析與點評

「安不忘危，理不忘亂。」——太宗始終貫徹其「居安思危」的憂患意識，反覆提醒自己與臣民須「安不忘危，理不忘亂」，為不可預見、不可預知的惡劣未來，作出心理與實質上的預備。

貞觀六年，太宗謂侍臣曰：「自古人君為善者，多不能堅守其事。漢高祖，泗上一亭長耳[1]，初能拯危誅暴，以成帝業，然更延十數年，縱逸之敗，亦不可保。何以知之？孝惠為嫡嗣之重[2]，溫恭仁孝[3]，而高帝惑於愛姬之子，欲行廢立[4]；蕭何、韓信，功業既高，蕭既妄繫[5]，韓亦濫黜[6]，自餘功臣黥布之輩[7]，懼而不安，至於反逆。君臣父子之間悖謬若此，豈非難保之明驗也？朕所以不敢恃天下之安，每思危亡以自戒懼，用保其終。」

注釋

1 泗上：泛指泗水北岸的地域。這裏指泗水亭（今江蘇沛縣東），劉邦曾任泗水亭長。亭長：秦漢時在鄉村每十里設一亭，置亭長，掌治安，捕盜賊，理民事。2 孝惠：即

譯文

漢惠帝劉盈（前二一三—前一八八，前一九四—前一八八在位），西漢第二位皇帝，西漢開國皇帝劉邦的嫡長子，母親呂雉，在位七年。3 温恭仁孝：温和、恭敬、仁愛、孝道。4「而高帝惑於愛姬之子」二句：漢高祖寵愛戚夫人，戚夫人育有一子名為劉如意。劉如意機智聰明，得漢高祖疼愛，而太子劉盈則個性仁柔，漢高祖便想廢劉盈而立劉如意。後來劉盈之母呂后請大賢商山四皓輔佐，才免了廢太子的厄運。5 蕭既妄繫：妄繫，無故而被入罪繫牢。蕭何曾為百姓請求將上林苑空地改作民田。高祖劉邦因而發怒，將蕭何交給廷尉，用刑具拘押了數天。故云「蕭既妄繫」。6 韓亦濫黜：高祖初年，有人密告韓信將要謀反，劉高祖用陳平計，偽遊雲夢，逮捕了楚王韓信，貶為淮陰侯。黜，即韓信被貶為淮陰侯一事。7 黥布：即英布（?—前一九五），六安（今安徽六安）人，因受過黥面之刑，因此又稱黥布。初歸附項羽，為五大將之一，後歸入漢營，被封為淮南王，與韓信、彭越為漢初三大名將。後來，韓信、彭越為呂后、高祖所誅，英布大為驚慌，於是起兵叛變，終兵敗被殺。

貞觀六年，太宗對身邊的大臣說：「自古以來做善事的帝王，大多數不能堅持到底。漢高祖原本是泗水亭的一個亭長，最初還能夠拯救危亡，翦除暴政，因此成就了帝王大業，然而再讓他延長十幾年的話，就會放縱逸樂而敗亡，也不能保住他創下的帝業。為什麼知道這些呢？漢惠帝劉盈有嫡長子繼承人的重要地位，而且為人溫和、恭敬、仁愛、孝順，然而漢高祖卻因愛姬的兒子劉如意而猶豫不決，準備廢黜皇儲而另立太子；蕭何、韓信的功業很高，而蕭何後來被無端械繫下獄，韓信也被濫加貶黜，其餘的功臣像黥布等輩，就會懼怕而不能自安，最終叛逆謀反。君臣父子之間悖逆荒謬到這種地步，難道不是難以保住功業的明證嗎？所以我不敢倚仗天下安寧，而常常考慮到危險敗亡來使自己警戒害怕，以此來保持到最終。」

賞析與點評

「自古人君為善者，多不能堅守其事。」——太宗認為古往今來無數帝主雖能為善，但卻沒數個能堅持到底，他亦生怕自己步其後塵。可惜的是，古語所云：「鮮克有終」、「為德不卒」的結局，亦終於出現在太宗身上。貞觀後期，太宗的若干舉措，如：太子廢立問題、征高麗、服丹藥等，正是應驗了其擔憂的「人君為善，不能堅守其事」。

貞觀十二年，太宗謂侍臣曰：「朕讀書見前王善事，皆力行而不倦。其所任用

公輩數人，誠以為賢，然致理比於三、五之代，猶為不逮，何也？」魏徵對曰：「今四夷賓服，天下無事，誠曠古所未有。然自古帝王初即位者，皆欲勵精為政，比跡於堯、舜；及其安樂也，則驕奢放逸，莫能終其善。人臣初見任用者，皆欲匡主濟時，追蹤於稷、契[1]；及其富貴也，則思苟全官爵，莫能盡其忠節。若使君臣常無懈怠，各保其終，則天下無憂不理，自可超邁前古也。」太宗曰：「誠如卿言。」

注釋

1 稷、契：稷和契的並稱，唐虞時代的兩位賢臣。稷，即后稷，名叫棄，周代姬氏祖先，帝堯時人。他擅長耕種，堯帝任他為農師，掌管農事。契，虞舜時，派契、后稷幫助禹治水。十三年後，禹治好了水，同時也封契於商（今陝西商縣）。虞舜又任命契為司徒，也開始治理商地。

譯文

貞觀十二年，太宗對身邊的大臣說：「我在讀書時發現前朝帝王做過的善事，都身體力行而不知厭倦。我任用你們幾位，確實認為你們是賢良的大臣，然而治理國家的成績還是比不上三皇五帝時代，這是什麼原因呢？」魏徵回答說：「現在四方異族歸順，天下平安無事，的確是曠古未有過的盛況。然而，自古以來凡是剛即位的帝王，都想振奮精神治理好國家，與堯、舜的功績相媲美；等到他太平安樂時，就驕奢放縱，不能把善政堅持到底。凡是剛剛得到任用的臣子，都想輔佐國君，挽救時局，追趕上后稷、契的功績；等到他們富貴時，就只想苟且保住自己的官職爵位，不能夠盡忠盡節了。假使能讓君臣經常不懈怠，各自堅持到底，那麼天下就不用擔心治理不好，自然可以超越前代古人。」太宗說：「確實像你說的這樣。」

名句索引

四畫

五畫

六畫

九畫

為君之道，必須先存百姓。 〇一六

為國之基，必資於德禮；君之所保，惟在於誠信。 二一四

為國之道，必須撫之以仁義，示之以威信，因人之心，去其苛刻，不作異端，自然安靜。 一八八

首雖尊高，必資手足以成體。君雖明哲，必藉股肱以致治。 一二六

十畫

豈得以一日萬機，獨斷一人之慮也。 〇三四

十一畫

國以人為本，人以食為命。 二九三

十二畫

善不積不足以成名，惡不積不足以滅身。然則禍福無門，吉凶由己，惟人所召。 一七二

十三畫

聖人所以居安思危，正為此也。安而能懼，豈不為難？ 〇二八

十五畫

新 視 野
中華經典文庫

新　視　野
中華經典文庫